JJF 1069—2007
《法定计量检定机构考核规范》
培训教程

苗　瑜　主编

黄 河 水 利 出 版 社

图书在版编目(CIP)数据

JJF 1069—2007《法定计量检定机构考核规范》培训教程/苗瑜主编. —郑州:黄河水利出版社,2008.1
ISBN 978-7-80734-389-9

Ⅰ.J… Ⅱ.苗… Ⅲ.计量-检定-考核-规范-中国-教材 Ⅳ.TB9

中国版本图书馆 CIP 数据核字(2007)第 202969 号

出 版 社:黄河水利出版社
地址:河南省郑州市金水路 11 号　　邮政编码:450003
发行单位:黄河水利出版社
发行部电话:0371-66026940、66020550、66028024、66022620(传真)
E-mail:hhslcbs@126.com
承印单位:河南省瑞光印务股份有限公司
开本:787 mm×1 092 mm　1/16
印张:13.25
字数:306 千字　　印数:1—2 000
版次:2008 年 1 月第 1 版　　印次:2008 年 1 月第 1 次印刷

定价:30.00 元

编审委员会

主　审　肖继业

主　编　苗　瑜

编　撰　苗　瑜　程新选　陈海涛　牛淑之
　　　　黄　玲　杜书利　王慧海

编　委　王有全　苗　瑜　王建辉　彭小凯
　　　　程振亚　张　华　王文军　王慧海
　　　　程新选　陈海涛　牛淑之　黄　玲
　　　　杜书利

前 言

JJF 1069—2007《法定计量检定机构考核规范》由国家质量监督检验检疫总局于2007年2月28日正式发布，从2007年4月1日起正式实施。

河南省质量技术监督局自1997年以来，对市、县级法定计量检定机构实施了考核。通过考核，积累了一定的工作经验。为了帮助法定计量检定机构的领导、管理人员和各级考评员全面理解和掌握JJF 1069—2007《法定计量检定机构考核规范》的基本思路、内容要点和实施方法，准确把握考核的基本原则、考核重点和考核方法，根据JJF 1069—2007《法定计量检定机构考核规范》和计量技术机构监督管理的新要求，我们组织编写了这本《JJF 1069—2007〈法定计量检定机构考核规范〉培训教程》。本教程可作为法定计量检定机构考评员、计量检定机构的领导和管理人员的考核培训教材，也可供其他计量人员学习参考。

作 者

2007年8月

目 录

第一章 计量检定机构概述

第一节 计量检定机构的分类

一、计量检定机构的概念

《中华人民共和国计量法》(以下简称《计量法》)第二十条规定:“县级以上人民政府计量行政部门可以根据需要设置计量检定机构,或者授权其他单位的计量检定机构,执行强制检定和其他检定、测试任务。”

《中华人民共和国计量法实施细则》第二十八条进一步明确:“县级以上人民政府计量行政部门依法设置的计量检定机构,为国家法定计量检定机构。”第三十条第一款规定:“授权专业性或区域性计量检定机构,作为法定计量检定机构。”

《法定计量检定机构监督管理办法》规定:“法定计量检定机构是指各级质量技术监督部门依法设置或者授权建立并经质量技术监督部门组织考核合格的计量检定机构。”

计量检定机构是指承担计量检定工作的技术机构。计量检定机构的主要工作是确保国家计量单位的统一、量值的准确。计量检定机构是实现量值传递和进行计量检定、校准等工作的技术保证。计量检定机构按照建立主体不同、法律地位不同、工作职责不同,可以分为法定计量检定机构和一般计量检定机构。法定计量检定机构是指县级以上人民政府计量行政部门依法设置的直属计量检定机构或以计量授权形式建立的计量检定机构;一般计量检定机构是指政府有关部门或企业、事业单位根据本行业、本部门、本单位计量工作需要建立的计量技术机构。

二、法定计量检定机构

在《通用计量术语及定义解释》中法定计量机构是指负责在法制计量领域实施法律和法规的机构,法定计量机构包括计量管理机构和计量技术机构。法定计量机构可以是政府机构,也可以是国家授权的其他机构,其主要任务是执行计量控制。

县级以上人民政府计量行政部门依法设置的计量检定机构,为国家法定计量检定机构。政府计量行政部门设置的计量检定机构是公益性非盈利技术服务机构,围绕各行各业的计量需求建立基本的、通用的计量基准,计量标准承担计量检定、校准、测试任务,为全社会提供计量技术服务,为政府计量行政部门实施计量监督管理提供技术保证,增强了政府计量行政部门的计量技术控制能力。

由于计量器具门类多、分布广、数量大,使用情况非常复杂,政府计量行政部门所属的法定计量检定机构难以包揽法律规定的全部计量检定、校准、测试任务。对于专业性强、跨部门使用、急需统一量值而各级政府计量行政部门所属的法定计量检定机构无条件开展或短期内不准备开展的专业项目，政府计量行政部门可根据实际需要，选择具备条件的部门和企事业单位设立的计量检定机构，按照统筹规划、经济合理、就地就近、方便生产、利于管理的原则，授权其执行强制检定和其他检定、校准、测试任务，作为法定计量检定机构检测力量不足的补充。在计量授权的许可范围内，授权一般性计量技术机构作为法定计量检定机构承担区域性、专业性计量检定、校准、测试任务，是计量授权的最高形式。

授权的法定计量检定机构与政府计量行政部门所属的法定计量机构性质基本相同，但也存在区别。授权的法定计量检定机构在限定的区域和专业领域内行使法定计量检定机构的职权，是国家法定计量检定机构的一个重要组成部分，负责相应专业计量方面的量值传递和技术管理工作，因而专业性较强，但社会性不如政府计量行政部门所属的法定计量检定机构鲜明。这种授权使一般计量技术机构从机构性质到技术能力都得到了有效确认。

随着政府行政体制的改革，政府计量行政部门已经与政府标准化部门、质量管理部门、安全设备监察部门合并成立了政府质量技术监督部门，下属计量技术机构有些也随之进行了整合，技术机构的性质、职责、规模有很大变化。加之任何一个技术机构检测能力总是有限的，因此政府质量技术监督部门对于质量技术监督系统内的计量技术机构也同样存在计量授权问题，需要规划社会公用计量标准的建设，组织对系统内的计量技术机构进行考核，授权其在一定的区域、范围、专业领域内承担计量检定、校准、测试任务，履行法定计量检定机构的法定职责。对质量技术监督体系内的计量技术机构的授权主要侧重于综合类质量技术监督检验测试机构法定计量检定机构性质的明确与重申和计量检定、校准、测试能力的界定。

三、一般计量检定机构

一般计量检定机构，是指部门和企事业单位设立的计量技术机构。随着市场经济的不断发展，各部门、企事业单位为了提高产品质量，适应市场需要，也建立了统一管理本单位计量工作的计量技术机构，为计量法制监督、法制管理提供技术保证。它建立在部门或企事业单位内部，其量值一般也只在部门和企事业单位内部进行传递，计量检定、校准、检测服务限于本部门内部或本单位内部的需要，不具有社会性，也不具有监督职能。

第二节　国家法定计量检定机构

一、法定计量检定机构的职责

法定计量检定机构包括质量技术监督部门根据《计量法》的规定建立的计量检定机构和授权有关部门建立的专业性、区域性计量检定机构，主要任务是负责研究建立计量基准、社会公用计量标准，进行量值传递，执行强制检定和法律规定的其他检定测试任务。经过 20 多年来的建设，我国已经形成了多层次、分区域设置的计量技术机构网络体系，这是实现量值传递和溯源，进行计量检定、校准服务等技术工作的物质保证和实现计量单位制的统一、量值准确可靠的组织保障。

《法定计量检定机构监督管理办法》第十三条规定："法定计量检定机构根据质量技术监督部门授权履行下列职责：

(1)研究、建立计量基准、社会公用计量标准或者本专业项目的计量标准。

(2)承担授权范围内的量值传递，执行强制检定和法律规定的其他检定、测试任务。

(3)开展校准工作。

(4)研究起草计量检定规程、计量技术规范。

(5)承办有关计量监督中的技术性工作。"

多年来，各级各类法定计量检定机构按照《计量法》及其实施细则的有关规定，较好地完成了《计量法》赋予的各项任务。

二、法定计量检定机构的法律责任

《法定计量检定机构监督管理办法》第十四条规定："法定计量检定机构不得从事下列行为：

(1)伪造数据；

(2)违反计量检定规程进行计量检定；

(3)使用未经考核合格或者超过有效期的计量基准、标准开展计量检定工作；

(4)指派未取得计量检定证件的人员开展计量检定工作；

(5)伪造、盗用、倒卖强制检定印、证。"

三、对计量授权技术机构的法制要求

《中华人民共和国计量法实施细则》第二十一条规定："被授权单位，应当遵守下列规定：

(1)被授权单位执行检定、测试任务的人员，必须经授权单位考核合格。

(2)被授权单位的相应计量标准，必须接受计量基准或者社会公用计量标准的检定。

(3)被授权单位承担授权的检定、测试工作，须接受授权单位的监督。

(4)被授权单位成为计量纠纷中当事人一方时，在双方协商不能自行解决的情况下，由县级以上有关人民政府计量行政部门进行调解和仲裁检定。"

四、法定计量检定机构近年工作成绩

目前，我国共依法设置法定计量检定机构 2 786 个，从业人员 4.2 万余人；依法授权法定计量检定机构 2 227 个，从业人员 1.4 万余人；固定资产 233 294 万元，共建有实验室 40.55 万平方米，每年为社会检定、校准计量仪器约 4 000 万台件。

通过理顺法定计量检定机构的设置，使计量资源得到合理配置，计量工作的社会效益和经济效益明显提高。目前，按照国家科技体制改革的要求，中国计量科学研究院已与国家标准物质中心合并，组建成新的中国计量科学研究院，成为国家重点支持的公益性科研机构。按照实施科教兴国战略、加强科技创新和体制创新的要求，大部分省级局对省以下计量技术机构的设置以及授权检定项目进行了规划和调整，改变了机构重复建设、力量分散、任务交叉、资源浪费的局面，使重组、整合后的计量技术机构焕发了生机。随着国家对法定计量检定机构的投入以及其自身检定收入的增加，各级法定计量检定机构加大了对技术装备和科研开发的投入，法定计量检定机构的市场意识不断增强，社会服务功能明显提高。各级计量技术机构坚持“稳住一头、放开一片”的原则，在保证完成法定任务的前提下，围绕当地经济特点，根据市场需求，抓住机会，贴近热点，努力拓展服务新领域，积极开展计量中介服务，主动为经济建设提供计量技术保证，在服务中增强自我发展的能力。特别是改变传统方式，主动上门服务，积极研究和开展在线检测，帮助企业排忧解难。在为企业和地方经济服务的同时，计量技术机构的业务量大幅度提高，收入显著增长。

第三节　计量检定机构的建立和管理

一、计量检定机构的建立

按照《计量法》的规定，县级以上人民政府计量行政部门可以依法建立法定计量检定机构。政府计量行政部门组织建立的社会公用计量标准一般由法定计量检定机构负责使用、运行、维护，社会公用计量标准只有考核合格才能用于计量检定、校准、检测工作。

国务院有关主管部门和省、自治区、直辖市人民政府有关主管部门可以依据本部门本行业的需要建立专业计量检定机构，组织建立本部门的各项最高计量标准，向同级政府计量行政部门申请考核。考核合格，取得授权后，才能承担与授权内容相一致的计量检定、校准、检测工作。

企事业单位可以根据本单位的工作需要建立自己的计量检定机构，其所建立的本单位各项最高计量标准，必须经与其主管部门同级的政府计量行政部门考核合格，才能在本单位开展计量检定、校准、检测工作。

二、计量检定机构的管理

按照计量法律法规的有关规定，各级政府计量行政部门在各自的职责范围内，对计量检定机构进行管理。对法定计量检定机构的监督管理，根据省以下质量技术监督系统实施垂直管理体制的要求，对法定计量检定机构的管理实施分级管理的模式。国家质量技术监督局对全国法定计量检定机构实施统一监督管理。省级质量技术监督部门对本行政区域的法定计量检定机构实施监督管理。

国家质量技术监督局负责国家质量技术监督局依法设置或授权建立的国家级计量检定机构和省级质量技术监督部门依法设置的计量检定机构的考核申请并组织考核。省级质量技术监督部门负责本行政区域内省级质量技术监督部门依法设置的省级以下计量检定机构和省级质量技术监督部门授权建立的计量检定机构的考核申请并组织考核。省级以下质量技术监督部门授权建立的计量检定机构，由当地省级质量技术监督部门根据实际情况确定受理考核申请和组织考核的质量技术监督部门。

部门和企事业单位设立的计量技术机构的管理由部门和企事业单位负责，可以参照计量法律法规的有关规定进行，也可以采取国际通行的“检测和校准实验室认可准则”实施监督管理。

三、监督管理的内容

对计量检定机构的监督管理的内容包括计量行政监督和计量检定人员考核、计量标准考核、法定计量检定机构考核、计量授权考核等。

在《法定计量检定机构监督管理办法》中对法定计量检定机构监督的内容作出了明确的规定，监督主要包括以下几个方面：

(1)《法定计量检定机构监督管理办法》规定的法定计量检定机构职责的履行情况。

(2)《法定计量检定机构考核规范》规定考核内容及要求的保持、执行情况。

(3)参加计量基、标准量值比对、参加实验室能力验证、期间核查的情况。

(4)用户投诉举报问题的查处。

(5)法定计量检定机构是否存在违法开展计量检定、校准、检测活动等。

四、监督管理的措施

为了强化对法定计量检定机构的监督管理，《法定计量检定机构监督管理办法》对监督管理中发现的问题应当采取的处理措施也做出了明确规定。

(1)对监督中发现的问题，法定计量检定机构应当认真进行整改，并报请组织实施监督的质量技术监督部门进行复查。对经复查仍不合格的，暂停其有关工作，情节严重的，吊销其计量授权证书。

(2)对法定计量检定机构的计量违法行为，给予警告、罚款、没收违法所得、吊销计量授权证书等行政处罚。

(3)对于构成犯罪的，依法追究刑事责任。

第四节　国际上法制计量实验室概况

一、国外法制计量实验室概况

计量是国民经济的重要技术基础，关系经济发展、科技进步、贸易结算、人身健康、财产安全和环境保护等各个领域。为了保证量值的准确可靠并与国际计量单位保持一致，世界各国都十分重视计量基准与计量标准的研究和建立，重视量值的溯源和比对，重视法制计量实验室的建设和管理。

(一)美国国家标准技术研究院(NIST)

美国国家标准技术研究院是由美国国会于1901年决定建立的一所综合性的国家计量科学研究机构。它也是世界上由政府投资、规模最大、涉及科学研究(包括测量科学)范围最广泛、实力最强的综合性计量科研机构。它对美国经济界的影响力也是最大的。它主要从事物理和工程科学研究，涉及生物技术、化学、物理学、光电子学、电子学、材料科学、信息技术、制造工程以及与它们相关的测量科学等，拥有七大科学实验部门和3 000余名科技人员。

(二)德国物理技术研究院(PTB)

德国物理技术研究院是德国于1888年由国家设置的综合性计量科学研究机构。它是由德国物理研究院发展而成的,涉及物理学领域几乎所有的测量科学研究,具有很强的科研能力。这是因为德国在19世纪末具有丰富的物理学研究成果。它在力学、声学、电学、热力学、光学、电离辐射、温度、生物医学等测量领域都具有知名的综合研究能力。PTB在布伦瑞克和柏林拥有近2 000名科技人员。

(三)英国国家物理实验室(NPL)

英国国家物理实验室是由国家设立的皇家物理研究机构发展而成的国家综合性计量科研机构。它由基础、热学和长度计量中心,电磁和时间计量中心,电离辐射计量中心,材料测量和技术中心,机械和声学中心,光学和环境计量中心以及科学计算中心等组成,主要为国家工业发展提供前瞻性基础测量服务。

(四)全苏计量科学研究院

全苏计量科学研究院是苏联的综合性计量科学研究院,以后又改名为门捷列夫全苏计量科学研究生产联合体。它由门捷列夫创建于1893年。该院全面研究建立并保存各计量单位的国家基准,研究和完善各种物理量的精密测量方法、确定物理常数和材料特性。

二、国际法制计量组织的要求

随着经济全球化的发展,世界各国的法定计量检定机构都面临着新的形势和新的要求。贸易和服务全球化的基础之一是要求建立准确一致的全球测量体系。当前,在国际贸易中成功的交易越来越依赖于建立与全球测量体系协调一致的国家测量体系,依赖于测量规范、检测方法、标准物质和测量数据的可比性,以此消除贸易中的计量技术壁垒。不等效的标准或缺乏准确一致的测量都可能影响产品的流通。要保证国家测量体系与全球测量体系的一致性,在技术上通过国家计量基、标准国际比对,在管理上通过计量实验室的互认,从而保证国家间测量的可比性,实现测量结果和证书的互认。这就对国家计量基标准的建立水平,检定规程、校准规范的一致性、通用性,实验室的科学化、规范化管理提出了新的要求。

国际法制计量组织(OIML)作为各国政府间的国际性计量组织,提出:各成员国法制计量实验室满足ISO国际标准是最低的要求,满足各国法制性的要求才是至关重要的,才能切实保证法制计量实验室开展工作的公平性、公正性,从而在各成员国之间建立相互间的信任。为了充分体现法制性,法制计量实验室的设置、考核、授权和管理要由各国政府组织实施。

OIML正在研究制定适用于法制计量实验室管理的国际建议,统一各国对法制计量实验室的地位、作用、管理等要求,以便最终实现各国政府间的多边互认,建立全球统一的测量体系。

第二章　法定计量检定机构的考核

第一节　计量考核制度

一、计量标准的考核

为保证国家计量单位制的统一和量值的准确可靠,《计量法》对各级社会公用计量标准和部门、企事业单位的最高计量标准的管理做出了明确的规定,建立了计量标准考核制度。对计量标准实施考核是国家管理量值传递,保证全国计量单位制统一和量值准确可靠的有效制度。经考核合格的计量标准取得计量标准合格证书,确立了相应的法律地位,确保了量值的准确可靠,在量值传递和溯源过程中起到了承上启下的作用。

计量标准考核的内容主要包括以下几个方面:

(1)计量标准器及配套设备齐全,计量标准器必须经法定或者计量授权的计量技术机构检定合格(没有计量检定规程的,应当通过校准、比对等方式,将量值溯源至国家计量基准或者社会公用计量标准),配套的计量设备经检定合格或者校准。

(2)具备开展量值传递的计量检定规程或者技术规范和完整的技术资料。

(3)具备符合计量检定规程或者技术规范并确保计量标准正常工作所需要的温度、湿度、防尘、防震、防腐蚀、抗干扰等环境条件和工作场地。

(4)具备与所开展量值传递工作相适应的技术人员;开展计量检定工作,应当配备2名以上获相应项目检定资质的计量检定人员,开展其他方式量值传递工作,应当配备具有相应资质的人员。

(5)具有完善的运行、维护制度,包括实验室岗位责任制度,计量标准的保存、使用、维护制度,周期检定制度,检定记录及检定证书核验制度,事故报告制度,计量标准技术档案管理制度等。

(6)计量标准的测量重复性和稳定性符合技术要求。

二、计量检定人员的考核

《计量法》第二十条规定:县级以上人民政府计量行政部门可以根据需要设置计量检定机构,或者授权其他单位的计量检定机构,执行强制检定和其他检定、测试任务。执行前款规定的检定、测试任务的人员,必须经考核合格。

《中华人民共和国计量法实施细则》第二十九条规定:国家法定计量检定机构的计量检定人员,必须经县级以上人民政府计量行政部门考核合格,并取得计量检定证件。其他单位的计量检定人员由其主管部门考核发证。无计量检定证件的,不得从事计量检定工作。

(一)计量检定人员应具备的条件

计量检定人员应具备以下条件:

(1)具有中专(高中)以上文化程度。

(2)熟悉计量法律、法规。

(3)在所从事检定项目的岗位上至少有半年以上的工作经历,能熟练地掌握所从事检定项目的操作技能。

(二)计量检定人员的考核内容

1. 计量理论知识

(1)计量基础知识:计量概论,法定计量单位,误差理论,不确定度评定及数据处理。

(2)计量专业知识:专业基础知识;专业项目知识;相应计量标准、工作计量器具的原理和使用维护;专业项目常用误差理论、误差分析、不确定度评定等知识。

(3)计量技术法规:相应的国家计量检定系统,计量检定规程和检定、校准、检测技术规范。

(4)法律知识:计量法律、法规、规章。

2. 计量检定实际操作技能

(1)相应计量器具全过程检定操作。

(2)检定结果处理。

(3)出具检定证书及标注检定印。

(三)考核标准

通过计量行政部门组织的计量基础知识、专业知识和实际操作三项考试,计量基础知识、专业知识考核和计量检定实际操作技能考核分别按百分制评定,60 分为及格,有一项不及格,即为不及格。考试合格且符合规定的,颁发计量检定员证书;考试不合格或不符合规定的,不予颁发计量检定员证书。

国家法定计量检定机构的计量检定人员由主管的计量行政部门组织考核。被授权单位执行授权计量检定的人员由授权的计量行政部门组织考核。

三、法定计量检定机构的考核

计量标准考核制度对促进计量检定实验室的建设,提高计量检定人员的素质,加强计量标准的规范化管理,起到了较好的促进作用。但是,计量标准考核制度毕竟只是一个对计量标准的单项管理制度,在引导法定计量检定机构提高整体素质,全面加强法制化、科学化、系统化和规范化的管理方面,存在明显的局限性。

从 20 世纪 80 年代开始,国际上许多国家积极地研究怎样加强实验室的管理,将一些先进的管理方法,如质量管理的思想与方法运用到检测和校准实验室的管理之中。同时,国际法制计量组织也正在为国家与国家之间法制计量实验室出具的测量数据的互认,起草规范性要求。因此,在新形势下如何加快与国际通行做法接轨的步伐,积极采用国际先进的管理方式来促进我国法定计量检定机构的发展,是政府计量行政部门面临的一个新的课题。

为了使法定计量检定机构更好地完成《计量法》赋予的各项任务,质量技术监督部门逐步完善对法定计量检定机构的监督管理,2001 年颁布了《法定计量检定机构监督管理办法》,明确了法定计量检定机构的设置条件、职责和承担的法律责任,由质量技术监督部门对法定计量检定机构进行考核授权和监督管理。依据我国计量法律法规和国际法制计量组织对计量实验室的要求,参照 ISO/IEC 17025 等国际标准,制定了《法定计量检定机构考核规范》,对法定计量检定机构的组织和管理、质量体系、资源配置、计量检定和校准的实施提出了具体的要求,使法定计量检定机构的监督管理更加规范化、科学化和制度化,促进了法定计量检定机构工作水平和服务质量的提高。法定计量检定机构的考核授权工作正式纳入了依法管理的轨道。

第二节 《法定计量检定机构考核规范》简介

一、《法定计量检定机构考核规范》的产生

1994 年国家技术监督局提出"国家技术监督局关于加强计量工作的若干意见",即"计量工作三年(1995～1997 年)计划"。在该计划中提出"加强对各级法定计量检定机构和检测实验室的监督管理。要按照国际标准化组织关于实验室工作导则的要求、制定办法,定期对法定计量检定机构进行考核评定"。

为此,国家技术监督局在参考《ISO/IEC 导则》25 检测和校准实验室能力的通用要求的基础上,制定了《法定计量检定机构考核细则》(简称《考核细则》)。该细则从基本条件、量值传递能力、质量保证体系和量值传递工作等 4 个方面对法定计量检定机构提出了 40 条具体的要求。1997 年国家技术监督局依据《考核细则》,并携带 80 种参考标准,对 43 个省级以上法定计量检定机构进行了现场考评,其中 41 个机构考核合格,获得通过。随后各省、市也按照 40 条《考核细则》的要求,对所属市、县法定计量检定机构组织了考核。这个阶段对计量检定机构的考核侧重于行政管理,对加强法定计量检定机构的建设和发展起到了有力的推动作用。

1999 年根据国家技术监督局的要求,《法定计量检定机构考核规范》起草小组按照国际法制计量组织(OIML)关于法制计量实验室的管理和特殊要求,并结合我国法定计量检定机构的特点,依据《计量法》及其有关配套规章对法定计量检定机构提出的各项法制性要求,在全面参考了 ISO/IEC17025 和 ISO 9000：2000 等国际标准的基础上,制定了 JJF 1069—2000《法定计量检定机构考核规范》,以此作为我国法定计量检定机构的考核准则。

2001 年 1 月 21 日国家质量技术监督局发布了 15 号令《法定计量检定机构监督管理办法》。根据管理办法的规定,按照 JJF 1069—2000《法定计量检定机构考核规范》的要求,各级质量技术监督部门在实施系统垂直管理后,依法对各类计量技术机构实施监督与管理。各级计量技术机构通过执行《法定计量检定机构考核规范》,建立健全了质量管理体系,加强了法制化、科学化、系统化和规范化的管理,全面提高了技术机构主体素质。

二、《法定计量检定机构考核规范》的主要内容

《法定计量检定机构考核规范》由考核要求和考核方法两部分组成。

考核要求部分包括:组织和管理、质量管理体系、资源配置和管理、检定(校准)和检测的实施及质量改进等5个方面的要求。

考核方法部分包括:考核程序和考核结果的评定两个方面的内容。

三、《法定计量检定机构考核规范》的第一次修订

为了适应计量检定机构承担定量包装商品计量监督检验的要求,同时为了进一步完善规范与 ISO 17025、ISO 9000:2000 标准的衔接,对 JJF 1069—2000《法定计量检定机构考核规范》进行了修订,国家质量监督检验检疫总局于 2003 年 3 月 5 日正式发布了 JJF 1069—2003《法定计量检定机构考核规范》,并从 2003 年 9 月 1 日起正式实施。

四、《法定计量检定机构考核规范》的第二次修订

JJF 1069—2003《法定计量检定机构考核规范》颁布实施后,从 2003 年至 2006 年,国家质量监督检验检疫总局根据本规范对国家授权计量站和省级法定计量检定机构进行了到期复查考核、证后监督和扩项考核,省级质量技术监督部门也按此规范对市县法定计量检定机构实施了考核,通过考核,发现了规范存在的不足。同期 ISO/IEC 17025:2005《检测和校准实验室能力的通用要求》和 ISO/IEC 17011:2004《合格评定认可机构通用要求》等国际标准也进行了修订。为了与国际惯例同步,同时考虑到相关计量管理规范的修改,国家质量技术监督局组织对 JJF 1069—2003《法定计量检定机构考核规范》进行了第二次修订。新版本的 JJF 1069—2007《法定计量检定机构考核规范》由国家质量监督检验检疫总局于 2007 年 2 月 28 日发布,从 2007 年 4 月 1 日起实施。

第三节　法定计量检定机构考核

一、法定计量检定机构考核工作概述

(一)考核目的

法定计量检定机构考核的依据是中华人民共和国计量技术规范 JJF 1069—2007《法定计量检定机构考核规范》,是为加强对法定计量检定机构的管理,确保其为国民经济和计量监督依法提供准确可靠的计量检定、校准和检测结果,根据《计量法》和 2001 年 1 月 21 日颁布的国家质量技术监督局第 15 号令《法定计量检定机构监督管理办法》等相关规章的规定制定的。

在《法定计量检定机构考核规范》里,规定了对法定计量检定机构的基本要求,只有达到这些要求的机构才有资格承担政府下达的法定任务,才能取得为社会提供检定、校准和检测服务的资质。政府计量行政部门如何判断一个机构是否达到了这些要求,是否具备了相应的资格和能力呢?只有通过考核,才能证明一个机构对所规定要求的符合程度。

因此,考核的唯一目的就是确定一个机构是否满足了《法定计量检定机构考核规范》规定的对法定计量检定机构的全部要求。

《法定计量检定机构考核规范》规定的考核方法是各级法定计量检定机构申请获得计量授权资格和政府计量行政部门组织对法定计量检定机构工作能力考核的依据。各级法定计量检定机构应积极申请接受考核,服从政府计量行政部门的监督管理。政府计量行政部门应遵循《法定计量检定机构考核规范》要求,组织对计量技术机构的考核、评定和监督。有关考核和授权的实施还应按国家质量监督检验检疫总局颁布的《法定计量检定机构监督管理办法》执行。

(二)考核内容

考核内容是以我国计量法律法规相关规定和国际法制计量组织(OIML)对法制计量实验室的要求,以及国际标准 ISO/IEC 17025:2005《检测和校准实验室能力的通用要求》为依据,并参考了国家推荐性标准 GB/T 19000—2000《质量管理体系　基础和术语》和 GB/T 19001—2000《质量管理体系　要求》中关于质量管理原则、质量管理体系模式和质量管理体系要求等。考核内容也符合国际计量委员会(CIPM)为实现国家计量基、标准与国家计量院签发的校准(测量)证书的互认以及国际法制计量组织(OIML)为实现计量器具型式批准证书的互认,而对法制计量实验室提出的要求。

考核内容部分包括:组织和管理、质量管理体系、资源配置和管理、检定(校准)和检测的实施及质量改进等 5 个方面 101 款的要求,其中有 40 款为考核重点项目。

(三)考核方法

考核方法是以国家标准 GB/T 27011—2005《合格评定　认可机构通用要求》为依据制定的。同时也结合了我国《计量法》对计量标准的建立、计量检定人员的要求和考核等方面的规定,总结从 1997 年开始对国家法定计量检定机构进行考核和授权的活动中积累的成功经验后制定的,因此更符合我国实际情况,更具可操作性。

(四)考核程序

《法定计量检定机构考核规范》中对考核程序做出了明确规定。考核程序包括考核申请、考核准备、考核实施、考核报告和纠正措施的验证 5 个环节。5 个环节缺一不可,构成了一个完整的考核过程。在实施现场考核时,应当按照考核规范中的程序规定进行。

二、法定计量检定机构考核原则

政府计量行政部门组织对法定计量检定机构的考核是一项关系全国量值的统一、准确可靠,并能与国际标准保持一致的重要工作。为确保考核的严肃性和有效性,考核中应遵循以下原则。

(一)保持考核活动的系统性和独立性

系统性是指考核活动是一项正式、有序的审查活动。"正式"主要是指考核工作在政府计量行政部门的组织领导下,由经过培训并取得资格的考评员,严格按考核规范的要求进行。"有序"则是指有组织、有计划并按规定的程序进行,包括考核前的准备、考核中客观证据的收集、考核后提交考核报告,并进行纠正措施的验证和证后的监督。

独立性是指应保持考核的独立性和公正性,包括考核应由与被考核机构无直接责任的人员进行，考评员在考核中应尊重客观事实，不屈服任何方面的压力，也不迁就任何方面的需要，不得对被考核的机构既提供咨询又进行考核。

（二）保持考核活动的整体性和随机性

考核是一种抽样的过程，但抽样必须覆盖全部考核要求和考核项目。现场考核由于时间和人员的限制，要在比较短的时间内完成考核，只能采取抽样检查的方法，包括抽取一定数量的质量记录，询问一定数量的人员，抽查若干测量设备，检查若干检定、校准和检测的实施过程等。任何抽样都是有风险的，考核抽样也不例外。为了减少抽样的风险，一方面，应做到随机抽样，并保持独立性和公正性；另一方面，考核必须覆盖考核规范所规定的全部要求，必须覆盖被考核机构所申请的全部考核项目。因此，考核要求不允许抽样，考核项目不允许抽样，这是保证考核的有效性的重要原则。

三、法定计量检定机构考核要求分类

（一）分类的原则

本《法定计量检定机构考核规范》的要求对所有法定计量检定机构是通用的，适用于各级政府计量行政部门依法设置或授权建立的法定计量检定机构。同时，在考核内容上规定了开展计量检定、校准和检测工作所必须具备的要求。对于一个具体的法定计量检定机构而言，其承担的法定任务的范围是有所不同的，有的机构仅仅承担了计量检定的任务；有的机构不仅开展计量检定，而且还开展校准工作；有的机构则全面开展计量检定、校准和检测工作。

从我国法定计量检定机构的实际情况出发，考核规范采取了“统一规范，区别管理”的原则，明确规定了重点考核项目和允许裁剪项目。一方面，对于不同法定计量检定机构，尽管他们开展的业务范围有所不同，但都必须遵守计量法律、法规对法定计量检定机构规定的基本要求，否则就不称其为法定计量检定机构。在考核规范中把有关计量法律、法规对机构的要求作为重点考核项目，任何机构必须符合这些要求。另一方面，当一个检定机构仅承担计量检定任务，而不从事校准、型式评价和商品量检测等任务时，考核规范中有关对校准和检测工作的要求对该机构可能就不适用，可允许该机构对这些条款进行适当的裁剪。但是，对有关要求的裁剪仅限于在不影响该机构提供满足顾客要求和法律、法规要求的范围。

（二）重点考核项目

根据不同类别机构任务的分类，凡是计量法律、法规对法定计量检定机构的要求，在考核规范中都将其列入重点考核的项目。法定计量检定机构在考核的准备和日常的工作中应予以高度重视，并严格遵照执行。在考核工作中应对重点考核项目进行重点的检查，如发现不符合的，应作为不符合项处理。重点考核项目的具体条款，见 JJF 1069—2007《法定计量检定机构考核规范》的附录 C：考核规范要求与体系文件对照检查表中带“ * ”号的条款，共计有 42 款。

（三）允许裁剪项目

对考核要求的裁剪仅限于考核规范第 7 章“检定、校准和检测的实施”中那些相应的条款，不允许裁剪考核规范第 4、5、6、8 章中的任何条款。例如，对于仅开展检定工作的法定计量检定机构而言，考核规范中7.3.2.2、7.3.2.3、7.3.3、7.3.4、7.3.5、7.3.6、7.5.2、7.5.3、7.5.4、7.9.1.2、7.9.1.3、7.11.3、7.11.4等条款可以允许裁剪。

四、法定计量检定机构考评员

法定计量检定机构考核质量很大程度上取决于考评员的素质，没有一支高素质的考评员队伍，就不可能高质量地完成考核工作。各级政府计量行政部门必须按照《法定计量检定机构考评员管理规范》规定的要求认真做好考评员队伍的培养和监督管理工作。

(一)对考评员的基本要求

受委派对法定计量检定机构进行考核的考评员应：

(1)熟悉计量法律、法规和规章。

(2)熟悉计量学基础知识，掌握测量不确定度评定和校准测量能力计算的知识。

(3)熟悉考核规范的要求和考核程序，充分理解相应的考核方法和考核文件。

(4)对承担考核的计量检定、校准或检测项目具有相应的技术知识。

(5)有较好的书面和口头表达能力，能有效地进行交流。

(6)有良好的职业道德，不受任何商务、财务或其他压力或利益冲突的影响，确保考核的公平、公正。

(二)考核组的职责

1.考核组长的职责

(1)全面负责考核组的组织工作。

(2)制定考核计划。

(3)代表考核组与被考核单位交换意见。

(4)审定并提交考核报告。

2.考评员的职责

(1)策划并完成所承担的任务。

(2)报告所承担任务的考核情况。

(3)协助考核组长的工作。

第四节　法定计量检定机构考核与校准实验室认可的关系

一、实验室考核制度介绍

随着国民经济的建设和科学技术的发展，相关政府行政部门和企业、事业机构建立了测量实验室，承担不同领域、不同专业、不同类属产品的检测，按照《计量法》的要求，凡是需要出具公证数据的产品质量检验机构都应当实施计量认证。依据《中华人民共和国产品质量法》和《中华人民共和国标准化法》规定，这些实验室应当进行审查认可。计量认证和审查认可的评审是依法进行的行政许可审核。对测量实验室进行实验室认可，是实验室自愿按照国际惯例寻求的评审。实验室计量认证和审查认可的评审按照国家认监委发布的《实验室资质认定评审准则》执行，实验室认可的评审执行CNAS－C01：2006《检测和校准实验室认可细则》。

实验室计量认证和审查认可的评审按照国家认监委发布的《实验室资质认定评审准则》评审。该评审准则在原《产品质量检验机构计量认证/审查认可(验收)评审准则》的基础上，参照了GB/T 15481：2005《检测和校准实验室能力的通用要求》、ISO/IEC 17025—2005《检测和校准实验室能力的通用要求》的有关规定，涵盖了GB/T 15481—2005《检测和校准实验室能力的通用要求》的全部内容，同时也满足了《计量法》对检验机构计量认证的要求和《中华人民共和国标准化法》、《中华人民共和国产品质量法》对检验机构审查认可(验收)的特殊要求，评审准则既符合我国法律规定和具体国情，又符合实验室认可的要求。实验室认可的评审执行CNAS－C01：2006《检测和校准实验室认可准则》，该准则等同采用了ISO/IEC 17025—2005《检测和校准实验室能力的通用要求》。

对于同时申请实验室认可和资质认定(计量认证、审查认可)的，可按《检测和校准实验室认可细则》和《实验室资质认定评审准则》的条款同时评审，合格通过后分别发证。俗称的二合一评审即指计量认证与实验室认可评审同时进行，三合一评审即指计量认证、审查认可与实验室认可同时进行的评审。

二、检测和校准实验室认可

国家质量技术监督局依据《中华人民共和国产品质量法》、《计量法》、《中华人民共和国标准化法》、《中华人民共和国产品质量认证管理条例》和中国实验室认可工作发展需要于1994年9月20日成立中国实验室国家认可委员会，授权其统一负责管理中国实验室认可工作。

中国实验室国家认可委员会是国家认可机构，认可业务范围分为七大类：A类为检测实验室，包括16种产品检测类别；B类为校准实验室，包含10类计量领域；C类为检查机构；D类为医学实验室；E类为生物安全实验室；F类为能力验证提供者；J类为标准物质生产者。实验室认可评审除了执行CNAS－C01：2006《检测和校准实验室认可细则》外，对于后五类，实验室还应当满足相应专业领域特殊细则规定。

(一)检测实验室认可产品类别(A类)

(1)电子、通信、仪器仪表。

(2)电工。

(3)冶金及金属制品。

(4)非金属材料。

(5)建筑。

(6)机械及专用设备。

(7)食品、饮料、烟草。

(8)医疗、保险。

(9)化工、化学。

(10)安全用品。

(11)纺织、服装、皮革。

(12)交通运输设备。

(13)地矿产品、黄金、珠宝。

(14)文体用品及轻工产品。

(15)农(林)业、木材、家具。

(16)其他类别。

(二)校准实验室认可范围(B类)

(1)几何量计量。

(2)热工量计量。

(3)力学计量。

(4)电磁计量。

(5)光学计量。

(6)化学计量。

(7)电离辐射计量。

(8)无线电计量。

(9)声学计量。

(10)时间频率计量。

申请校准实验室认可,必须取得计量标准考核合格,待实验室认可评审通过发证后,还应当按照《法定计量检定机构监督管理办法》规定,向政府计量行政部门申请计量校准授权,获得批准后方能对外开展相关专业项目的计量校准。

实验室认可虽然是自愿认证,但校准和检测实验室获中国实验室国家认可有以下益处:

(1)具有按有关国际认可准则开展校准和检测服务的技术能力。

(2)增强实验室的市场竞争能力,赢得政府部门、社会各界的信任。

(3)获得与CNACL签署互认协议方国家和地区实验室认可机构的承认。

(4)参与国际间实验室认可双边、多边合作,得到更广泛的承认。

(5)可在认可的业务范围内使用"中国实验室国家认可"标志。

(6)列入《国家认可实验室》,提高实验室的知名度。

三、法定计量检定机构考核与校准实验室认可的不同

检测和校准实验室认可执行的评审准则为CNAS-C01:2006《检测和校准实验室认可准则》,法定计量检定机构考核执行的是JJF 1069—2007《法定计量检定机构考核规范》。两者都是等同采用了国际标准化组织(ISO)和国际电工委员会(IEC)于2005年5月15日联合发布的ISO/IEC 17025:2005《检测和校准实验室能力的通用要求》第二版。

JJF 1069—2007《法定计量检定机构考核规范》是在国际标准ISO/IEC 17025:2005《检测和校准实验室能力的通用要求》(以下简称标准)的基础上,针对我国法定计量检定机构的具体情况制定的。规范和准则两者既相互联系,又有所区别。相互联系指规范和准则都是以标准为基础制定的,在内容上覆盖了国际标准对校准和检测实验室的全部要求,区别主要表现在以下几个方面。

一是性质不同,国际标准 ISO/IEC 17025:2005《检测和校准实验室能力的通用要求》转化为国家标准 GB/T 15481—2005《检测和校准实验室能力的通用要求》后为国家推荐性标准,由实验室自愿采用;而规范属于国家计量技术规范,是强制性管理标准,法定计量检定机构必须执行。

二是适用对象不同,标准适用于所有校准和检测实验室,而规范是针对法定计量检定机构这一特定的计量技术机构制定的。因此,在性质、适用范围、评价程序和评价结果上与标准有所区别。

三是要求内容不同,标准是通用基本要求,不包括实验室应符合的法制和安全要求,其重点是实验室检测和校准能力的基本要求;而规范包括了国家计量法律法规对计量检定机构的法制要求、管理要求、技术要求、安全要求,规范的要求较之标准更高更全,更重要的是要求法定计量检定机构能够通过有效的过程管理,持续地提供准确可靠的检定、校准和检测结果。

四是结构不同,标准中有关管理的要求虽然是按照 ISO 9000:2000《质量管理体系　要求》标准制定的,但是其结构仍然是按要素的形式展开的;规范是按照 ISO9000: 2000《质量管理体系　要求》标准制定,并全面采用了质量管理的八项原则,其结构是按照过程模式展开,并在具体内容上作了调整和补充。

五是评价程序不同,在按标准进行实验室认可时,技术要求的审核与管理要求的审核是同步进行的;而对法定计量检定机构的考核,是在机构的计量检定人员和计量标准器通过考核取得相应的资格的前提下进行的考核。

六是评价的结果不同,按标准进行的实验室认可其结果是对实验室校准和检测能力的认可;而按规范进行的法定计量检定机构的考核其结果是对实验室所承担的任务的法律授权。考核规范与 ISO/IEC 17025:2005 标准的总体比较见表 2-1。

表 2-1　规范与 ISO/IEC 17025:2005 标准的总体比较

比较项目	ISO/IEC 17025:2005	JJF 1069—2007
性质	国际标准、国家推荐性标准、自愿采用	以国家质量监督检验检疫总局行政规章的形式颁布的技术法规,并要求强制采用
适用对象	第一方或第二方或第三方检测或校准实验室	政府计量行政部门建立或授权建立的法定计量检定机构
适用范围	各类产品的检测和测量设备的校准	计量器具的检定、校准和型式评价,以及商品质量的检测
要求内容	通用基本要求(不包括实验室应符合的法制和安全要求)	计量法制要求 + 国际法制计量组织要求 + 通用基本要求
要求结构	管理要求(ISO 9001: 2000) + 技术要求	组织 + 体系 + 资源 + 过程 + 改进(过程方法模式)
考核组织	第三方认可机构,中介性质	政府计量行政部门,行政组织
考核程序	技术审核和管理审核同时进行	在计量检定人员、计量标准考核通过的前提下,进行机构考核
考核结果	能力认可	行政授权

四、法定计量检定机构考核与校准实验室认可考核评审内容的比较

(一)增加了有关法制计量要求的内容

《法定计量检定机构考核规范》是专门针对法定计量检定机构的,因此在要求的内容中不仅包括了 ISO/IEC 17025：2005 标准的全部要求,而且还增加了我国计量法律、法规对法定计量检定机构的全部要求和国际法制计量组织对法制计量实验室的全部要求。由于 ISO/IEC 17025 标准适用的面比较广,因此该标准中对检测和校准实验室提出的要求只能是最通用和最基本的要求,尤其是标准中没有涉及对实验室有关法制和安全方面的要求。

(二)增加了有关质量管理要求的内容

《法定计量检定机构考核规范》中有关质量管理的要求是按照 ISO 9000：2000 版的要求制定的,并全面贯彻了质量管理八项原则,不仅在规范的结构上是按照"过程方法"展开的,而且在内容上还增加了有关"过程方法"的要求,如第 5 章"管理体系"中的"5.1 总要求"和"5.2 管理职责";第 7 章"检定、校准和检测的实施"中的"7.1 检定、校准和检测实施的策划"等内容。

考核规范与 ISO/IEC 17025:2005 标准的条款对照见表 2-2。

表 2-2　《法定计量检定机构考核规范》与 ISO/IEC 17025:2005 标准的条款对照

JJF 1069—2007	ISO/IEC 17025:2005	备注
4　组织和管理	4. 1	
4.1 法律地位	4.1.1,4.1.4	增加计量法制要求
4.2 法律责任	4.1.2	增加计量法制要求
4.3 基本条件	4.1.3,4.1.5,4.1.6	
5 管理体系	4.2	
5.1 总要求	4.2.1	增加过程管理的要求
5.2 管理职责	4.2.3,4.2.4,4.2.7	增加对机构负责人要求
5.3 体系文件	4.2.1,4.2.2,4.2.5,4.2.6	
5.4 文件控制	4.3	
5.5 记录控制	4.13.1	
5.6 管理评审	4. 15	
6　资源配置和管理		
6.1 总则	5.1	
6.2 人员	5.2	增加计量法制要求
6.3 设施和环境条件	5.3	
6.4 测量设备	5.5	增加计量法制要求

续表 2-2

JJF 1069—2007	ISO/IEC 17025:2005	备注
7 检定、校准和检测的实施		
7.1 检定、校准和检测实施的策划		增加过程策划的要求
7.2 与顾客有关的过程	4.4,4.7	增加计量法制要求
7.3 检定、校准和检测方法	5.4	增加计量法制要求
7.4 服务和供应品的采购	4.6	
7.5 校准和检测工作的分包	4.5	增加计量法制要求
7.6 量值溯源	5.6	增加计量法制要求
7.7 抽样	5. 7	
7.8 检定、校准和检测物品的处置	5.8	
7.9 检定、校准和检测质量的保证	5.9	增加计量法制要求
7.10 原始记录和数据处理	4.13.2	
7.11 结果报告	5.10	增加计量法制要求
8 管理体系改进		
8.1 总则	4.10	
8.2 不合格工作的控制	4.9	
8.3 顾客满意和投诉	4.8	
8.4 内部审核	4.14	
8.5 纠正措施	4.11	
8.6 预防措施	4.12	

第五节 管理的基本原则

一、掌握基本原则的重要性

管理的八项基本原则是世界各国质量管理人员多年管理实践和理论的总结，是质量管理的最基本、最通用的一般性规律，是质量管理的理论基础。基本原则实质上是组织管理的普遍原则，是现代社会发展、管理经验日渐丰富、管理科学理论不断演变发展的结果，基本原则充分体现了管理科学的原则和思想。

基本原则是制定《法定计量检定机构考核规范》的重要理论基础。基本原则是建立和运行体系必须遵循的原则。帮助管理者系统地建立质量管理的理念，真正理解考核规范的内涵，提高其管理水平。

基本原则是考核和评价机构必须遵循的原则。考评员按照基本原则的要求展开对机构的考核和评价，才能把握考核的主线，抓住问题的本质，提高考核工作的针对性和有效性。

二、基本原则的内容

考核规范在全面采用质量管理八项原则的基础上，针对法定计量检定机构的特点，又增加了“以法制为基础”和“以公正性为基石”两项原则。

（一）以法律为基础

依法建立机构，依法履行职责，依法规范行为，依法承担责任。计量法律、法规是计量技术机构存在的前提，是各项活动的重要依据，是区别于其他技术机构的主要特征，也是考核规范的基础。

（二）以公正性为基石

公正性是机构各项行为的重要准则，是其社会价值的重要体现，是质量保证的基础。法定计量检定机构的公正性是其法制性的必然要求，也是其社会存在价值的基础。机构公正性地位的确立，由其自身的性质所决定，更需要依靠自身的管理和行为规范来维护。机构要保证其公正性必须确保其组织结构的独立性（保证判断的独立性）、经济利益的无关性（不以盈利为目的）以及人员的良好思想素质和职业道德。

（三）以顾客为关注焦点

组织依存于顾客，因此机构应理解顾客当前的和未来的需求，满足顾客要求并争取超越顾客的期望。法定计量检定机构应提供满足顾客要求和期望的服务（包括检定、校准和检测）。如果没有顾客，机构将无法生存。因此，任何一个机构均应始终关注顾客，将理解和满足顾客的要求和期望作为首要的工作考虑，并以此安排所有的活动。

（四）领导作用

领导者确立本机构统一的宗旨及方向。他们应当创造并保持使员工能够充分参与实现机构目标的内部环境。领导作用不能简单理解为单指某一个负责人的作用。领导作用是通过一个群体的作用来体现的，它是机构整个决策、引导、指挥的有序活动。领导者在实施管理和控制时，能在统一宗旨和方向、创造并保持使员工充分参与实现宗旨目标的内部环境方面做出与众不同的成绩。

（五）全员参与

各级人员是组织之本，只有他们的充分参与，才能使他们的才干为组织带来收益。人是管理活动的主体，也是管理活动的客体。人的积极性、主动性、创造性的充分发挥，人的素质的全面发展和提高，既是有效管理的基本前提，也是有效管理应达到的效果之一。人人充分参与是机构良好运作的必需要求，而全员参与的核心是调动人的积极性，当每个人的才干得到充分发挥并能实现创新和持续改进时，机构将会获得最大收益。

（六）过程方法

将活动和相关的资源作为过程进行管理，可以更高效地得到期望的结果。过程方法是质量管理原则中一个十分重要的原则。通过利用资源和实施管理，将输入转化为输出的一组活动，可以视为一个过程。一个过程的输出可直接形成下一个或几个过程的输入。为使机构有效运行，必须识别和管理众多相互关联的过程。系统地识别和管理机构所应用的过程,特别是这些过程之间的相互作用,可称为“过程方法”。

过程方法应用于计量技术机构的质量管理和检定、校准及检测两个方面:

一是质量管理是通过过程来实现的,管理体系是按照过程的方法组成的。管理体系模式反映了构成体系的过程以及它们之间的相互关系,见图 2-1。

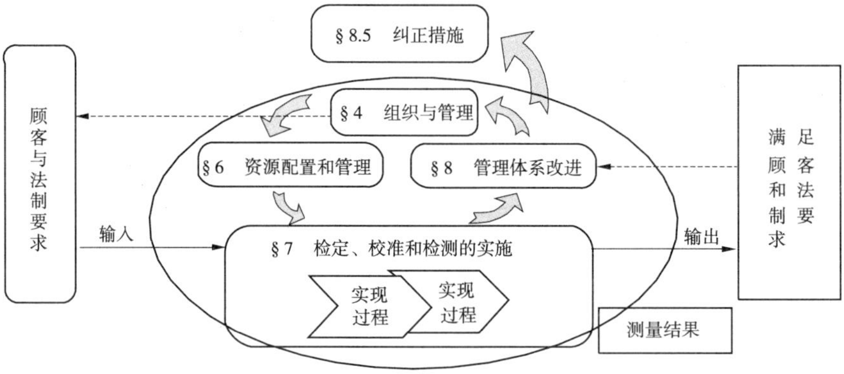

图 2-1 管理体系模式

注:图中标题号对应于本规范的相应条款号

二是检定、校准和检测是通过过程来实现的。

规范的第 7 章“检定、校准和检测的实施”是按照检定、校准和检测及实现过程展开的,基本上反映了检定、校准和检测工作的过程及过程之间的相互关系。当然,检定、校准和检测的各个过程既有其共同的性质,也具有各自的特点。在规范的实施中要认真识别过程和过程的特点,以实现过程的有效运行和对过程的有效控制。检定、校准和检测过程流程图(见图 2-2)反映了检定、校准和检测实现的基本过程以及它们之间的相互关系。

(七)管理的系统方法

将相互关联的过程作为系统加以识别、理解和管理,有助于组织提高实现目标的有效性和效率。系统是指将机构中为实现目标所需要的全部的相互关联或相互作用的一组要素综合考虑。要素的集合构成了系统。管理体系的构成要素是过程。一组完备的相互关联的过程的有机组合构成了一个系统。对构成系统的过程予以识别,理解并管理系统,可以帮助机构提高实现目标的有效性及效率。这是一种管理的系统方法,其优点是可使过程相互协调,最大限度地实现预期的结果。

在 JJF 1069—2007《法定计量检定机构考核规范》中应用了管理的系统方法思想。规范的 5.1 条款依据该思想详细地提出了建立管理体系的系统方法和逻辑步骤。

(八)持续改进

持续改进总体业绩应当是组织的一个永恒目标。在质量管理八项原则中“持续改进”是精髓,是支撑管理体系正常和有效运行的关键,只有坚持持续改进才会使顾客满意,才能使管理体系日益完善。“持续改进”的原则实际上是我们当前大力提倡的“与时俱进”、“开拓创新”精神在质量管理中的反映。贯彻实施考核规范,其关键在于建立持续改进和自我完善的机制,以不断提升管理体系水平和满足顾客的需要与期望。

当前,法定计量检定机构面临着复杂而迅速变化着的环境,只有坚持持续改进,不断

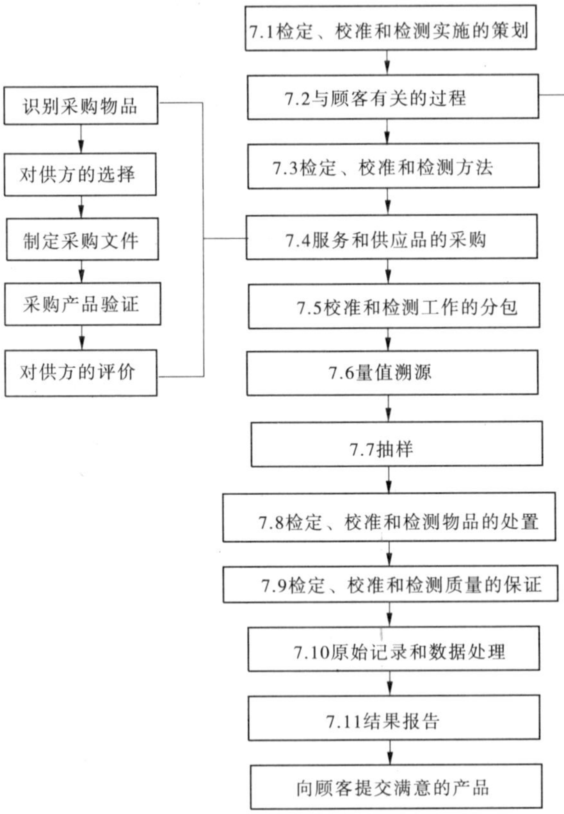

图 2-2　检定、校准和检测实施过程流程图

提高质量、效率和降低各种成本,才能在激烈的市场竞争中取胜。持续改进是考核规范的精髓,也是机构赢得市场竞争的根本性策略。

机构在建立和完善管理体系的过程中,应建立持续改进的机制,构建一个科学的持续改进模式,并营造一个富有改革和创新气氛的环境,这对实现持续改进的业绩将起决定性的作用。在考核规范中通过管理评审、不合格工作的控制、顾客满意和投诉处理、内部审核、纠正措施和预防措施等方法建立改进的机制,保持机构的持续改进

(九)基于事实的决策方法

有效决策是建立在数据和信息分析的基础上。法定计量检定机构是以科学、公正的测量数据作为评价计量器具的计量性能、定量包装商品的商品量的准确性的依据。应用“基于事实的决策方法”,是计量检定机构的一项极为重要的管理原则和工作准则。机构应采取下列活动:

(1)确保数据和信息具有足够的准确性和可靠性。

(2)让数据或信息的需要者能得到数据和信息。

(3)使用正确的方法分析数据。

(4)基于事实分析,做出评定或决策并采取措施。

(十)与供方互利的关系

组织与供方是相互依存的,互利的关系可增强双方创造价值的机会。规范中明确了

机构与所需的服务和供应品的供应方以及机构与校准和检测的分包方之间的责任、权力和相互关系，建立起相互依存、互利的关系，这对机构和供方都是有利的。

管理原则在考核规范中的对应条款如表 2-3 所示。

表 2-3　管理原则在考核规范中的对应条款

2+8 质量管理原则	JJF1069 主要条款	备注
以法制为依据	4.1,4.2,6.2,6.4,7.2.2.1,7.3,7.5,7.6,7.8,7.10	
以公正性为基石	4.3.2d),f)	
以顾客为关注焦点	4.3.2c),5.2a)。5.3.2,5.5.2,7.2,7.3.2.2,7.3.4,7.3.5.3,7.5.2,7.5.4,7.10,3.3,8.3	共计有 20 个条款与顾客有关
领导作用	4.1,5.2,5.3.1,5.5	
全员参与	4.3.2a)、f)、g)、h),6.2,6.4.3,7.4.3,8.4.1	
过程方法	5.1,7.1	
管理的系统方法	5.1,5.2.1	
持续改进	5.3.2,5.4,5.6,8.1,8.2,8.3,8.4,8.5,8.6	
基于事实的决策方法	5.2.4,7.2.5.1,7.2.6,7.2.7,7.2.8,7.5.4.3,7.7.2,7.8	
与共方互利的关系	7.3,7.4	

第三章 《法定计量检定机构考核规范》释义

第一节 组织和管理

一、法律地位

(一) 规范条文

4.1 法律地位

4.1.1 依法设置的机构,必须是一个能独立承担法律责任的实体,具有政府主管部门依法设置的文件,其负责人应具有法定代表人资格证明和相应的主管部门的聘任文件。

4.1.2 被授权建立的机构,具有政府主管部门同意授权的文件,其负责人应具有法定代表人资格证明和其主管部门的聘任文件。如授权建立的机构是某个组织的一部分,则应当有独立的建制,其负责人应当有法定代表人的委托书。

4.1.3 如果被授权建立的机构所在的组织还从事授权项目以外的活动,为了鉴别潜在的利益冲突,应界定该组织中涉及授权项目或对授权项目有影响的关键人员的职责。

注:1. 如果被授权建立的机构是某个较大组织的一部分,该组织应使其有利益冲突的部分,如生产、商贸营销或财务部门,不对机构满足本规范的要求产生不良影响。

2. 被授权建立的机构应能证明其公正性,并且机构及其员工能够抵御任何可能影响其技术判断的、不正当的商业、财务或其他方面的压力。机构不应参与任何损害其判断独立性和检定、校准或检测诚信度的活动。

(二) 理解要点

“法律地位”分为4.1.1、4.1.2 和4.1.3 三条。4.1.1 条是针对各级政府质量技术监督部门依法设置的法定计量检定机构提出的要求;4.1.2 条是针对各级政府质量技术监督部门根据需要授权社会其他部门建立的计量技术机构(如国家专业计量检定站)提出的要求;4.1.3 条是针对还从事检定、校准和检测以外活动的被授权的机构提出的要求。

1. 4.1.1 条理解要点

(1) 依法设置的法定计量检定机构必须是独立法人,能独立承担法律责任。根据我国《民法通则》的规定,社会组织要成为法人必须具备以下 4 个条件: ①依法成立; ②有必要的财产或经费; ③有自己的名称、组织机构和场所; ④能独立承担民事责任。

只有具备以上条件才能成为独立的法人,具有相应的法律权力和义务,并能独立承担相应的法律责任和民事责任。

(2)有政府计量行政部门依法设置的文件。根据《计量法》和国务院有关文件的规定,省级以上政府质量技术监督部门可以根据需要提出法定计量检定机构的设置方案,并报省级以上政府编制管理部门批准后组织实施。因此,政府计量部门设置的法定计量检定机构必须具有省以上政府质量技术监督部门和编制管理部门的批准文件。

(3)其负责人应具有法人资格证明和相应的政府计量行政部门的任命书。机构负责人是法定代表人,有合法的法人资格证明和符合干部管理权限的干部任命文件。

2. 4.1.2 条理解要点

本条表达了两层内容。

第一层内容是对具有独立法人资格的被授权建立的法定计量检定机构地位的合法性提出的3项要求:

(1)必须有政府计量行政部门同意授权的证明文件 。

(2)其单位负责人应具有法人资格证明,也就是说,该单位具有独立的法人地位。

(3)单位负责人要有其主管部门的任命文件。

第二层内容是对不具有独立法人资格的被授权单位提出的要求。除了上面已经明确的(1)、(3)两条外,增加了两项要求:

(1)该机构虽然是某个组织的一部分,但必须有独立的建制。该机构和所在单位在组织结构、职责、功能等方面必须相对独立,彼此分别界定清楚,能确保机构执行检定、校准或检测业务的独立性、公正性。

(2)有法人单位及法定代表人的书面委托书,委托其能承担相应的法律责任和民事责任。

3. 4.1.3 条理解要点

本条是对4.1.2条中还从事授权项目以外的活动的组织的要求。《法定计量检定机构考核规范》要求此类机构所在的组织应该明确涉及或影响机构检定、校准或检测活动的关键人员的职责,以避免潜在的利益冲突。

机构的检定、校准和检测工作应有相对的独立性和可信的公正性。作为该组织的其他部门如生产、销售及财务部门不能对机构的检定、校准和检测结果施加任何影响,为了防止这些部门对检定、校准和检测结果产生影响,必须规定这些部门中关键人员的职责。此外,机构的工作人员应具备抵御任何可能影响其技术判断的不正当的商业、财务或其他方面的压力的能力,并制定相关的制度对其实施有效控制。

(三)考核要点

1. 4.1.1 条考核要点

机构是否提供了本条要求的所有批准文件、资格证明和任命文件等原始材料。在申请考核时是否提交了原始文件的复印件。审查机构提供的每份证明文件。

2. 4.1.2 条考核要点

机构是否提供本条要求的所有批准文件、资格证明和任命文件等原始材料。在申请考核时是否提交了原始文件的复印件。审查机构提供的每份证明文件,尤其是对其独立性和公正性以及其负责人承担法律和民事责任的能力进行详细检查。

3. 4.1.3 条考核要点

被授权建立的机构所在的组织，还从事授权项目以外的活动，是否界定了该组织中可能影响被授权机构的检定、校准或检测结果的部门及关键人员，制定了相应的职责，并严格实施了。

二、法律责任

（一）规范条文

4.2 法律责任

4.2.1 机构必须遵守国家有关的计量法律、法规，认真履行计量法律、法规所赋予的职责，以符合本规范要求的方式从事计量检定、校准和检测活动，并能满足顾客的需要。

4.2.2 机构必须完成政府计量行政部门下达的为实施计量法提供技术保证的各项任务，并接受政府计量行政部门的监督和管理。

（二）理解要点

"法律责任"分为两条。4.2.1 条是法定计量检定机构必须承担的法律义务和法律责任；4.2.2 条是作为政府计量行政部门依法设置或授权的机构，必须对政府计量行政部门承担的责任和义务。

1. 4.2.1 条理解要点

国家计量法律、法规和规章涉及法定计量检定机构的有关要求基本上都包括在考核规范的要求和考核规范的引用文献之中。计量法律、法规赋予法定计量检定机构的主要职责是：负责研究建立计量基准、社会公用计量标准；进行量值传递，执行强制检定和法律规定的其他检定和测试任务，起草技术规范，为实施计量监督提供技术保证，并承办有关计量监督工作。

2. 4.2.2 条理解要点

作为政府计量行政部门依法设置或授权的法定计量检定机构，要履行其法律责任，其首要任务是，必须全面完成政府计量行政部门下达的各项具体的、为计量执法提供技术保证的任务。如按规定的计划和要求完成计量基准、标准的研究和建立，并开展量值传递；执行计量器具的强制检定计划，并认真做好技术管理工作；承担政府计量行政部门下达的计量器具新产品的定型鉴定或样机试验；承担政府计量行政部门委托的计量仲裁检定或其他监督检定工作等。同时，法定计量检定机构必须自觉、主动地接受政府计量行政部门的监督和管理。对法定计量检定机构实施考核，就是政府计量行政部门对法定计量检定机构实施监督管理的一种有效形式和手段。

（三）考核要点

1 4.2.1 条考核要点

（1）机构负责人是否组织机构全体职工认真学习了计量法律、法规，不断强化计量法制意识，严格遵守计量法律、法规的规定，确实履行了法定计量检定机构应尽的法律义务和法律责任。

（2）结合对规范中其他有关法律、法规的要求的考核一并进行，做综合评定。

2 4.2.2 条考核要点

(1)法定计量检定机构是否把完成政府计量行政部门下达的为计量执法提供技术保证的任务放在了各项工作的首位,全力以赴确保按时、按质、按量全面完成了。

(2)根据政府计量行政部门下达的任务,检查机构完成的情况,并在征求政府计量行政部门的意见后做出评定。

三、基本条件

(一)规范条文

4.3　基本条件

4.3.1　机构的管理体系应覆盖机构在固定的设施内、离开固定设施的场所或在相关的临时或移动的设施中进行的全部计量检定、校准和检测工作。

4.3.2　机构应:

a)有相应的管理人员和技术人员,不考虑他们的其他职责,他们应具有所需要的权力和资源来履行包括实施、保持和改进管理体系的职责,识别对管理体系或检定、校准和/或检测程序的偏离,以及采取预防或减少这些偏离的措施。

b)有相应的措施,以保证机构负责人和员工的工作质量不受任何内部和外部的不正当的商业、财务和其他方面的压力和影响。

c)有文件化的政策和程序,以保护顾客的机密信息和所有权,包括保护电子存储和传输结果的程序。

d)有文件化的政策,以避免参与任何可能降低其能力、公正性、诚实性、独立判断力或影响其职业道德的活动。

e)规定机构的组织和管理结构,以及质量管理、技术运作和支持服务之间的关系。

f)规定对检定、校准和检测质量有影响的所有管理、操作、验证和核查人员的职责、权力及相互关系。

g)由熟悉检定、校准或检测的方法、程序、目的和结果评价的监督人员对从事检定、校准和检测的人员(包括在培员工)实施有效的监督。

h)有技术负责人,全面负责技术运作和确保机构运作质量所需的资源。

i)指定一名人员作为质量负责人,不管现有的其他职责,应赋予其在任何时候都能保证与质量相关的管理体系得到实施和遵循的责任和权力。质量负责人应有直接渠道接触决定政策和资源的机构负责人。

j)指定关键管理人员(如技术负责人和质量负责人)的代理人。

k)确保机构人员理解他们活动的相互关系和重要性,以及如何为管理体系质量目标的实现做出贡献。

4.3.3　机构负责人应确保在机构内部建立适宜的沟通机制,并就与管理体系有效性有关的事宜进行沟通。

(二)理解要点

“基本要求”分成4.3.1条、4.3.2条和4.3.3三条。4.3.1条是对机构的管理体系应覆盖范围的要求。4.3.2 条是对机构在组织管理方面提出的基本条件。4.3.3 条是对机构内部建立沟通机制的要求。

1. 4.3.1 条理解要点

机构的管理体系应覆盖各种场所和设施下开展的全部检定、校准和检测工作。应特别关注管理离开固定设施的场所或在相关的临时或移动的设施中进行的工作。根据本条的要求,机构无论是在固定的实验室,还是在远离固定实验室的场所或在有关的临时或移动的设施中开展工作,如到企业或工地的现场开展现场的检定、校准或检测,机构的管理体系都必须以满足本规范要求的方式组织和运作,以保证检定、校准及检测工作有较高的质量,做到科学、公正、准确、高效。

2. 4.3.2 条理解要点

机构在组织管理方面应该具备以下 11 个方面的条件:

(1)对管理人员和技术人员及其能力、权力和资源的要求。根据本条的要求,机构应配备数量与其规模相适应、能力与其承担的工作相适应、精干、高效的管理人员。机构应明确规定管理人员的职责和履行职责所必需的权力,并且配备必要的资源,资源包括技术资源、物质资源(如资金、仪器、设备、设施等)、组织资源和人力资源等。管理人员的职责和权力应反映在质量手册中。

(2)工作质量不受任何内部和外部的压力与影响的要求。根据本条的要求,机构应采取多种措施,如公正性声明、工作人员守则、职业道德规范等措施,保证其管理和技术人员的工作质量不受任何内部和外部的商务、财务和其他压力的影响。所谓其他压力的影响,其中包括可能有的来自内部或外部行政领导方面的不恰当的干预。因此,行政领导应发布不干预检定、校准和检测工作、充分保证其公正性的声明,并切实贯彻执行。公正性声明应反映在质量手册中。

(3)保护顾客的机密信息和所有权的要求。根据本条的要求,机构应制定文件化的政策和程序,明文规定保护顾客的保密资料、技术秘密和所有权,包括专利权,并认真贯彻执行。尤其是承担计量器具新产品定型鉴定和样机试验的机构,更必须制定详细的程序,采取严密的措施,保护顾客的机密信息和所有权。

(4)不参与任何影响公正性或职业道德的活动的要求。根据本条的要求,机构应制定文件化的政策和程序,以避免参与任何可能削弱其能力、公正性、诚实性、独立判断力或影响其职业道德的活动。例如参与顾客产品的经销、推销、推荐、监制活动等。

(5)规定组织和管理结构以及质量、技术和支持服务之间关系的要求。根据本条的要求,机构应采用组织机构图的方式,明确规定机构的组织结构和管理结构,以及质量管理、技术运作和支持服务之间的相互关系与接口。组织机构框图和管理结构应包含在质量手册中。

(6)规定与工作质量有关的各类人员职责、权力和相互关系的要求。根据本条的要求,机构应明确规定对检定、校准和检测质量有影响的所有管理人员、操作人员、验证人员和核查人员的职责、权力及相互关系。操作人员是指执行检定、校准或检测业务的人员,包括直接从事检定、校准或检测业务的人员,也可包括间接从事检定、校准或检测业务的人员;验证人员是指对执行检定、校准或检测的活动及其结果加以校对的人员;核查人员主要是指对计量标准或测量设备进行核查的人员。对这些人员的职责、权力和相互关系的规定应包含在质量手册中。

(7)关于监督人员的条件和职责的要求。在本条中,监督的概念主要是指为了确保满足规定的要求,对机构的状况进行连续的监视和验证并对记录进行分析。监督的目的是为了解决过程控制中的弊病。监督的对象主要是从事检定、校准和检测的人员。

根据本条的要求,机构应任命一定数量,并熟悉计量检定、校准和检测方法及程序,了解每项检定、校准和检测的目的,并懂得如何评审检定、校准和检测结果的监督人员,对从事检定、校准和检测人员的工作实施有效的监督。监督既包括对计量检定、校准和检测工作过程中的监督,又包括对计量检定、校准和检测结果的数据、证书和报告的监督。同时,为确保监督的有效性,机构应规定监督的内容和监督的频次;明确监督记录的要求;报告、分析和改进发现的偏离或问题。

(8)技术负责人及其职责的要求。根据本条的要求,机构应配备技术管理层或技术负责人,全面负责机构的技术工作。他们的职责和权力应有明文规定,应包含在质量手册中。

(9)质量负责人及其职责的要求。根据本条的要求,机构应指定一名质量负责人(不论如何称谓),全面负责机构的质量管理工作。机构应赋予其必需的责任和权力,以确保管理体系的实施。他的职责和权力应有明文规定,应包含在质量手册中。对人数很少的机构,技术负责人和质量负责人也可以由一个人担任。

(10)关键管理人员的代理人的要求。根据本条的要求,机构应任命关键管理人员的代理人,如质量负责人的代理人和技术负责人的代理人。当质量负责人或技术负责人不在岗位时,明文规定由代理人行使其职权,以保证工作不受影响。

(11)机构应加强法制意识和质量意识教育,使每一个员工都明确自己在管理体系中所处的地位和所承担的质量目标,认识自己的工作对管理体系的重要性,以及如何为实现自己工作的质量目标做出应有的贡献。

上述11款,归纳起来为3类:

(1)关于组织和管理结构及其相互关系的要求(有1条),充分体现了管理的系统方法原则。

(2)关于各类人员及其能力、职责、权力和相互关系的要求(有7条),充分体现了全员参与的管理原则。

(3)关于公正性和保密性的要求(有3条),充分体现了公正性原则。

3. 4.3.3 条理解要点

沟通可促进机构内各职能和层次间的信息交流,从而增进相互理解和提高管理体系的有效性,并营造一个和谐的工作氛围。

机构负责人应确保在机构内建立适当的沟通过程,既要明确沟通的对象和内容,又要明确沟通的方法和时机,还要规定相关人员的职责。沟通过程的建立涉及沟通的方式、时机、内容、部门和职责。沟通的方式可以是多种多样的,例如质量分析会、工作协调会、工作简报、会议、布告栏、内部刊物和内部互联网等。

沟通的过程和采用的方式是否适当,主要看是否能够确保管理体系的有效性。如果由于内部沟通不畅,影响了管理体系的有效性,机构应改进有关沟通的方式和过程。

(三)考核要点

本条为重点考核项。

1. 4.3.1 条考核要点

机构的管理体系是否覆盖了机构在固定的设施内、离开固定设施的场所或在相关的临时或移动的设施中进行的全部计量检定、校准和检测工作。不允许存在不被机构的管理体系全部覆盖的场所和计量检定、校准和检测工作。

2. 4.3.2 条考核要点

(1)本条对机构的基本条件提出了11款明确的要求。机构是否根据本条的要求,并结合考核规范中其他相关条款的要求一并进行了考虑,并逐条加以落实了。

(2)本条中涉及公正性的要求是关键性要求,机构是否制定了文件化的政策和程序,并认真加以贯彻实施了。

(3)考核时对基本条件的考核应与其他相关条款的考核结合进行,并做出综合评价。

3. 4.3.3 条考核要点

机构是否建立了沟通机制,明确了沟通的对象、内容、方法、时机以及相关部门和人员的职责。

第二节 管理体系

一、总要求

(一)规范条文

5.1 总要求

机构应按照本规范的要求建立与其活动范围相适应的管理体系。形成文件,加以实施和保持,并持续改进其有效性。机构应:

a)识别管理体系以及检定、校准和检测的实施所需的过程及其在组织中的应用;

b)确定这些过程的顺序和相互作用;

c)确定为确保这些过程的有效运行和控制所需的准则和方法;

d)确保可以获得必要的资源和信息,以支持这些过程的运行和对这些过程的监督;

e)监督和分析这些过程;

f)实施必要的措施,以实现对这些过程策划的结果和对这些过程的持续改进。

机构应按本规范的要求管理这些过程。

针对机构所选择的任何影响校准和检测的分包过程,机构应确保对其实施控制。对这类分包过程的控制应在管理体系中加以识别。

注:上述管理体系所需要的过程应当包括与管理活动,资源提供,检定、校准

和检测实施与体系改进有关的过程。

(二)理解要点

1. 管理体系的概念

根据 ISO 9000:2000 版给出的定义,“体系”是指相互关联或相互作用的一组要素;“管理体系”是指建立方针和目标并实现这些目标的体系;“管理体系”是指在质量方面指挥和控制组织的管理体系。

2. 管理体系总要求的内涵

管理体系的总要求是建立(包括形成文件)、实施、保持管理体系并持续改进其有效性的总体思路,也是质量管理原则中的“过程方法”和“管理的系统方法”在管理体系中的具体应用。

3. 对建立和实施管理体系的 5 点原则要求

(1)按本规范的要求建立管理体系。

(2)管理体系应该是文件化的管理体系。

(3)严格按文件规定的要求实施。

(4)保持体系的有效运行。

(5)持续改进管理体系。

4. 实施中应注意识别检定、校准和检测实现过程的联系与区别

需要注意他们之间的联系,更应关注他们之间的区别。应根据规范的基本要求,结合本机构的实际,分别制定《计量检定管理程序》、《计量校准管理程序》、《定型鉴定、样机试验管理程序》和《商品量计量检测管理程序》。

5. 机构建立、运行并改进管理体系的实施逻辑步骤

(1)识别过程及其应用。

过程是指机构的所有过程。规范要求的过程是管理体系所需要的全部过程,包括管理职责过程,资源配置与管理过程,检定、校准和检测过程,体系的改进过程以及这些过程所包括的或涉及的各个分过程或子过程。

过程的应用包括两个方面:一是将规范给出的过程结合本机构的自身实际过程建立可运行的管理体系;二是在应用时应考虑《法定计量检定机构考核规范》在“1 范围”中所提出的不同机构类型、承担不同职能所涉及的不同过程以及删减要求所涉及的过程。

可以用各种不同的方法来识别过程。规范鼓励采用“过程方法”。具体地讲,是对体系中的每一个过程的输入、输出及其活动和所需要的资源的识别和确定,以及明确过程之间的相互作用。识别的要求还包括管理体系所包括的全部过程的系统识别。

具体可考虑以下内容:

①机构管理体系所需要的过程有哪些?

②这些过程中有哪些过程被外包?

③每个过程的输入和输出是什么?

④这些过程的顾客都是谁?

⑤这些顾客的要求是什么?

⑥谁是过程的执行者?

(2)确定过程的顺序和相互作用。

根据检定、校准和检测的实现流程来考虑过程的排序,确定这些过程如何排列更具逻辑顺序,而且能够构造一个有效运行的管理体系。过程的输出和进入下一个过程的输入的关系将为指导排列过程顺序提供具有价值的参考。过程的顺序和相互作用还包括管理职责过程、资源配置和管理过程以及分析和改进过程如何在检定、校准和检测实现流程的各个环节中或过程中的顺序和相互作用。

相互作用主要是指某个过程的输入应来源于哪几个过程的输出,该过程的输出应成为下面哪几个过程的输入,即各个过程相互之间的联系和接口活动。

实施中可考虑下述内容:

①机构的过程的总流程;

②机构是否能对总流程进行描述?

③这些过程之间的接口是什么?

④机构需要哪些文件?

(3)确定为确保这些过程有效运行和控制所需要的准则和方法。具体应考虑以下因素:

①过程预期的和非预期的结果的特性;

②监视、测量和分析的准则;

③如何把上述准则纳入体系策划和检定、校准和检测实现过程策划;

④经济和可行性分析(成本、时间和风险的比较);

⑤信息和数据收集的方法。

(4)确保可以获得必要的资源和信息,以支持这些过程的运行和对其监视。实施中应考虑下列问题:

①每一过程所需要的资源;

②沟通的渠道;

③提供关于过程的内外部信息的方法;

④获得反馈的方法;

⑤需要收集的信息;

⑥需要保持的记录。

(5)对过程进行监视和测量,并对监视和测量的结果进行分析。实施中应考虑下列问题:

①如何监视过程业绩(检定、校准和检测结果的质量,顾客满意);

②必须进行哪些测量;

③如何能最好地分析所收集的信息(统计技术的应用);

④分析结果的表述。

(6)针对分析的结果采取必要的措施,以实现对这些过程所策划的结果和对这些过程的持续改进。实施中应考虑下列问题:

①如何改进过程;

②必须采取的纠正和(或)预防措施;

③纠正和(或)预期措施是否已实施；

④措施实施的结果是否有效。

以上6个步骤是过程方法的体现，其中第1、第2和第3三步为策划阶段；第4步为实施阶段；第5步为检查阶段；第6步为处置阶段，由此构成了PDCA循环。

(三)考核要点

机构是否按照本《法定计量检定机构考核规范》的要求建立了与其活动范围相适应的文件化的管理体系，是否加以实施、保持和持续改进其有效性，是否实施了"过程方法"，是否识别、确定、实施、监督和持续改进了管理体系及检定、校准和检测的实施所需的过程。检查文件，核查记录，考核其适宜性、符合性、充分性和有效性。

二、管理职责

(一)规范条文

5.2 管理职责

机构负责人应通过以下活动，对其建立、实施管理体系并持续改进其有效性的承诺提供证据：

a)向机构传达满足法律、法规、规范和顾客要求的重要性；

b)制定质量方针；

c)确保质量目标的制定；

d)进行管理评审；

e)确保资源的获得；

f)当策划和实施管理体系变更时，应确保维持管理体系的完整性。

(二)理解要点

(1)"管理职责"是质量管理原则中"领导作用"原则的具体体现。本条规定了机构负责人应承诺和实施的活动，并至少通过开展本条中明确的6项活动来证实其承诺。充分说明了机构负责人的领导、参与和承诺对管理体系的建立、运行和改进，对考核规范在机构中的全面实施具有十分重要的作用。

(2)机构负责人是指在机构的最高管理层中指导和控制机构的一个人或一组人。

(3)机构负责人首先要树立牢固的质量意识和法制观念，应充分意识到让顾客满意和遵守法律法规是对法定计量检定机构最基本的要求。同时，也应充分认识到，对法定计量检定机构来说，它向顾客提供的产品是无形的，是直接影响到顾客的生产、经营、安全和效益的特殊产品。而且产品(检定、校准和检测结果)的质量往往与机构内的每一个成员对质量和法制的认识有关。

(4)质量方针是指由机构负责人(最高管理者)正式发布的与质量有关的机构总的意图和方向。质量方针应与机构的未来发展相一致，并使机构的所有成员都能理解；质量方针应表明机构负责人对遵守法律法规、确保工作质量的承诺以及为实现其承诺提供足够的资源，并且在机构负责人的领导下，促进机构各层对遵守法律、确保质量的承诺；质量方针应阐述质量的持续改进和顾客的满意程度。质量方针应定期评审并在必要时予以修订。

(5)质量目标是指与质量有关的、所追求的或作为目的的事物。质量目标应建立在机构质量方针的基础上,在质量方针给定的框架内展开。质量目标应该是定量的、可测量和可分解的。

(6)关于管理评审的要求见《法定计量检定机构考核规范》5.6 条的说明。

(7)关于资源的要求见《法定计量检定机构考核规范》6 的说明。

(8)机构内外部条件和环境是不断变化的,这些变化可能会导致策划和实施管理体系的变更,变更时机构负责人应确保维持管理体系的完整性,从而确保检定、校准和检测工作的质量满足顾客和法律法规的要求。

(三)考核要点

(1)机构负责人是否采取了教育、培训、会议等方式使机构的成员都能树立质量意识和法制观念,都能认识到满足顾客要求和法律法规的要求对机构的重要性,并能经常持续地加强干部和职工对质量的认识,使他们能积极、主动地遵守法律法规,参与各项质量活动。

(2)制定质量方针是机构负责人的职责。在制定质量方针时,是否考虑了预期的顾客满意程度、法律法规和其他相关方面的要求、质量持续改进的机会和需求以及所需要的资源等因素。

(3)机构负责人要确保质量目标的制定。机构是否根据法定计量检定机构的特点,提供检定、校准和检测服务的特点,顾客的要求和期望以及机构自身的发展要求来确定质量目标。设定质量目标的原则应是不断改进、提高质量、使顾客满意。质量目标是否分解到了机构中与质量管理有关的相关职能部门和人员中,各职能部门和有关人员是否把质量目标转化为各自的工作任务。

(4)管理体系变更时,机构负责人是否确保了管理体系的完整性。

三、体系文件

(一)总则

1. 规范条文

5.3.1 总则

机构应将其政策、制度、计划、程序和作业指导书制定成文件,并达到确保机构的检定、校准和检测结果质量所需要的程度。体系文件应传达至有关人员,并被其理解、获取和执行。

2. 理解要点

1)文件的概念

文件是信息及其承载媒体。文件概念表明它是由两个要素构成:一是信息;二是承载媒体。媒体可以是纸张、计算机磁盘、光盘或其他电子媒体、照片或其组合。信息是文件的实质内容,信息的不同,决定了文件的性质不同。

2)文件的目的和作用

将机构的管理体系形成文件,可以实现以下目的和作用:

(1)描述机构的管理体系。

(2)为跨职能部门提供信息,以利于更好地理解相互关系。

(3)将机构负责人对质量的承诺传达给员工。

(4)帮助员工理解其在机构中的作用,以加深其对工作目的和重要性的认识。

(5)使机构负责人和员工达成共识,为期望的工作业绩提供基础。

(6)说明如何才能达到规定的要求,提供表明已经满足规定要求的各种证据。

(7)提供明确和有效的运作框架。

(8)为新员工培训和现有员工的定期再培训提供基础。

(9)为机构的秩序和稳定性奠定基础。

(10)通过将过程形成文件,以达到作用的一致性。

(11)为持续改进提供依据。

(12)通过将体系形成文件,为顾客提供信心。

(13)向相关方证实机构的能力,向供方提供明确要求的框架。

(14)为法定计量检定机构的考核提供依据,为体系的内部审核提供依据,为评价管理体系的有效性和持续适宜性提供依据。

3)文件的种类

管理体系文件通常包括:质量方针和质量目标、质量手册、程序文件、作业指导书、表格、质量计划、规范、外来文件、记录等。计量检定规程、校准规范和检测方法是体系文件的重要组成部分。根据法定计量检定机构工作的特点,有关检定规程、校准规范和检测方法的要求放在《法定计量检定机构考核规范》7.3 条作详细阐述。此外,检定、校准和检测工作的原始记录以及证书和报告也是质量记录的重要内容,由于它们实质上是法定计量检定机构向顾客提供的产品,具有特殊的重要地位,因此在《法定计量检定机构考核规范》7.10 条和《法定计量检定机构考核规范》7.11 条予以详细阐述。

4)体系文件的结构

(1)根据 GB/T 19023—2003(ISO/TR 10013:2001)《管理体系文件指南》的介绍,典型的三层管理体系文件层次结构如图 3-1 所示。

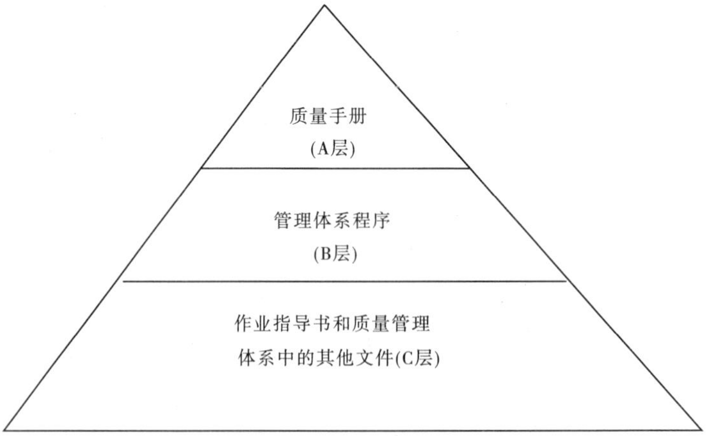

图 3-1　典型的三层管理体系文件层次结构图

说明:①A 层文件内容根据所阐明的质量方针和质量目标对管理体系进行描述。

②B 层文件内容描述实施管理体系所需要的相互关联的过程和活动。

③C 层文件内容由详细的作业指导书和质量管理体系中的其他文件构成。

④文件层次的多少可根据组织的需要进行调整。

⑤表格在各个层次可能都是适用的。

(2)管理体系文件也可由四个层次构成,即:管理手册(第一层次)、管理体系程序文件(第二层次)、作业指导书(操作规程、检测细则等)(第三层次)、其他管理体系文件(表格、报告、记录等)(第四层次)。典型的四层管理体系文件层次结构图详见图 3-2。

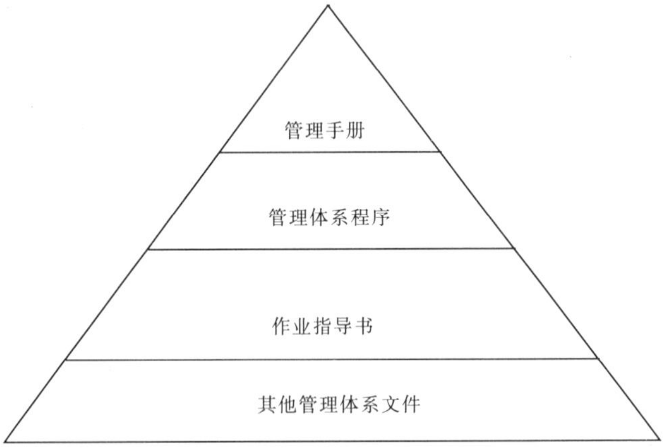

图 3-2 典型的四层管理体系文件层次结构图

5)总体的原则要求

(1)机构应将管理体系所涉及的政策、制度、计划、程序和作业指导书制定成文件,以形成文件化的管理体系。

(2)机构建立的体系文件必须与该机构规模、人员素质以及所开展的检定、校准和检测活动的复杂性相适应,以达到确保机构的检定、校准和检测结果质量所需要的程度。

(3)应通过体系文件的宣贯,将文件的要求传达至有关的人员,确保其准确理解文件、及时获取文件,并严格地按文件规定的要求实施。

6)应明确编制体系文件的职责

为了加深员工对文件编制的理解并产生参与感和责任感,管理体系文件应由参与过程和活动的人员编写。为缩短文件的编制时间以及有助于识别管理体系存在的不足,并便于进行弥补和纠正,编制文件时要尽可能利用现有文件和引用文件。

7)应制定编制体系文件的方法

即将实施或正在实施《法定计量检定机构考核规范》所要求的管理体系的机构,应识别有效实施管理体系所需要的过程,理解这些过程的相互作用。将这些过程按照需要程度形成文件,以保证其得到有效运行和控制。文件编制可以采用以下步骤:

(1)根据《法定计量检定机构考核规范》,确定适用的管理体系文件要求。

(2)通过各种方法,收集员工现有管理体系和过程的数据。

(3)列出现有适用的管理体系文件,分析这些文件,确定其可用性。

(4)对参与编制文件人员进行文件编制和考核规范的培训。

(5)从运作部门寻求并获得其他源文件或引用文件。

(6)确定拟编制文件的结构和格式。

(7)编制覆盖管理体系范围所有过程的流程图。

(8)对流程图进行分析,以识别可能的改进并实施这些改进。

(9)通过试运行,确认这些文件。

(10)在机构内部使用其他适宜的方法完成体系文件。

(11)在颁布前对文件进行评审和批准。

体系文件的编写方法可参考 GB/T 19023—2003(ISO/TR 10013:2001)《管理体系文件指南》。

8)根据《法定计量检定机构考核规范》要求应形成的体系文件

《法定计量检定机构考核规范》对体系文件的要求见表 3-1。

表 3-1 《法定计量检定机构考核规范》对体系文件的要求

考核要求条款	体系文件的类型					
	质量手册	程序文件	技术文件	记录	计划	其他文件材料
4 组织和管理						
4.1 法律地位						证明文件
4.2 法律责任						
4.3 基本条件		☆				公正性声明
5 管理体系						
5.1 总要求		☆				体系策划资料
5.2 管理职责						证明材料
5.3 体系文件	☆	☆				
5.4 文件控制		☆				
5.5 记录控制		☆				
5.6 管理评审		☆		☆	☆	
6 资源配置和管理						
6.1 总则						一览表
6.2 人员		☆		☆	☆	证明、档案
6.3 设施和环境条件		☆	☆	☆		
6.4 测量设备		☆	☆	☆		一览表、档案

续表 3-1

考核要求条款	体系文件的类型					
	质量手册	程序文件	技术文件	记录	计划	其他文件材料
7 检定、校准和检测的实施						
7.1 检定、校准和检测实施的策划		☆			☆	
7.2 与顾客有关的过程		☆	☆	☆		
7.3 检定、校准和检测方法		☆	☆	☆	☆	
7.4 服务和供应品的采购		☆	☆	☆		
7.5 校准和检测工作的分包		☆		☆		
7.6 量值溯源		☆			☆	量传或溯源图
7.7 抽样		☆		☆	☆	
7.8 检定、校准和检测物品的处置		☆		☆		系统标识
7.9 检定、校准和检测质量的保证		☆	☆	☆	☆	
7.10 原始记录和数据处理		☆		☆		
7.11 结果报告		☆		☆		
8 管理体系改进						
8.1 总则						
8.2 不合格工作的控制		☆		☆		
8.3 顾客满意和投诉		☆		☆		
8.4 内部审核		☆		☆	☆	
8.5 纠正措施		☆		☆		
8.6 预防措施		☆		☆		

注：☆ 号的条款为应制定相应文件的条款。

3. 考核要点

机构是否制定了满足其检定、校准和检测结果质量需要的文件化的政策、制度、计划、程序和作业指导书，并使有关人员都知道、理解、获取和执行。核查文件、检查记录，确认其适宜性、符合性、充分性和有效性。

（二）质量方针

1. 规范条文

5.3.2 质量方针

机构管理体系中与质量有关的政策，包括质量方针声明，应在质量手册（不论如何称谓）中阐明。应制定总体目标并在管理评审时加以评审。质量方针声明由机构负责人授权发布，至少包括下列内容：

a)机构管理层对良好职业行为和为顾客提供检定、校准和检测服务质量的承诺；

b)管理层关于机构服务标准的声明；

c)与质量有关的管理体系的目的；

d)要求机构所有与检定、校准和检测活动有关的人员熟悉与之相关的质量文件，并在工作中执行这些政策和程序；

e)机构管理层对遵守本规范及持续改进管理体系有效性的承诺。

注：1. 质量方针声明宜简明，可包括应始终按照规定的方法和顾客的需要来检定、校准和检测的要求。

2. 总体目标应是可以分解和考核的，并且应与质量方针保持一致。

2. 理解要点

(1)质量方针是由机构负责人正式发布的该机构的总的质量宗旨和方向。质量方针应与机构的总方针相一致，并为制定总体目标提供框架。法定计量检定机构质量管理的十项原则可以作为制定质量方针的基础。

机构的质量方针应包括以下内容：

①机构负责人应发表承诺，承诺的内容是：有良好的职业道德和职业行为，并且保证为顾客提供优秀的检定、校准和检测服务质量；

②机构负责人关于机构服务标准的声明（机构应制定服务标准或规范）；

③管理体系的总体目标，是属于中长期(3～5年)的目标（年度目标属于短期目标，可以不在质量手册中出现，但是应该在年度计划中作出规定，年度目标应提交管理评审）；

④公开声明要求机构所有有关人员熟悉相关的质量体系文件并在工作中贯彻执行；

⑤机构负责人对遵守《法定计量检定机构考核规范》及持续改进管理体系有效性的承诺。

质量方针应尽可能简明扼要，既反映机构的宗旨和方向，又体现机构的性质和特色。

(2)总体目标是管理体系所追求的总目标。总体目标应具有综合性和战略性。在《法定计量检定机构考核规范》中管理体系是指控制机构运作的质量、管理和技术体系。因此，综合性就是要求机构制定目标应包括质量、管理和技术等几个方面的内容；战略性就是要求机构制定的是一个中长期的发展目标。

(3)总体目标应该是量化的、可分解和可评价的。为此，机构应将总体目标分解为年度目标和相关职能、层次的具体目标。机构的总体目标应以文件化的形式写入质量手册中。

3. 考核要点

(1)机构是否制定了至少满足本条要求的质量方针。质量方针是否反映了机构的宗旨和方向，是否体现了机构的性质和特色。

(2)总体目标是否量化、可分解、可评价。机构的中长期目标必须与年度目标相互衔接，滚动推进。机构的总体目标必须分解落实到有关职能部门，形成机构总体目标与职能部门分目标之间的相互衔接，整体推进。

(3)总体目标的实现程度是衡量管理体系有效性的重要依据，在管理评审时，机构是否对总体目标进行评审,以促进管理体系的持续改进。

(三)质量手册

1. 规范条文

5.3.3 质量手册

5.3.3.1 机构应编制和保持质量手册。质量手册应包括或注明含技术程序在内的支持性程序,并概述管理体系中所用文件的架构。

5.3.3.2 质量手册中应确定技术负责人和质量负责人的作用与责任,包括确保遵循本规范的责任。

2. 理解要点

1)5.3.3.1 条理解要点

(1)每个机构的质量手册都具有唯一性。允许不同的机构在将其管理体系形成文件时,在文件结构、格式、内容或表述的方法方面具有灵活性。小型机构可以将管理体系的整体描述编制成一本质量手册,而大型机构文件的层次结构可能比较复杂。

(2)质量手册应包括标题、范围、目录、评审、批准、修订、质量方针和总体目标、公正性声明、组织结构、职责和权限、引用文件、管理体系的描述、附录等内容。

(3)质量手册的内容应覆盖管理体系的范围,包括或注明含技术程序在内的支持性程序,对管理体系贯彻及其相互作用的描述,机构的有关信息描述(包括机构的名称、地址、联络方式、业务流程、背景、历史以及规模等)。

2)5.3.3.2 条理解要点

质量手册中应界定各类人员的职责、权力和相互关系,尤其要明确界定技术负责人(或技术管理层)和质量负责人的作用与责任,包括应遵守《法定计量检定机构考核规范》的责任。

3. 考核要点

1)5.3.3.1 条考核要点

(1)机构是否按照过程的程序、所采用的规范或标准的结构或任何适合于机构的顺序将其管理体系形成文件,可以采用对照表的方式说明所采用的规范或标准与质量手册内容的相互关系。

(2)质量手册的内容是否覆盖了《法定计量检定机构考核规范》所规定的要求,并与机构所承担的检定、校准和检测工作的任务相适应,充分反映了机构自身的管理特点。

2)5.3.3.2 条考核要点

质量手册中是否界定了各类人员的职责、权力和相互关系,是否确定了技术负责人和质量负责人的作用与责任,并包括了确保遵循《法定计量检定机构考核规范》的责任。

(四)程序文件

1. 规范条文

5.3.4 程序文件

机构应编制程序文件。程序文件与质量手册一起共同构成对整个管理体系的描述。程序文件的范围应覆盖本规范的要求,其详略程度应取决于工作的复杂程度、使用的方法以及开展相应工作所涉及的人员技能和培训。

2. 理解要点

(1)程序是指为进行某项活动或过程所规定的途径。程序可以形成文件。当程序形成文件时,通常成为“书面程序”或“形成文件的程序”。

(2)程序文件是管理体系文件不可缺少的组成部分,程序文件与质量手册一起构成了对整个管理体系的描述。

机构应通过文字内容、流程图、表格以及上述形式的组合或机构需要的任何其他适宜的方式作出程序文件的结构和格式的规定。程序文件应具有唯一性标识。程序文件可以引用作业指导书(程序文件通常描述跨职能的活动,作业指导书通常适用于某一职能内的活动)。

(3)程序文件的范围应覆盖《法定计量检定机构考核规范》规定的要求,凡《法定计量检定机构考核规范》中明确要求应形成文件化程序的,都应制定相应的程序文件。

机构应按照《法定计量检定机构考核规范》中的明确规定编制以下程序文件:

①保护顾客机密信息和所有权程序(4.3.2 c));

②保持判断和运作公正性、诚实性程序(4.3.2 d));

③文件控制程序(5.4);

④记录控制程序(5.5);

⑤管理评审程序(5.6);

⑥人员培训管理程序(6.2.3);

⑦现场工作管理程序(6.3.1);

⑧实验室管理程序(6.3.5);

⑨测量设备管理程序(6.4.6);

⑩期间核查管理程序(6.4.10,7.6.3.3);

⑪修正因子管理程序(6.4.11);

⑫强制检定管理程序(7.1);

⑬校准管理程序(7.1);

⑭计量器具型式评价管理程序(7.1);

⑮定量包装商品监督检验管理程序(7.1);

⑯计量器具质量监督检验管理程序(7.1);

⑰要求、标书和合同评审程序(7.2.1);

⑱偏离规定方法管理程序(7.3.1);

⑲方法确认程序(7.3.5);

⑳校准测量能力评价管理程序(7.3.6);

㉑测量不确定度评定程序(7.3.7);

㉒数据和软件控制程序(7.3.8);

㉓服务和供应品采购程序(7.4);

㉔分包管理程序(7.5);

㉕量值溯源管理程序(7.6.1);

㉖计量标准管理程序(7.6.3);

㉗抽样管理程序(7.7);
㉘检定、校准和检测物品的管理程序(7.8);
㉙实验过程中异常情况的处理程序(7.9.1.4);
㉚质量控制程序(7.9.2);
㉛原始记录和数据处理管理程序(7.10);
㉜证书和印章管理程序(7.11.10);
㉝不合格工作的控制程序(6.4.7,8.2);
㉞顾客满意和投诉管理程序(8.3);
㉟内部审核管理程序(8.4);
㊱纠正措施管理程序(8.5);
㊲预防措施管理程序(8.6);
㊳实验室能力验证和比对管理程序(12)。

以上程序可以单独制定,也可以根据过程的相互联系合并制定。

(4)程序文件的详略程度应根据程序所描述过程的复杂程度、过程所涉及的人员技能和培训等因素决定。

程序文件的内容包括标题、目的、范围、职责和权限、活动的描述、记录、附录。对活动描述的详略程度取决于活动的复杂程度、使用的方法以及从事活动的人员具备的技能和培训水平。不论对活动描述的详略程度如何,使用时应考虑以下方面:明确机构及其顾客和供方的需求;采用与所要求的活动相关的文字和(或)流程图的方式描述过程;明确做什么、由谁或哪个职能部门做,为什么做,如何做,何时做,何地做;描述过程控制以及已识别的活动的控制;明确完成活动所需要的资源(如人员、培训、识别和材料等);明确与活动有关的文件;明确过程的输入和输出;明确需要进行的测量。应明确对程序文件的评审和批准、修订的状态和日期;可行时,还应明确程序文件更改的性质。

3. 考核要点

机构是否编制了覆盖《法定计量检定机构考核规范》要求的程序文件。程序文件是否足够,是否有唯一性标识。核查程序文件的充分性、适宜性、符合性和规范性。

四、文件控制

(一)规范条文

5.4 文件控制

机构应建立和维持程序来控制构成其管理体系的所有文件(内部制定或来自外部的),诸如法律、法规、规章、其他规范性文件、检定规程、校准规范、检测方法、检验规则、标准以及图纸、软件、规范、指导书和手册等。记录是一种特殊类型的文件,应依据5.5的要求进行控制;计量检定、校准和检测数据应依据7.3.8的要求进行控制。计量检定、校准和检测数据应依据7.3.8的要求进行控制。

应编制形成文件的程序,以规定以下方面所需的控制:

a)文件发布前得到批准,以确保文件是充分与适宜的;

b)必要时对文件进行评审与更新,并再次批准;

c)确保文件的更改和现行修订状态得到识别。修订应予以控制，除非有别的特殊决定，应由原审查和批准人员审查和批准方可。这种人员须能利用适当的背景信息作为其审查和批准的依据；

d)确保在使用处可获得适用文件的有效版本；

e)确保文件保持清晰、易于识别；

f)确保外来文件得到识别，并控制其分发；

g)防止作废文件的非预期使用，若因任何原因而保留作废文件时，对这些文件进行适当的标识。

注：本规范中的“文件”可以是方针声明、程序、规范、规程、校准表格、图表、教科书、张贴品、通知、备忘录、软件、图纸、计划等。这些文件可以在能有效控制的各种载体上，可以是硬拷贝也可以是电子媒体，其形式可以是数字的、模拟的、影像的或书面的。

（二）理解要点

（1）本条要求对管理体系文件应予以控制，控制的方法应编制形成文件的程序。被控制的文件范围，不仅包括机构自己制定的文件，而且还包括外来的文件，如有关的法律、法规和规范，计量检定规程，校准规范，检测方法以及有关的标准等。

（2）文件控制程序应达到以下目的：

①文件发布前应得到有关负责人的批准，以确保文件是适宜的，并确保文件保持清晰，易于识别和检索。

②机构应对文件定期进行评审，必要时应对文件予以修订，并再次批准。

③对文件修订的过程应予以控制，以确保修订的质量。一般情况下，文件应由原负责文件审查和批准的人员对修订后的文件进行审查和批准。如由于有特殊的原因，需要由其他人员审查和批准，这些人员应利用和了解有关文件的背景情况，作为其审查和批准的依据。同时，文件的修订状态应得到识别。

④应妥善保存文件，并确保在需要使用文件的场合可获得相关文件的有效版本。

⑤应对外来的文件实施管理，使外来文件得到识别并控制其发放。

⑥应从所有发放和使用场所及时撤出作废的文件，以防止作废文件的非预期使用。若因任何原因需要保留作废的文件，对作废的文件应加以适当的标识。

（3）记录是体系文件的一部分，是一种特殊类型的文件，对其有特殊的要求，应依据5.5条的要求进行控制；计量检定、校准和检测数据更是一种特别重要的文件，必须依据7.3.8条的要求进行控制。

（三）考核要点

（1）文件的批准、修订、发放、回收、编写格式、编号等控制方式由机构根据情况自行决定，并以程序文件的形式予以明确。

（2）检查机构是否制定了形成文件的程序；文件在发布前是否得到批准、文件的修订是否及时、修订后是否重新批准；在使用处是否能得到有效版本的适用文件，作废的文件是否从发放场所及时撤回，保留的作废文件的标识是否清晰；对外来文件是否得到识别，发放是否得到控制。

五、记录控制

(一)规范条文

5.5 记录控制

5.5.1 机构应建立并保持记录,以提供符合要求和管理体系有效运行的证据。应制定和维持识别、收集、索引、存取、存档、存放、维护和清理质量记录和技术记录的程序。质量记录应包括来自内部审核和管理评审的报告及纠正和预防措施的记录。

注:技术记录是进行检定、校准和检测所得数据和信息的积累,它们表明检定、校准和检测是否达到了规定的质量或规定的过程参数。技术记录可包括表格、合同、工作单、工作手册、核查表、工作笔记、控制图、外部和内部的检定证书、校准证书和检测报告、顾客信函和反馈意见。

5.5.2 所有的记录应真实可信、清晰明了,并以便于存取的方式存放和保存在具有防止损坏、变质、丢失等适宜环境的设施中。应规定记录的保存期。

5.5.3 所有记录应予以安全保护和保密。

5.5.4 机构应有程序来保护和备份以电子形式存储的记录,并防止未经授权的侵入或修改。

(二)理解要点

记录是指阐明所取得的结果或提供完成活动的证据的文件。它可用于为可追溯性提供文件,并提供验证、预防措施和纠正措施的证据。

《法定计量检定机构考核规范》中将记录分成两种:

第一种是质量记录,包括内部审核、管理评审、纠正措施和预防措施记录、人员培训教育考核记录、评价采购活动记录、管理体系活动等记录。

第二种是技术记录,包括原始观察记录、导出数据、开展跟踪审核的足够信息、检定、校准和检测记录、人员签字记录、已签发出的每份检定证书、校准证书(报告)和检测报告的复制件等。对技术记录的控制除了满足记录的一般要求之外,还应满足《法定计量检定机构考核规范》7.9条的要求。

1. 5.5.1 条理解要点

机构应制定关于记录的格式、识别、填写、更改、收集、检索、存取、储存、维护和处理的程序,并明确规定各项过程的工作程序,防止未经授权的侵入和修改。记录应建立唯一标识系统。

2. 5.5.2 条理解要点

机构是否加强了对全体员工的教育,提高了对记录的重视程度。记录必须真实可信、字迹清楚,有明确的保存期,并保存在具有防止损坏、变质、丢失等适宜环境的设施中。

3. 5.5.3 条理解要点

机构要制定并实施切实可行的措施,确保记录的安全和保密。

4. 5.5.4 条理解要点

对采用电子形式保存和处理的记录,应该制定相应的程序,保证数据的安全可靠。

（三）考核要点

1. 5.5.1 条考核要点

机构是否制定了记录控制的管理程序，明确规范了记录格式的设计与审定、记录的唯一性标识、记录的填写、更改、收集、编目、归档、检索与查阅、储存、保管和维护以及记录的清理、销毁和处理等各项活动，防止未经授权的侵入和修改。核查文件，检查记录，考核程序实施的充分性、符合性、规范性和有效性。

2. 5.5.2 条考核要点

机构人员是否严格按规定的要求填写、更改记录，确保记录的正确、完整、清晰、明了。记录的存放是否便于存取，是否保存在具有防止损坏、变质、丢失等适宜环境的设施中，是否规定了记录的保存期。检查记录，核查其充分性、符合性、规范性和有效性。

3. 5.5.3 条考核要点

机构是否有措施保证做好记录的保管和保密工作。核查措施的可行性和实施的有效性。

4. 5.5.4 条考核要点

如采用电子形式保存和处理记录，机构是否制定了相应的程序，确保数据的安全可靠。核查文件，检查记录，考核程序实施的适宜性、充分性、符合性、规范性和有效性。

六、管理评审

（一）规范条文

5.6　管理评审

5.6.1　总则

机构负责人应根据预定的计划和程序，定期对机构的管理体系以及检定、校准和检测活动进行评审，以确保其持续的适宜性、充分性和有效性。

应保持管理评审的记录。

5.6.2　评审输入

管理评审的输入应包括以下方面的信息：

a）政策和程序的适宜性；

b）管理和监督人员的报告；

c）近期内部审核的结果；

d）纠正和预防措施；

e）由外部机构进行的评审；

f）能力验证或实验室间比对的结果；

g）工作量和工作类型的变化；

h）顾客的反馈；

i）投诉；

j）改进的建议；

k）其他相关因素，如质量控制活动、资源以及员工培训等。

5.6.3　评审输出

管理评审的输出应包括与以下方面有关的任何决定和措施：

a)管理体系及其过程有效性的改进；

b)与顾客要求有关的检定、校准和检测的改进；

c)资源需求。

机构负责人应确保上述决定和措施在适当和约定的日程内得到实施。

注：1. 管理评审的间隔通常为一年，一般在内部审核（见8.4）后进行。

2. 评审结果应当输入机构策划系统，并包括下年度的目的、目标和活动计划。

（二）理解要点

1. 5.6.1 条理解要点

（1）管理评审是指为了确保管理体系的适宜性、充分性、有效性和效率，以达到规定的质量目标所进行的活动。

（2）管理评审应由机构负责人实施，并按计划的时间间隔和程序进行。管理评审的目的是确保管理体系持续的适宜性、充分性和有效性。

适宜性：是指管理体系适应内外环境变化的能力。管理体系是在一种特定的内、外环境条件下建立的。组织内、外部环境总是在不断变化的。例如：组织机构或人员变动、新技术和新设备的引进、运行机制改变等内部环境的变化；市场、顾客、法律法规、检定规程、校准规范和检测方法的变化等外部环境的变化。管理体系应根据这些变化而有所改进，以不断满足各方面的要求。

充分性：是指管理体系满足市场、顾客潜在的、未来的需求和期望的足够的能力；也可以是指管理体系各过程的充分展开。机构一方面应不断地借鉴以往的经验和教训，并考虑今后的发展来充分地展开所确定的各过程，实现所设定的质量方针和质量目标；另一方面应不断地预测市场和顾客潜在的、未来的需求和期望，及时调整机构的方针和目标。

有效性：是指管理体系运行的结果达到所设定的质量目标的程度，同时也要考虑运行的结果与所花费的资源之间的关系，确保管理体系的经济性。

（3）管理评审的结果应予以记录，记录应按有关规定予以保存，以便对各项决定实施的进展情况进行监督和控制，并将其作为下次管理评审的输入。

2. 5.6.2 条理解要点

管理评审的输入包括政策和程序的适宜性；管理和监督人员的报告；近期内部审核的结果；纠正和预防措施；由外部机构进行的评审；实验室间比对或能力验证的结果；工作量和工作类型的变化；顾客的反馈；投诉、改进的建议以及其他相关因素，包括机构内、外部环境的变化，法律法规的变化，新技术、新设备的应用，职工的教育培训等。

3. 5.6.3 条理解要点

（1）管理评审的输出应包括管理体系及其过程有效性的改进；与顾客要求有关的检定、校准或检测工作质量和服务质量的改进；管理体系所需要的资源的改善。此外，还应有对现有管理体系（包括质量方针和质量目标）的评价结论以及对计量检定、校准和检测工作是否符合要求的评价。

（2）评审结果应当输入机构策划系统，并包括下年度的目的、目标和活动计划。

（三）考核要点

1. 5.6.1 条考核要点

机构是否编制了管理评审的计划和程序，并严格按要求实施。通常管理评审的周期为每 12 个月一次。机构是否保持了管理评审的记录。

2. 5.6.2 条考核要点

机构是否有文件化的管理评审的输入；管理评审的输入是否充分、适宜和有效。

3. 5.6.3 条考核要点

机构是否有文件化的管理评审的输出；管理评审的输出是否合理、充分和适宜。检查每次管理评审后所要求的改进措施是否进行了跟踪验证，上次管理评审的改进措施是否得到实施，有效性如何。

第三节　资源配置和管理

一、总则

（一）规范条文

6.1　总则

决定机构检定、校准和检测的正确性和可靠性的资源有人员、设施和环境条件、测量设备以及检定、校准和检测方法等。机构应提供所开展的检定、校准和检测项目一览表（包括诸如项目名称、量程或测量范围、测量不确定度或准确度等级或最大允许误差以及执行的规程、标准、规范或规则等），确定并提供履行其检定、校准和检测任务以及建立和改进管理体系所需要的资源。

（二）理解要点

（1）资源是机构建立、维护和改进管理体系，正常开展检定、校准和检测工作的物质基础。资源可包括人员、基础设施、工作环境、测量设备以及财务资源等。《法定计量检定机构考核规范》重点从满足检定、校准和检测工作要求的角度出发，对人员、设施和环境条件以及测量设备规定了相应的配置和管理的要求。

（2）机构确定并提供所需要的资源，一是为了保证满足其所开展的检定、校准和检测工作的要求；二是为了满足其建立和改进管理体系的要求。

（3）为了保证所配置的资源满足所开展的工作的要求，机构必须提供所开展的检定、校准和检测服务项目的一览表。一览表应包括开展项目的名称、测量不确定度或准确度等级或最大允许误差、量程或测量范围、执行的规程、规范或标准等信息。

（三）考核要点

本条是重点考核项。

（1）机构是否编制了所开展的检定、校准和检测项目的一览表，并严格按开展项目所执行的检定规程、校准规范、检测大纲或技术标准的规定，配备符合要求的相关资源。

（2）机构是否按《法定计量检定机构考核规范》的要求，对所配置的资源实施有效的管理。

(3)检查机构所提供的开展服务项目的一览表,检查其完整性和准确性;并根据一览表,结合《法定计量检定机构考核规范》其他各项有关要求,逐项进行考核。

二、人员

(一)规范条文

6.2 人员

6.2.1 机构应根据工作的需要配备足够的管理、监督、检定、校准和检测人员。机构应使用长期正式职工或合同制职工。在使用合同制职工和编外技术人员及关键的支持人员时,机构应确保这些人员是胜任的且受到监督,并依据机构的管理体系要求工作。

6.2.2 与计量检定、校准和检测等服务项目直接相关的人员,应经过必要的培训,具备相关的技术知识、法律知识和实际操作经验。检定、校准和检测人员应按有关的规定经考核合格,并被授权后持证上岗。

注:对检测报告所含意见和解释负责的人员,除了具备相应的资格、培训、经验以及所进行的检测方面的足够知识外,还需具有:

a)制造被检测的计量器具等所用的相应技术知识、已使用或拟使用方法的知识,以及在使用过程中可能出现的缺陷或降级等方面的知识;

b)法规、规程和标准中阐明的通用要求的知识;

c)对所发现的与计量器具、定量包装商品等正常使用的偏离所产生影响程度的了解。

6.2.3 机构应制定对人员的教育、培训和技能目标。应有确定培训需求和提供人员培训的政策和程序。培训计划应与机构当前和预期的任务相适应。应评价这些活动的有效性。

6.2.4 对与检定、校准和检测有关的管理人员、技术人员和关键支持人员,机构应保留其当前工作的描述。描述至少应规定以下内容:

a)执行检定、校准或检测人员的职责;

b)检定、校准或检测计划和结果评价人员的职责;

c)在报告中提供意见和解释人员的职责;

d)证书、报告签发人员的职责;

e)方法改进、新方法制定和确认人员的职责;

f)各岗位所需的专业知识和经验;

g)各岗位所必需的资格和培训计划;

h)各管理岗位的职责。

6.2.5 机构应授权专门人员进行:特殊类型的抽样、检定、校准和检测;签发检定证书、校准证书和检测报告;提出意见和解释以及操作特殊类型的设备。机构应保留所有技术人员的有关授权、能力、教育和专业资格、培训、技能和经验的记录,并包括授权和能力确认的日期。这些信息应易于获取。

（二）理解要点

在各项资源中，人是最宝贵的，也是最重要的资源。一个机构的水平高低，很大程度上取决于人员素质的高低，特别是关键岗位上人员的水平高低。为此，《法定计量检定机构考核规范》从人员数量、资格、培训、职责授权和技术档案记录等几个方面对机构人力资源的配备和管理提出了要求。

1. 6.2.1 条理解要点

在人员配备的数量要求方面，应根据有关法律法规和《法定计量检定机构考核规范》的要求及工作的需要配备足够的管理、监督以及检定、校准和检测人员。根据人事制度改革的需要，机构可以使用长期正式职工或合同制职工或聘请编外技术人员。对合同制职工或聘请的编外技术人员，机构应确保其胜任工作，并应加强监督和管理，以确保其工作质量符合管理体系的要求。

2. 6.2.2 条理解要点

在人员配备的资格要求方面，凡与计量检定、校准和检测工作等服务项目直接相关的人员，如检定、校准和检测人员，检定、校准和检测结果记录和证书报告的复核人员，都应经过必要的培训，具备相关的技术知识、法律知识和实际操作能力。直接从事检定、校准和检测的人员还必须按《计量检定人员管理办法》及有关校准和检测人员的管理规定，经考核合格，并经批准后持证上岗。

3. 6.2.3 条理解要点

在人员的培训要求方面，《法定计量检定机构考核规范》提出了 4 个层次的要求：

（1）机构应制定人员的教育、培训和技能目标。目标包括机构对各类人员的教育和技能素质提出的目标要求，如教育程度、理论基础、实际工作能力、工作经验、知识更新等。该目标是机构总目标的一部分，应予以量化。

（2）机构应编制程序文件，按程序确定机构人员的培训需求，并为员工提供培训。

（3）应根据机构当前的需要和今后发展的目标，编制人员培训计划，并认真按计划组织实施。计划一般应是年度计划。

人员培训计划应包括计量基础理论、误差理论、测量不确定度、数据处理、数理统计、抽样方法、专业知识、标准知识、法律法规、质量管理、职业道德规范、外语、计算机等各类岗位所需要的应知应会的培训。

（4）培训计划实施后，应对这些培训活动的有效性进行评价，以促进培训活动的持续改进。

4. 6.2.4 条理解要点

机构应明确规定与检定、校准和检测工作有关的管理人员、技术人员和关键（重要）支持人员的职责和所承担工作等 8 个方面的描述。

5. 6.2.5 条理解要点

（1）机构应对从事特殊类型的抽样、检定、校准和检测人员，发布检定证书、校准证书和检测报告的人员，提出意见和解释以及操作特殊类型设备的人员进行授权。上述人员必须在取得授权后才能从事相应的工作。

（2）在人员的档案记录管理要求方面，机构应建立所有技术人员的技术档案，技术档案的内容应包括技术人员的有关授权、能力、专业资格、培训、技能和经验的情况和证明。

(三)考核要点

本条是重点考核项。

1. 6.2.1 条考核要点

机构是否根据所开展的服务项目的需要配备了相应数量,并具备相应素质的管理、监督、检定、校准和检测人员。机构是否有措施确保所使用的合同制职工和编外技术人员及关键的支持人员是胜任的且受到了监督。

2. 6.2.2 条考核要点

从事检定、校准和检测工作的人员是否按照有关规定的要求,经培训、考核取得相应的资格并被授权后上岗。

3. 6.2.3 条考核要点

机构是否编制了有关培训的程序文件和计划,并严格按程序和计划规定的要求组织实施,培训的实施情况是否有记录,实施的有效性是否进行了评价。

4. 6.2.4 条考核要点

机构是否对与检定、校准和检测有关的管理人员、技术人员和关键支持人员的当前工作进行了描述,描述是否适宜、充分。

5. 6.2.5 条考核要点

(1)机构是否授权专门人员进行特殊类型的抽样、检查、校准和检测等工作。

(2)机构是否保留了人员培训情况记录,是否建立了技术人员档案,人员技术档案是否完整、齐全。

(3)机构是否加强了对全体人员的职业道德、廉政建设、作风纪律的教育,建立了对各类人员的定期考核制度,考核结果是否归档。

三、设施和环境条件

(一)规范条文

6.3 设施和环境条件

6.3.1 用于检定、校准和检测的设施,包括但不限于能源、照明和环境条件,应符合所开展项目的技术规范或规则所规定的要求,并应有助于检定、校准和检测工作的正确实施。

机构应确保其环境条件不会影响检定、校准和检测结果的有效性,或对所要求的测量质量产生不良影响。在机构固定设施以外的场所进行抽样、检定、校准和检测时,应予以特别注意。对影响检定、校准和检测结果的设施和环境条件的技术要求应制定成文件。

6.3.2 相关的规范、方法和程序有要求,或者对结果的质量有影响时,机构应监测、控制和记录环境条件。对诸如生物消毒、灰尘、电磁干扰、辐射、湿度、供电、温度、声级和振动等应予以重视,使其适应于相关的技术活动。当环境条件危及到检定、校准和检测的结果时,应停止工作。

6.3.3 应将不相容活动的相邻区域进行有效隔离。应采取措施以防止交叉污染。

6.3.4　对影响检定、校准和检测质量的区域的进入和使用，应加以控制。机构应根据其特定情况确定控制的范围。

6.3.5　应制定程序并采取有效措施，以确保实验室的良好内务，并符合有关人身健康和环境保护的要求。

（二）理解要点

《法定计量检定机构考核规范》对设施和环境条件所提出的要求是为保证检定、校准或检测工作的正常进行，并确保检定、校准或检测结果的有效性和准确性所必需的。

1. 6.3.1 条理解要点

本条中的设施是指实验（办公）场所、能源、照明、通信、运输和环境条件等。环境条件包括气候环境条件（温度、湿度）、机械环境条件（冲击、振动）、电磁干扰（电磁屏蔽）等。设施和环境条件配置和评价的依据是所开展项目的技术文件，例如检定规程、校准规范或检测方法以及有关的标准等。

对在固定实验室设施之外的场所，如临时的、流动的（移动的）设施开展工作（如到企业车间或工地的现场开展检定、校准或检测工作），机构应建立相关的程序文件，以对在现场进行实验的人员、设备、环境条件、实验数据实施有效控制，以确保工作的正常运行，测量数据的准确可靠。

2. 6.3.2 条理解要点

当检定规程、校准规范、检测方法或技术标准有明确要求时，机构应对环境条件实施监测、控制和记录，确保环境条件符合规定的要求。当环境条件影响检定、校准或检测工作的正常进行或影响检定、校准或检测结果的准确性和可靠性时，应停止工作。

3. 6.3.3 条理解要点

如相邻区域的活动相互之间有不利影响，或者会产生交叉污染时，应进行有效隔离。

4. 6.3.4 条理解要点

对进入和使用会影响检定、校准和检测工作质量的区域应有明确的限制和控制。

5. 6.3.5 条理解要点

制定实验室管理程序，并采取有效措施，以确保实验室的良好工作秩序，并符合有关人身健康和环境保护的要求。

（三）考核要点

本条是重点考核项。

1. 6.3.1 条考核要点

机构是否根据所开展项目的技术文件要求配置了相应的设施和环境条件。

机构是否制定了相应的程序文件对设施和环境条件实施有效的管理，尤其对在固定实验室设施之外的场所进行的工作必须实施有效的控制。

2. 6.3.2 条考核要点

机构是否按技术文件的要求，对环境条件实施了监测、控制和记录，确保符合规定的要求。

3. 6.3.3 条考核要点

机构是否采取措施，对相互之间有不利影响的区域实施了有效的隔离。

4. 6.3.4 条考核要点

机构是否采取了有效的措施，对进入和使用会影响检定、校准和检测工作质量的区域实施了明确的限制和控制。

5. 6.3.5 条考核要点

机构是否制定了实验室管理程序，保证了良好工作秩序，确保人身键康，符合环保要求。核查文件，检查记录，评审程序实施的有效性。

四、测量设备

(一)规范条文

6.4 测量设备

6.4.1 机构必须配备为正确进行检定、校准和检测(包括抽样、物品制备、数据处理与分析)所要求的所有抽样、测量和检测设备。应列出所建立的计量基(标)准名称及设备一览表，并注明设备名称、型号、测量范围(或量程)、测量不确定度(或准确度等级/最大允许误差)、量值传递或溯源关系等。当机构需要使用固定控制之外的设备时，应确保满足本规范的要求。

注:测量设备包括标准物质。

6.4.2 用于检定、校准和检测的设备(包括软件)应达到要求的准确度，并符合相应的规范要求。用于开展检定、校准的计量基(标)准必须按规定经考核合格，并取得相应的有效证书和溯源证明；开展检测的测量仪器(计量器具)应持有有效期内的计量检定证书或校准证书。设备在使用前应进行检查和(或)校准。

6.4.3 设备应由经过授权的人员操作。设备使用和维护的最新版说明书(包括设备的制造商提供的有关手册)，应便于有关人员取用。

6.4.4 用于检定、校准或检测并对结果有影响的每一设备(包括软件)，如可能均应加以唯一性标识。

6.4.5 应保存对检定、校准或检测具有重要影响的每一设备(或每套装置)及其软件的记录。该记录至少应包括:

a)设备及其软件的识别；

b)制造商名称、型式标识、系列号或其他唯一性标识；

c)对设备是否符合规范的核查(见6.4.2)；

d)当前的处所(如适用)；

e)制造商的说明书(如果有)，或其存放的地点；

f)所有检定或校准证书的日期、结果及其复印件，设备调整、验收准则和下次检定或校准的预定日期；

g)设备维修计划，以及已进行的维护(适当时)；

h)设备的任何损坏、故障、改装或修理。

6.4.6 机构应具有安全处置、运输、储存、使用和有计划维护测量设备的程序，以确保其功能正常并防止污染或性能退化。

注：在机构固定场所外使用测量设备进行检定、校准或检测时，可能需要附加的程序。

6.4.7 设备出现过载或处置不当、给出可疑结果，或已显示缺陷、超出规定限度等情况，均应停止使用。这些设备应予撤离以防误用，或加贴标签、标记以清晰表明该设备已停止使用，直至修复并通过检定或校准表明能正常工作为止。机构应核查这些缺陷或偏离规定极限对先前的检定、校准和（或）检测的影响，并执行“不合格工作的控制”程序（见8.2）。

6.4.8 机构控制下的需检定或校准的所有测量设备，应使用标签、编码或其他标识表明其检定或校准状态，包括上次检定或校准的日期和再检定、校准或失效的日期。

6.4.9 无论什么原因，若设备脱离了机构的直接控制，机构应确保该设备返回后，在使用前对其功能和检定或校准状态进行检查并能显示满意结果。

6.4.10 当需要利用期间核查以维持设备检定或校准状态的可信度时，应按照规定的程序进行。

6.4.11 当检定或校准产生了一组修正因子时，机构应有程序确保其所有备份（例如计算机软件中的备份）得到正确更新。

6.4.12 用于检定、校准和检测的设备，包括硬件和软件应得到保护，以防止发生致使检定、校准和检测结果失效的调整。

（二）理解要点

测量设备是保障机构正常开展检定、校准和检测工作，并取得准确可靠的测量数据的重要资源之一。《法定计量检定机构考核规范》对测量设备的配置和管理提出了详细和严格的要求。要求包括了测量设备的配置（6.4.1）、计量标准的法制管理（6.4.2）、设备操作人员的管理（6.4.3）和测量设备的管理（6.4.4～6.4.12）等四个方面的要求。

1. 6.4.1条理解要点

本条明确规定机构必须配备能正确进行检定、校准和检测所需要的各种设备。在测量设备中，计量基（标）准是开展检定、校准和检测的核心，因此机构应编制所建计量基（标）准名称及设备一览表。一览表内至少应包括以下信息：基（标）准名称，所配置设备的名称、型号、测量范围（或量程）、测量不确定度（或准确度等级、或最大允许误差）、量程、量值传递或量值溯源的关系等内容。当机构需要使用固定控制之外的设备时，应确保满足《法定计量检定机构考核规范》的要求。

2. 6.4.2条理解要点

本条是对用于检定、校准和检测的计量标准和测量仪器的法制管理的要求。用于检定和（或）校准的计量基、标准必须具有计量标准考核证书、社会公用计量标准证书和计量检定（或校准）证书。三证必须齐全，而且必须在有效期之内。用于检测的测量仪器应具有有效期内的计量检定证书或校准证书。设备在使用前应进行检查和（或）校准。

3. 6.4.3条理解要点

本条是对测量设备的操作人员的要求。对于计量标准或关键的测量设备必须由合格的并经批准的人员进行操作。合格的人员是指经过培训,掌握设备的工作原理、技术性能、操作规范和维护保养知识与技能的人员。而且,有关设备使用和维护的技术资料应能随时提供给设备的使用人员。

4. 6.4.4 条理解要点

本条是对设备标识管理的要求。要求设备(包括软件)有唯一性标识。

5. 6.4.5 条理解要点

本条是对设备档案管理的要求,规定了重要设备档案至少应包括的8项基本内容。

6. 6.4.6 条理解要点

本条是对设备安全处置、运输、储存、使用(含在固定场所使用)和维护的要求,要求机构编制设备的管理程序,并认真实施,以确保设备的完好和功能正常。

7. 6.4.7 条理解要点

本条是对不合格测量设备的管理要求。该要求明确了3个问题:

(1)什么是不合格的测量设备?

(2)如何处置不合格测量设备?

(3)如何处置因不合格测量设备对检定、校准和检测造成的影响?

该条要求机构编制"不合格工作的控制程序",对不合格测量设备和由其对测量结果造成的影响实施控制。

8. 6.4.8 条理解要点

本条是对设备检定(或校准)状态的标志管理的要求,明确规定了需要实施检定状态标志管理的设备范围和标志的内容,应使用标签、编码或其他标识表明其检定或校准状态等。

9. 6.4.9 条理解要点

本条是对不在直接控制范围内的测量设备的管理要求。要求设备返回后,在使用前必须进行检查,并能显示满意结果。

10. 6.4.10 条理解要点

本条是对测量设备实施期间核查的要求。当测量设备在检定或校准的周期内需要用期间核查的方法保持其置信度时,机构应针对每个具体的期间核查项目编制相应的文件化的期间核查程序,并按程序开展对测量设备的期间核查工作。

11. 6.4.11 条理解要点

本条是对测量设备的修正因子的管理要求。如果测量设备经检定或者校准给出修正因子,机构应制定程序,确保有关数据得到及时修正。

12. 6.4.12 条理解要点

本条是对测量设备(包括硬件和软件)的安全防护的要求。防止随意调整而影响测量结果的有效性。

(三)考核要点

1. 6.4.1 条考核要点

本条是重点考核项。

机构是否配备了开展检定、校准和检测工作所需要的各种设备。检查机构提供的设备一览表内容是否齐全，是否满足要求。

2. 6.4.2 条考核要点

本条是重点考核项。

机构使用的计量基、标准三证是否齐全，是否在有效期之内，是否有效溯源。机构使用的测量仪器是否具有有效期内的计量检定证书或校准证书，是否有效溯源。

3. 6.4.3 条考核要点

机构是否有授权文件和授权证书，明确了设备由经过授权的合格的人员操作。

4. 6.4.4 条考核要点

设备（包括软件）是否都有符合要求的唯一性标识。

5. 6.4.5 条考核要点

机构是否建立了设备档案，其内容是否完整，是否至少包括了本条要求的 8 项基本内容。

6. 6.4.6 条考核要点

机构是否编制了测量设备管理程序，实施的有效性如何，是否能确保设备的完好和功能正常。

7. 6.4.7 条考核要点

机构是否编制了不合格工作的控制程序，实施的有效性是否满足本条的要求。

8. 6.4.8 条考核要点

机构是否使用标签、编码或其他标识表明测量设备的检定或校准状态，信息量是否足够。

9. 6.4.9 条考核要点

设备返回后，在使用前是否进行了检查并能显示满意结果，是否保留了实施记录。

10. 6.4.10 条考核要点

机构是否编制了测量设备期间核查管理程序，期间核查记录是否符合要求。检查实施的有效性。

11. 6.4.11 条考核要点

机构是否编制了修正因子管理程序并有效实施。

12. 6.4.12 条考核要点

机构是否实施了有效的测量设备（包括硬件和软件）的安全防护措施，防止发生致使检定、校准和检测结果失效的调整。

第四节　检定、校准和检测的实施

检定、校准和检测的实施是《法定计量检定机构考核规范》对法定计量检定机构考核的核心内容。检定、校准和检测工作的实施是通过各项技术和管理活动来实现的。通过利用资源和实施管理，将输入转化为输出的一组活动，可以视为一个过程。为了确保检定、校准和检测工作有效运行，必须识别和管理检定、校准和检测中内部相互联系的过程。通常，一个过程的输出将直接形成下一个过程的输入。系统识别和管理机构内所使用的过程,特别是这些过程之间的相互作用,称为“过程方法”。《法定计量检定机构考核规范》7“检定、校准和检测的实施”是从“检定、校准和检测实施的策划”开始,经过“与顾客有关的过程”、“检定、校准和检测方法”、“服务和供应品的采购”、“校准和检测工作的分包”、“量值溯源”、“抽样”、“检定、校准和检测的质量控制”、“原始记录和数据处理”等中间过程,最后到“结果报告”,形成检定、校准和检测的最终产品。在《法定计量检定机构考核规范》中对这些过程都提出了明确的要求。

一、检定、校准和检测实施的策划

(一)规范条文

7.1 检定、校准和检测实施的策划

机构应策划检定、校准和检测实施所需要的过程。检定、校准和检测实施的策划应与管理体系其他过程的要求相一致(见5.1)。

在对检定、校准和检测实施进行策划时,机构应确定以下方面的适当内容:

a)检定、校准和检测的质量目标和要求;

b)针对检定、校准和检测确定过程、文件和资源的需求;

c)检定、校准和检测所要求的验证、比对、监视和控制活动;

d)为实现过程及其结果满足要求提供证据所需的记录(见5.5和7.10)。

(二)理解要点

(1)《法定计量检定机构考核规范》要求机构应策划检定、校准和检测实施所需要的过程。策划本身可作为一个过程予以管理。

①检定、校准和检测过程既有共性,又有不同的个性。为了更好地控制检定、校准和检测过程,应对检定、校准和检测过程分别进行策划。

②检定、校准和检测所需要的过程应由机构根据法律法规和顾客的要求来具体确定,这也包括对《法定计量检定机构考核规范》7 不适应条款的删减。

③机构在建立管理体系时对其实施过程应予以策划,通常形成管理所需要的形成文件的程序和指导操作活动的作业指导文件,同时也应符合《法定计量检定机构考核规范》5.1 条对管理体系的总要求。

④当机构在运行管理体系过程中,出现了特定的检定、校准或检测项目或特殊的合同时,应策划其实施过程,策划的结果可能形成新的作业指导文件或质量计划。

⑤对检定、校准和检测实施过程策划时,应考虑与相关的支持过程的相互关系,如管理活动、资源提供、所需要的改进过程。

(2)注意检定、校准和检测过程的策划应与机构管理体系的其他要求(如管理职责、资源配置和管理、管理体系改进等)相一致。

①当机构对检定、校准和检测实施过程与管理职责、资源配置和管理、管理体系改进同步策划时,应考虑它们的相互作用和协调关系并保持一致,以便于更好地运作。

②如果机构在已运行管理体系的情况下,对特定的检定、校准或检测项目或特殊的合同的实施进行策划,应保持策划结果与原来的管理体系相协调,以利于运作。

(3)策划时应考虑下述要求中合适的内容,以保证所策划的上述过程能在受控状态下有效运行：

①检定、校准和检测的质量目标和顾客及法律法规的要求。质量目标应是可以测量的，并且与总目标的关系相协调。

②针对检定、校准和检测确定过程、文件和资源的需求。即针对明确的检定、校准和检测确定相应过程的输入、输出活动以及所需要的资源条件，并用恰当的文件予以表达。

③检定、校准和检测所要求的验证、比对、监视和控制活动。这里主要是指针对特定检定、校准和检测项目所要求的能力验证、项目比对和期间核查，以及检定、校准和检测实施过程的监视和控制。

④为实施过程及检定、校准和检测结果满足要求提供证据所需要的记录。这里主要是指应设计相应的检定、校准和检测活动记录的表格以及有效地使用这些表格，并给出活动有效的证据。

(4)策划的输出形式可灵活运用，原则上应适于机构运作。

策划结果可以用文件，也可以不用文件(如简单的项目或合同)。文件可以是《质量手册》、程序的一部分，可以是质量计划，也可以是作业指导书。对应用于特定的检定、校准和检测项目或合同的管理体系的过程(包括检定、校准和检测实施过程)和资源做出规定的文件可称之为质量计划。

(5)当机构在实施检定、校准和检测过程中需要机构自己制定方法时，《法定计量检定机构考核规范》7.7.3 条的要求也将在策划时一并予以考虑。

(6)机构应策划检定、校准、定量包装商品净含量检验和计量器具型式评价所需要的过程，以及相应的质量目标的要求、文件和资源需求、验证、比对监视和控制活动以及所需要的记录。下面是强制检定、校准、定量包装商品净含量检验和计量器具型式评价的实施过程，供机构在设计和制定本单位的过程时参考。

①强制检定过程流程图(图 3-3)。

②校准过程流程图(图 3-4)。

③合同评审流程图(图 3-5)。

④定量包装商品净含量计量监督检验过程流程图(图 3-6)。

⑤计量器具型式评价过程流程图(图 3-7)。

(三)考核要点

(1)机构对检定、校准和检测的实施过程是否分别予以策划了。策划的内容是否满足了本条的要求。

(2)机构是否在《质量手册》中规定了策划过程，并对策划活动本身制定了程序，以指导机构进行一个系统完善的策划。

(3)策划是否以检定、校准和检测的质量目标的实现和顾客及法律法规要求的满足为中心。

(4)策划的结果是否形成了文件，并给出了检定、校准和检测实施的完整流程、作业指导文件和质量计划等。

(5)核查文件，检查记录，考核程序实施的充分性、符合性和有效性。

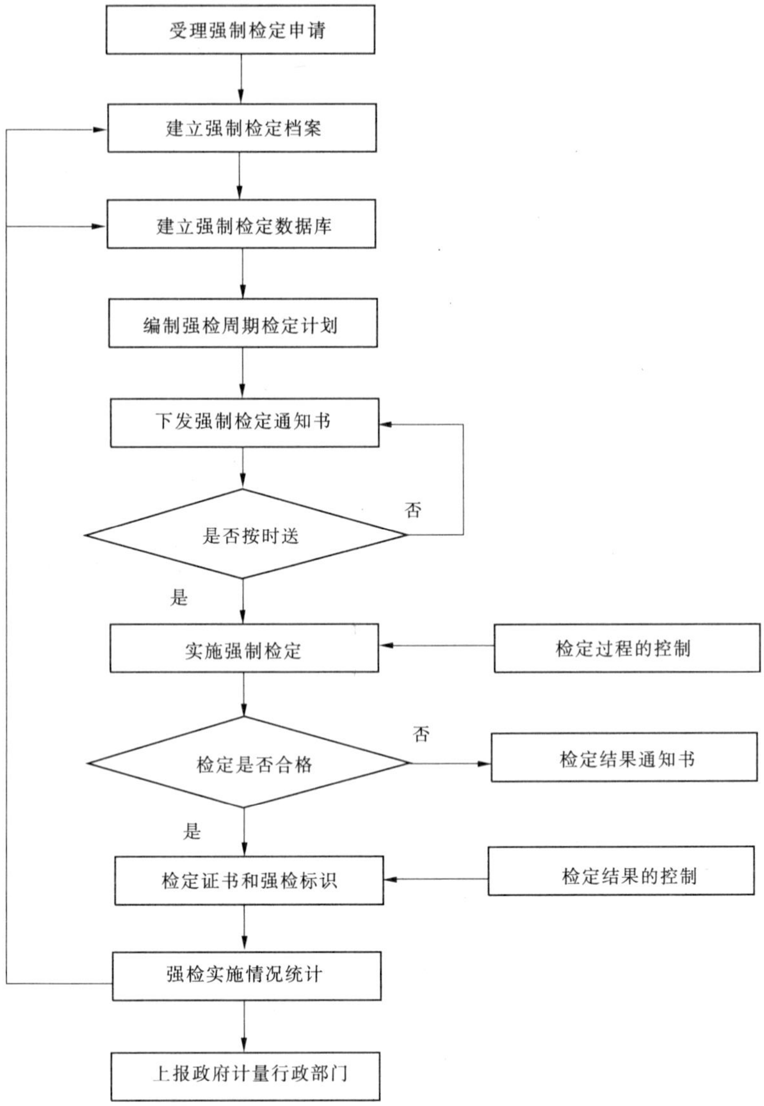

图 3-3 强制检定过程流程图

二、与顾客有关的过程

(一)规范条文

7.2 与顾客有关的过程

7.2.1 要求、标书和合同的评审

7.2.1.1 机构应建立和维持评审顾客要求、标书和合同的程序。这些为签订检定、校准或检测合同而进行评审的政策和程序应确保:

a)对包括所用方法在内的要求应予以适当规定,形成文件,并易于理解;

b)机构具有满足顾客要求的资格、能力和资源;

c)选择适当的、能满足顾客要求的检定、校准和检测方法。

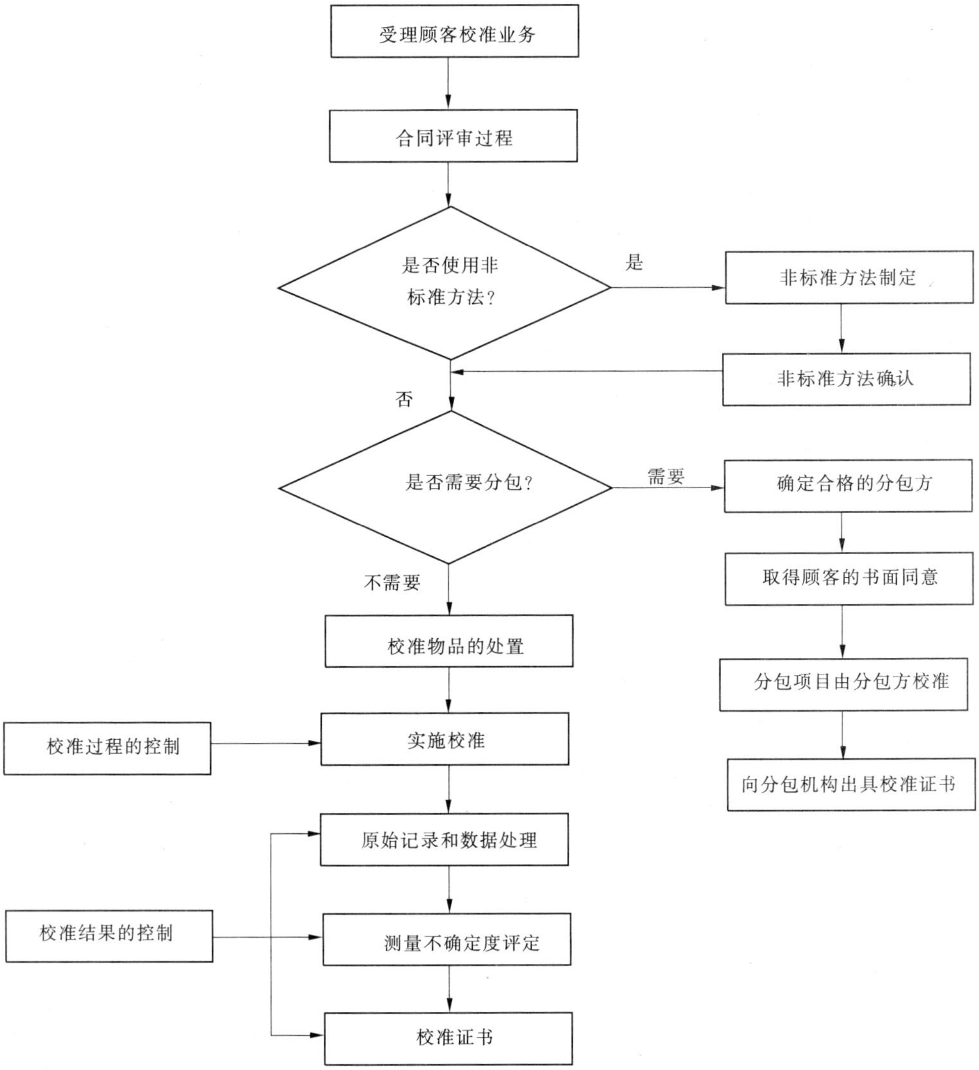

图 3-4　校准过程流程图

顾客要求或标书与合同之间任何差异，应在工作开始之前得到解决。每项合同应符合法律、法规规定的要求，并得到机构和顾客双方的接受。

注：1. 对要求、标书和合同的评审需以可行和有效的方式进行，并考虑财务、法律和时间安排等方面的影响，对内部顾客的要求、标书和合同的审查可以简化方式进行。

2. 对机构能力的评审，应证实机构具备了必要的物力、人力和信息资源，且机构的人员对所从事的检定、校准和检测有必要的技能和专业技术。该评审也可包括以前参加的实验室间比对或能力验证的结果和/或为确定测量不确定度、检出限、置信限等而使用的已知值样品或物品所做的试验性检测或校准计划的结果。

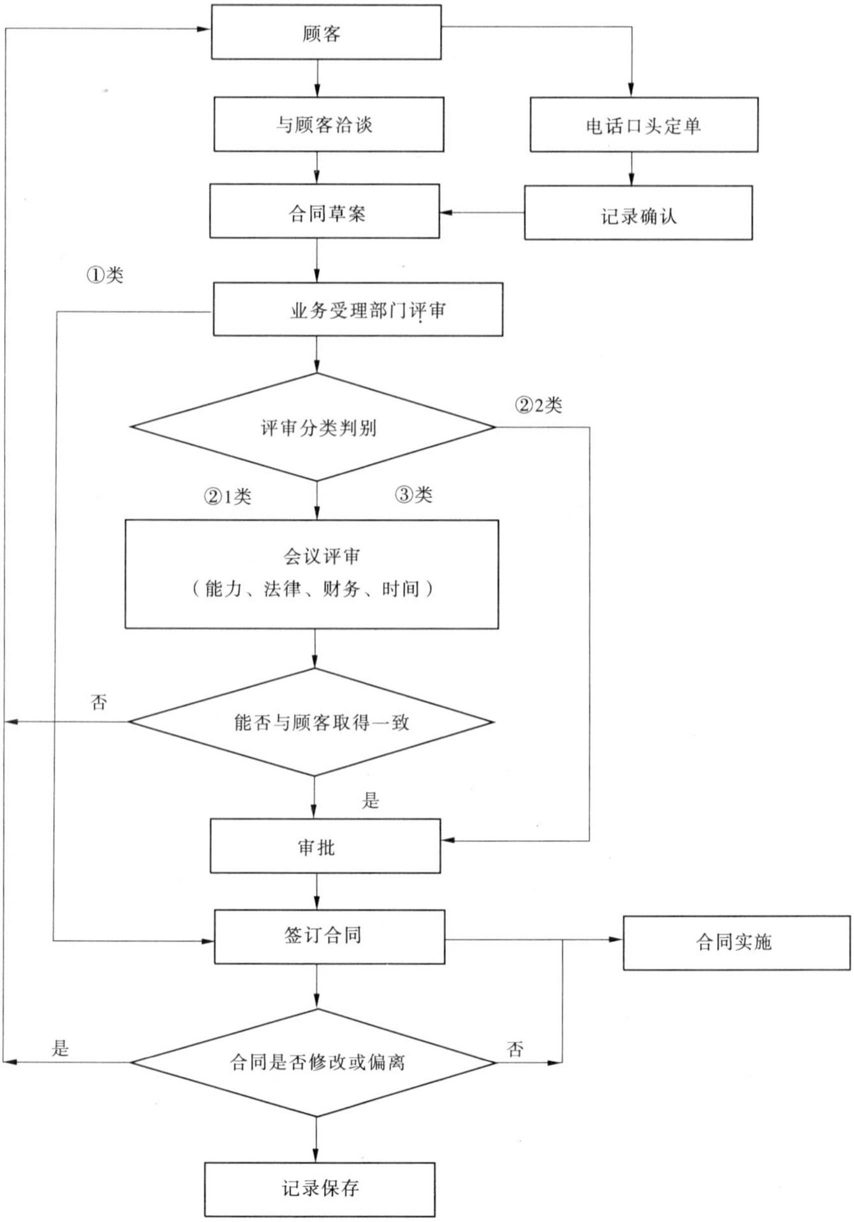

注：①类：常规，例行简单任务。②类：顾客要求不变，重复性例行任务；②1类代表第一次，②2类代表第二次及以后各次。③类：新的、复杂的、先进的、重大的任务。

图3-5 合同评审流程图

3. 合同可以是为顾客提供检定、校准和检测的任何书面的或口头的协议。

7.2.1.2 应保存包括任何重大变化在内的评审的记录。在合同执行期间，就顾客的要求或工作结果与顾客进行讨论的有关记录，也应予以保存。

注：对例行和其他简单任务的评审，由机构中负责合同工作的人员注明日期

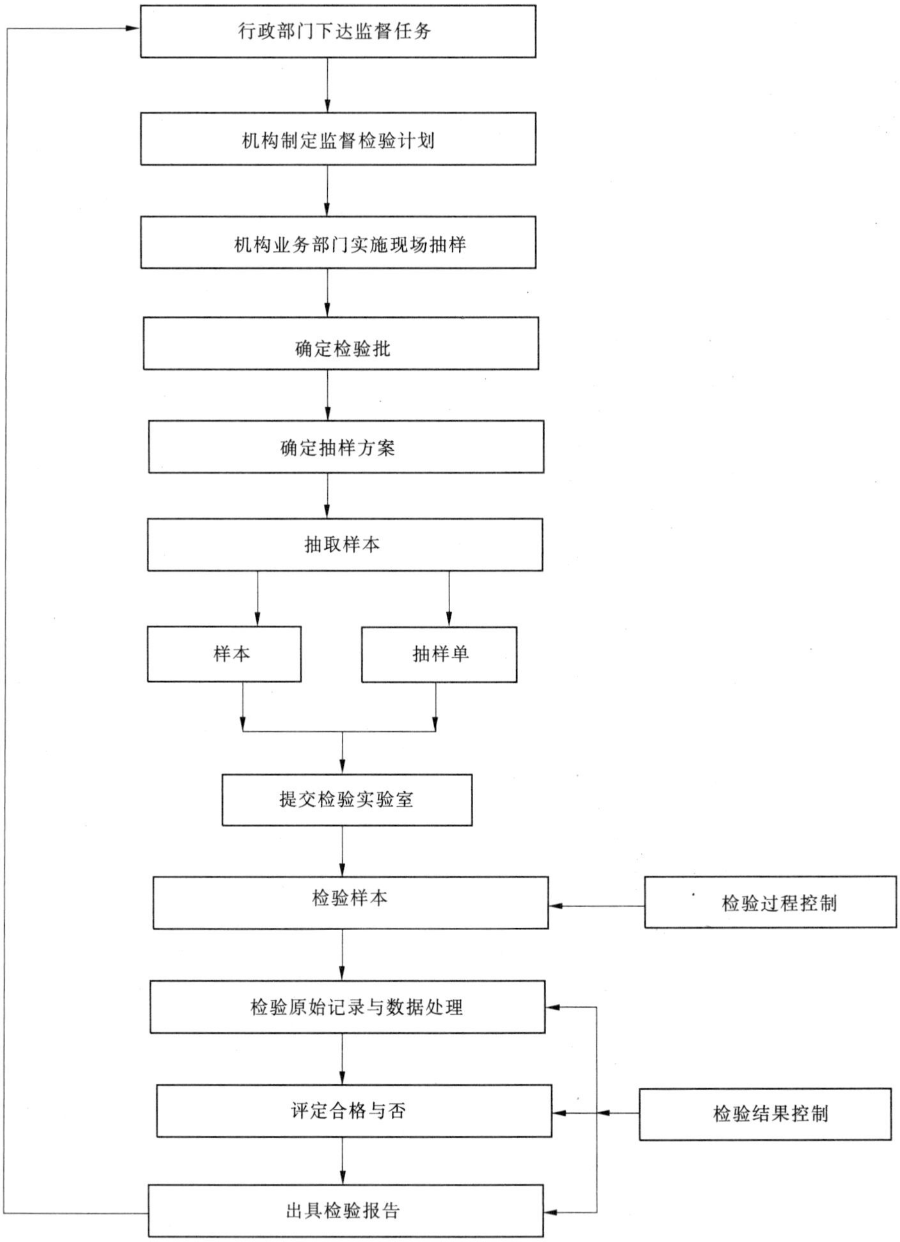

图 3-6　定量包装商品净含量计量监督检验过程流程图

并加以标识(如签名)即可。对于重复性的例行工作,如果顾客要求不变,仅需在初期调查阶段,或在与顾客的总协议下对持续进行的例行工作合同批准时进行评审。对于新的、复杂的或先进的检定、校准或检测任务,则需保存较全面的记录。

7.2.1.3　评审的内容应包括机构分包出去的所有工作。

7.2.1.4　对合同的任何偏离均应通知顾客。

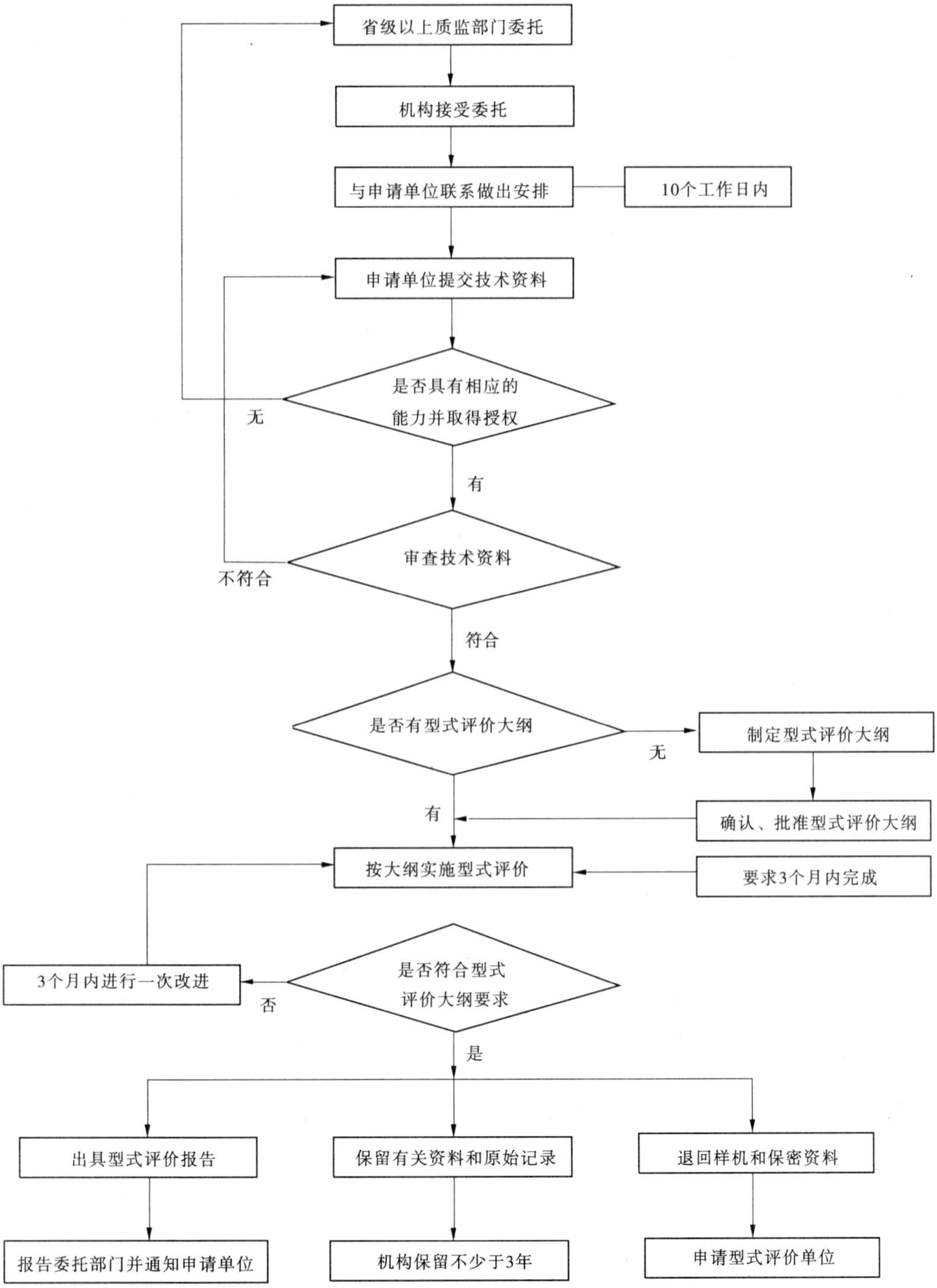

图3-7 计量器具型式评价过程流程图

7.2.1.5 如果在工作开始后需要修改合同，应重新进行同样的评审过程，并将所有修改内容通知所有受到影响的人员。

7.2.2 服务顾客

7.2.2.1 机构对顾客开展检定、校准和检测等服务时，必须遵守政府计量行政部门或相关法律法规对有关工作质量、完成时间和收取费用等方面的规定。

7.2.2.2 机构应与顾客或其代表保持沟通与合作，以便明确顾客的要求与反馈，并在确保其他顾客机密的前提下，允许顾客到实验室监视与其工作有关的操作。

注：1. 这种合作可包括：

a) 允许顾客或其代表合理进入机构的相关区域直接观察为其进行的检定、校准或检测；

b) 顾客为验证目的所需的检定、校准或检测物品的准备、包装和发送。

2. 顾客非常重视与机构保持技术方面的良好沟通并获得建议和指导以及根据结果得出的意见和解释。机构在整个工作过程中，宜与顾客，尤其是大宗业务的顾客保持联系。机构应将检定、校准和(或)检测过程中的任何延误和主要偏离通知顾客 。

(二)理解要点

机构依存于顾客。因此，机构应理解顾客当前的和未来的需求，满足顾客要求并争取超越顾客期望。为了体现上述"以顾客为中心的原则"，《法定计量检定机构考核规范》中"7.2 与顾客有关的过程"，包括了"7.2.1 要求、标书和合同的评审"和"7.2.2 服务顾客"两个子过程。

在本条中，"要求"是指顾客对机构的的要求；"标书"实际上是指投标书，其定义是供方(检定机构)应邀作出满足合同要求的检定、校准或检测服务的承诺；"合同"是指供方(检定机构)和顾客(委托检定、校准或检测者)之间以任何方式(书面的或口头的)传递的、经过双方同意的要求。合同是当事人之间确立、变更、终止民事权利义务关系的协议。合同依法成立，就具有法律效力。合同是供方经济活动的源头和依据。为了确保机构能全面、按时履行合同，取得顾客的信任，机构应制定、执行和维护评审顾客要求、标书和合同的程序。

1. 7.2.1 条理解要点

(1) 在"要求、标书和合同的评审"过程中，机构应建立和执行评审程序。程序对确保顾客的要求应予以适当的规定，并形成文件；机构应具有满足顾客要求的资格、能力和资源以及选择适当的能满足顾客要求的方法。

(2) 机构应保存包括任何重大变化在内的合同评审记录。

(3) 合同评审的内容应包括分包出去的检定、校准和检测工作。

(4) 应及时通知顾客对合同的任何偏离。

(5) 在工作开始后，如需要修改合同，要重新进行评审，并将修改内容通知有关人员。

2. 7.2.2 条理解要点

(1) 要求机构在为顾客服务时必须遵守相关法律法规和政府计量行政部门有关工作质量、完成时间和收费等方面的规定。

(2) 要求机构与顾客保持有效的联系和合作，以便及时了解和满足顾客的要求，并接受顾客的监督。

(三)考核要点

1. 7.2.1 条考核要点

(1)机构是否制定并认真贯彻执行了要求、标书和合同的评审程序。机构是否进行了对全体职工牢固树立"以顾客为中心"的思想教育,并把它贯彻在管理体系和检定、校准和检测工作的全过程。评价程序实施的有效性。

(2)机构是否保存了合同评审记录,记录的信息量是否齐全。

(3)分包出去的工作是否包括在合同评审内容中,有无记录。

(4)检查记录,核查对合同的偏离是否及时通知了顾客。

(5)工作开始后如需修改合同,是否进行了评审,并将修改内容通知了有关人员。

2. 7.2.2 条考核要点

(1)检查仪器、样品收发单、合同、收费凭证等,核查机构的工作质量、时间、收费是否符合有关规定。

(2)检查机构与顾客沟通的记录和接收顾客监视的记录,证实机构与顾客的合作情况。

三、检定、校准和检测方法

(一)规范条文

7.3 检定、校准和检测方法

7.3.1 总则

机构在其授权的范围内进行的所有检定、校准和检测应采用适当的方法和程序,包括抽样、处置、运输、储存和被检物品的准备,适合时还应包括测量不确定度的评定以及分析检定、校准或检测数据的统计技术。

机构人员在使用和操作所有相关的设备及在处置和准备被检物品时,应有使用说明书或必要的操作规程。所有与实验室工作有关的说明书、标准、手册和参考数据应保持现行有效版本并易于员工取阅。对校准或检测方法的偏离只有在该偏离已有文件规定、技术上认为合理的、经授权并取得计量行政部门或顾客同意的情况下才允许发生。

注:如果国际的、区域的或国家的标准、规程或规范,或其他公认的规范已包含了如何进行检定、校准和检测的简明和足够的信息,并且这些标准或规范是以可被机构操作人员作为公开文件使用的方式书写时,则不需要再进行补充或改写为内部程序,对方法中的可选择步骤,可能有必要制定附加细则或补充文件。

7.3.2 方法的选择

7.3.2.1 开展计量检定时,机构必须使用国家计量检定规程,如无国家计量检定规程,则可使用部门或地方计量检定规程。计量检定规程必须是现行有效版本。

7.3.2.2 开展校准时,机构应使用满足顾客需要的,对所进行的校准适宜的国家制定的校准规范。如无国家校准规范,应尽可能使用公开发布的,如国际的、地区的或国家的标准或技术规范，或参考相应的计量检定规程。机构应确保其使用的标准或技术规范是现行有效的版本。必要时，应采用附加细则对标准或技术规范加以补充，以确保应用的一致性。

当顾客未指定所用的校准方法时，机构应选择由国际、区域或国家标准规定的，或由知名的技术组织或有关科学书籍和期刊最新公布的，或由设备制造商指定的方法。机构依据JJF 1071《国家计量校准规范编写规则》制定的或采用的方法如能满足机构的预期用途并经过验证，也可使用。所选用的方法应通知顾客。校准前，机构应确认能够正确地运用标准方法。如标准方法发生了变化，应重新进行确认。

当认为顾客所提出的方法不合适或已过期时，机构应通知顾客。

7.3.2.3　开展计量器具新产品型式评价时，应使用国家统一的型式评价大纲。如无国家统一制定的大纲，机构可根据国家计量技术规范JJF 1015《计量器具型式评价和型式批准通用规范》和JJF 1016《计量器具型式评价大纲编写导则》的要求拟订型式评价大纲。大纲应经科学论证，并由机构主管领导批准。

7.3.2.4　开展商品量检测时，应使用国家统一的商品量检测技术规范，如无国家统一制定的技术规范，应执行由省以上政府计量行政部门规定的检测方法。

7.3.3　机构制定的方法

机构受政府计量行政部门的委托制定计量检定规程、校准规范或检测方法，或为其应用而制定校准或检测方法的工作应是一项有计划的活动，应指定有足够资源的有资格的人员进行。

计划应随制定的进度加以更新，并确保所有有关人员之间的有效沟通。

7.3.4　非标准的方法

如必须使用在校准规范、检测技术规范或标准中未包含的非标准方法时，应征得顾客的同意，包括对顾客要求的明确说明以及校准或检测的目的。所制定的方法在使用前应经适当的确认。

注：对新的校准、检测方法，在进行校准、检测之前需制定成程序。程序应符合相应的计量技术规范规定的要求。

7.3.5　方法的确认

7.3.5.1　确认是通过核查并提供客观证据，以证实某一特定预期用途的特殊要求得到满足。

7.3.5.2　机构应对标准方法中未包含的方法、机构自行设计（制定）的方法、超出其预定范围使用的标准方法、扩充和修改过的标准方法进行确认，以证实该方法适用于预期的用途。确认应尽可能全面，以满足预定用途或应用领域的需要。机构应记录所获得的结果、使用的确认程序以及该方法是否适合预期用途的声明。

注：1. 可包括对抽样、处置和运输程序的确认。

2. 用于确定某方法性能的技术宜是下列情况之一，或是其组合：

a)使用参考标准或标准物质进行校准；

b)与其他方法所得的结果进行比较；

c)实验室间对比；

d)对影响结果的因素作系统性评审；

e)根据对方法的理论原理和实践经验的科学理解,对所得结果不确定度进行的评定。

3. 当对已确认的非标准方法作某些改动时,需将这些改动的影响制定成文件,适当时需重新进行确认。

7.3.5.3 按预期用途进行评价所确认的方法得到的值,诸如范围和准确度,应适应顾客的需求。这些值诸如:结果的不确定度、检出限、方法的选择性、线性、重复性限和(或)复现性限、抵御外来影响的稳健度和(或)抵御来自样品(或检测物)母体干扰的交互灵敏度。

注:1. 确认包括对要求的详细说明、方法特性的测定、利用该方法能满足要求的核实以及有关确认的有效性的声明。

2. 在方法制定过程中,需进行定期的评定,以证实顾客的需要仍能得到满足。对修订编制计划所需的要求中的任何变更,均需得到批准和授权。

3. 确认通常是成本、风险和技术可行性之间的一种平衡。许多情况下,由于缺乏信息,数值(如:准确度、检出限、选择性、线性、重复性、复现性、稳健度和交互灵敏度)的范围和不确定度只能以简化的方式给出。

7.3.6 校准测量能力

机构应具有评价其校准测量能力的程序。评价应适应机构所开展项目的参数和量程。评价可采用 JJF 1033《计量标准考核规范》所推荐的方法。

7.3.7 测量不确定度的评定

7.3.7.1 机构应有评定测量不确定度的程序,并对开展的各种类型的检定、校准和检测都应按有关法规、规范所规定的要求进行测量不确定度的评定。

7.3.7.2 评定测量不确定度时,对给定条件下的所有重要不确定度分量,均应采用国家计量技术规范 JJF 1059《测量不确定度评定与表示》所推荐的方法或其他法规、规范规定的方法进行评定和表示。

7.3.8 数据控制

7.3.8.1 应对计算和数据传送进行系统和适当的检查。

7.3.8.2 当使用计算机或自动化设备对检定、校准和检测的数据进行采集、处理、记录、报告、存储或检索时,机构应确保:

a)由使用者开发的计算机软件应被制订成足够详细的文件,并对其适用性进行适当验证;

b)建立和实施数据保护的程序。这些程序应包括(但不限于)数据输入或采集、数据存储、数据传输和数据处理的完整性和保密性;

c)维护计算机和自动设备以确保其功能正常,并提供保护检定、校准和检测数据完整性所必需的环境和运行条件。

注：通用的商业现成软件（如文字处理、数据库和统计程序），在其设计的应用范围内可认为是充分有效的。但机构对软件的配置（或调整）需按7.3.8.2a)进行确认。

（二）理解要点

检定、校准和检测方法是实施检定、校准和检测的技术依据。它既是机构开展检定、校准和检测服务的重要资源，也是实施检定、校准和检测活动的不可缺少的过程。本条主要是从过程的角度，对方法涉及的范围；方法的正确应用；检定、校准和检测方法的选择；方法的制定；非标准方法；非标准方法的确认；校准测量能力的计算；测量不确定度的评定以及数据的控制等9个方面对检定、校准和检测方法提出了系统的要求。

1. 7.3.1 条理解要点

本条对检定、校准和检测方法应覆盖的范围、方法的有效性以及允许发生与规定方法偏离的条件等问题作了明确的规定。

(1)检定、校准和检测方法覆盖的范围包括以下4个方面：

①实施检定、校准和检测的方法和程序，如检定规程、校准规范、检测方法或标准等。

②对顾客物品的抽样、处置、运输和检测前的准备的方法和程序。

③操作和使用所有相关设备的说明书或必要的操作规程。

④适当时还应包括测量不确定度的评定方法和分析检定、校准和检测数据的统计技术。

(2)检定、校准和检测所使用的方法和程序都应是适当的，所有与实验室工作有关的说明书、标准、手册和参考数据都应是现行有效版本。

(3)检定、校准和检测工作必须按规定的方法进行。只有在有文件规定的、技术上是合理的、经过授权并取得顾客认可的情况下才能发生与规定的检定、校准和检测方法的偏离。

2. 7.3.2 条理解要点

本条从检定、校准和检测3个方面对方法的选择做出了明确的规定。

(1)开展检定工作，尤其是强制检定工作，必须使用现行有效的计量检定规程。

(2)开展校准工作，应使用满足顾客需要的、对所进行的校准是适宜的且现行有效的校准规范。

(3)承担计量器具新产品型式评价时，应使用国家统一制定的型式评价大纲。没有国家统一制定的型式评价大纲的，机构可以根据国家计量技术规范JJF 1015《计量器具型式评价和型式批准通用规范》和JJF 1016《计量器具型式评价大纲编写导则》的要求拟定型式评价大纲。大纲应经科学论证，并经机构的主管领导批准。

(4)开展商品量检测应使用国家统一规定的商品量检测技术规范，如果没有国家统一制定的技术规范，应执行由省以上政府计量行政部门规定的检测方法。

3. 7.3.3 条理解要点

本条对机构制定检定规程、校准规范或其他检测方法提出了要求。要求包括3个方面：

(1)方法制定是一项有计划的活动，机构应编制相应的工作计划。

(2)制定方法应委派有资格的,并配备有适当资源的人员进行。

(3)制定工作情况发生变化时,应更新计划,并及时与所有相关人员取得有效联系。

4. 7.3.4 条理解要点

本条所说的"非标准方法"是指在进行校准时所采用的超出校准规范覆盖范围的方法。非标准方法应根据顾客的要求,经顾客同意并以适当的办法使其合法化后才能使用。

新的校准方法和程序应在进行校准之前形成,并至少包括以下信息。

(1)范围。

(2)被校准测量设备的类型描述。

(3)要确定的参数或量值。

(4)所需要的装置、设备、计量标准和标准物质。

(5)所需要的环境条件和必需的稳定周期。

(6)程序的描述,包括:

①对被校准的测量设备贴标签、处置、运输、储存和准备工作;

②工作前检查;

③检查设备工作是否正常,必要时每次使用前校准和调整设备;

④记录观测值和结果的方法;

⑤被观测的任何安全措施。

(7)评定合格的准则和(或)要求。

(8)要记录的数据及分析和表示的方法。

(9)不确定度或评定不确定度的程序。

5. 7.3.5 条理解要点

本条对方法确认的概念(7.3.5.1)、方法确认的范围和要求(7.3.5.2)以及确认的评价依据(7.3.5.3)作了明确的规定。

(1)确认的概念。所谓确认,是指通过考查并提供客观证据,以证实某一特定的预期用途的特殊要求得到满足。

(2)确认的范围。机构应对非标准方法、自己新设计开发的方法、超过预期范围使用的标准方法以及扩充和修改过的标准方法等4种类型的方法实施确认。

(3)确认的要求。确认应尽可能广泛全面,以满足预定用途或应用领域的需要。确认包括下列内容:

①详细说明有关要求(指被确认的方法应满足某一特定预期用途的特殊要求,其中也包括满足顾客的要求)。

②确定校准或检测方法的特性。

③核查所使用的方法能否满足有关要求。

④核查有效性声明。

确认应形成记录,记录应包括:确认所获得的结果、使用确认的程序以及该方法是否满足预期用途的声明。

(4)确认的依据。按预期用途进行评价所确认的方法得到的值的范围和准确度,应满足顾客的需求。这些值诸如:

①测量结果的不确定度；

②检出限；

③方法的选择性；

④线性；

⑤重复性限；

⑥复现性限；

⑦抵御外来影响的稳健性；

⑧抵御来自样品母体干扰的交互灵敏度。

(5)确认的技术。用于确定某方法特性的技术（简称确认技术）有下列5种技术或这些技术的组合：

①用计量标准或标准物质校准；

②将所得的结果与其他方法所得结果比较；

③实验室之间比对；

④对影响结果的因素进行系统性评价；

⑤根据对方法的理论原理的科学理解和实践经验对所得结果的不确定度进行评定。

(6)确认始终是成本、风险和技术可行性间取得的一种平衡。

6. 7.3.6 条理解要点

“校准测量能力”是指一个机构通常提供给用户的最高测量水平，它用包含因子 $k=2$ 的扩展不确定度表示，有时也称为“最佳测量能力”。

校准测量能力，其实质是由于这次校准，给被校准的仪器带来的误差，或者说校准工作本身的误差。误差是会传递的，通过这次校准后，它就传递给了被校准的仪器。

从计量学的角度考虑，在对仪器进行校准时，为了保证校准结果有一定的可信性，必须使校准的扩展不确定度(U)与被校准的最大允许误差(p)有一定的比例关系，一般以测量能力指数(Mcp)表示：$Mcp=p/2U$。

在正态分布的情况下，如果 $Mcp=1$，校准结果有95.45%的置信度。因此，可以说校准测量的扩展不确定度，代表了校准的测量能力。

本条对从事校准工作的机构提出了3个要求：

(1)机构应制定评价其校准测量能力的程序。

(2)这种评价应适用于机构所开展项目的参数和量程。也就是说，机构应对其所开展项目的所有参数和量程都进行校准测量能力的计算。

(3)校准测量能力的计算方法可采用JJF 1033《计量标准考核规范》所推荐的方法。

从事校准服务的机构，应制定校准测量能力计算的程序，并对所开展的全部校准项目（包括所有参数和量程）进行校准测量能力的计算。由于被校准的测量仪器性能的不理想，实际的测量不确定度往往大于最佳测量能力。

在机构的程序文件或作业指导书中，应包括对校准测量能力的评定，通常校准测量能力评定应紧随校准程序。

校准测量能力以扩展不确定度的形式表示，通常包含因子 $k=2$（仅仅在不能假定为正态分布或评估是建立在有限的数据基础上等例外的情况下，校准测量能力应表述为包含概率近似为95%)。如果合成标准不确定度不服从正态分布,例如是均匀分布,包含因子就不是 $k=2$ 了,对应于95%包含概率的包含因子 k 应取1.65。

校准测量能力与测量不确定度的评定程序是相同的,通常应得到试验数据的支持。考核不仅仅依靠测量不确定度评定,还要依据实验室之间的比对结果。

7. 7.3.7 条理解要点

"测量不确定度"是指"与测量结果关联的参数,它表征可合理地认作(赋予)被测量之值的分散性"。本条对机构规定了2项要求:

(1)机构应制定并使用对所有检定、校准和检测进行测量不确定度评定的程序。

(2)机构在进行测量不确定度评定时应采用的方法。

机构应制定测量不确定度评定的程序,并采用国家计量技术规范 JJF 1059《测量不确定度评定和表示》所推荐的方法,或其他法规、规范规定的方法对所开展的检定、校准和检测项目全部进行了测量不确定度的评定。对不确定度有贡献的来源应包括(但不限于)所用的计量标准和标准物质、所用的方法和设备、环境条件、被测件和被校件的状况以及操作人员。

8. 7.3.8 条理解要点

(1)机构应对计算和数据传送进行系统的和适当的检查。

(2)机构应制定数据保护程序,当采用计算机或自动化设备进行数据的采集、处理、记录、报告、储存时,确保数据的真实性和可信性。应对使用者开发的计算机软件进行验证。通用的商品软件,在其设计的应用范围内可以认为是充分有效的。应对所有的计算机软件和硬件实施监控与维护。

(三)考核要点

1. 7.3.1 条考核要点

(1)机构是否根据所开展的服务项目配齐了所有必需的检定规程、校准规范、型式评价大纲、技术标准、说明书、操作规程等技术文件,而且文件的版本必须是现行有效的。

(2)机构是否制定了校准和检测方法的偏离程序,并贯彻实施。

2. 7.3.2 条考核要点

本条是重点考核项。

(1)机构开展计量检定是否执行了现行有效的计量检定规程。

(2)机构开展计量校准是否执行了现行有效的校准规范。

(3)机构开展计量器具新产品型式评价时,是否执行了现行有效的型式评价大纲。

(4)机构开展商品量检测时,是否执行了现行有效的商品量检测技术规范。

3. 7.3.3 条考核要点

制定新的计量检定规程、校准规范等技术文件,机构是否编制了工作计划,并委派有资格并配备有适当资源的人员进行。制定后,机构对其是否满足预期使用要求加以了确认,并使其合法化。

4. 7.3.4 条考核要点

当采用非标准的方法开展校准时,机构是否对方法进行了确认,并满足了顾客的预期使用要求。新的校准方法和程序的信息量是否满足计量技术规范的要求。

5. 7.3.5 条考核要点

(1)机构使用的非标准方法、扩充和修改过的标准方法是否按确认程序进行了确认,记录是否齐全。

(2)机构使用所确认的方法得出的值,是否适应顾客的需求,有无评审记录。

6. 7.3.6 条考核要点

机构是否制定了适应其开展项目的参数和量程的校准测量能力的评价程序,评价方法是否符合要求。核查文件,检查记录,考核其实施程序的充分性、符合性和有效性。

7. 7.3.7 条考核要点

(1)机构是否建立了评定所开展各种类型的检定、校准和检测项目的测量不确定度的程序,并贯彻实施。

(2)测量不确定度的评定和表示方法是否符合 JJF 1059《测量不确定度评定和表示》等的要求。检查文件和记录,评审其规范性、符合性和有效性。

8. 7.3.8 条考核要点

(1)机构是否对计算和数据传送进行了系统和适当的检查。检查记录。

(2)机构是否制定和实施了保护数据真实性和可信性的程序,尤其当使用计算机或自动化设备采集、输入、储存、传递和处理数据时,是否对所有计算机软件和硬件实施了有效的验证、监控和维护。核查文件,检查记录,考核其适宜性、充分性、符合性和有效性。

四、服务和供应品的采购

(一)规范条文

7.4　服务和供应品的采购

7.4.1　机构应有选择和购买对检定、校准和检测质量有影响的服务和供应品的政策和程序。还应有与检定、校准和检测有关的试剂和消耗材料的购买、验收和存储的程序。

7.4.2　机构应确保所购买的,影响检定、校准和检测质量的供应品、试剂和消耗材料,只有在经检查或证实符合有关检定、校准和检测方法中规定的标准规范或要求之后才投入使用。所使用的服务和供应品应符合规定的要求。应保存所采取的符合性检查活动的记录。

7.4.3　影响机构输出质量的物品采购文件中,应包含描述所购服务和供应品的资料,如型式、类别、规格、等级、图纸、检查说明等技术资料以及质量要求和进行这些工作所依据的质量体系标准。这些采购文件在发出之前,其技术内容应经过审查和批准。

注:该描述可包括型式、类别、等级、精确的标识、规格、图纸、检查说明、包括检测结果批准在内的其他技术资料、质量要求和进行这些工作所依据的管理体系标准。

7.4.4　机构应对影响检定、校准和检测质量的重要消耗品、供应品和服务的供应商进行评价,并保存这些评价的记录和获批准的供应商名单。

（二）理解要点

1. 7.4.1 条理解要点

机构对影响检定、校准和检测工作质量的服务和供应品的采购，应制定程序控制其采购过程，以确保外来的服务和供应品的质量。还要制定与检定、校准和检测有关的试剂和消耗材料的购买、验收和存储的程序。

2. 7.4.2 条理解要点

对质量有影响的采购物品，应进行检验或检定，以确保其质量和技术指标能满足预期使用的要求，即满足检定规程、校准规范或检测方法中对所使用的物品（包括测量设备、标准物质、试剂和易耗材料等）规定的要求。应保存这些符合性检查的记录。

3. 7.4.3 条理解要点

采购文件中应包括对产品或服务的质量要求（如型号、精度等级、技术指标等）、验收要求（如验收的标准和方法）以及其他要求（如价格、数量、交货情况等）。采购文件发放前对文件中的技术内容应进行评审和批准。

4. 7.4.4 条理解要点

（1）机构应规定选择和评价供方的准则，以评价供方按机构的要求提供产品或服务的能力，对不同的采购产品可采取不同的评价准则和方法，评价结果要有记录。评价方式有：

①对供方的相关经验进行评价；

②对供方产品的质量、价格、交货情况及对问题的处理情况进行评价；

③对供方的管理体系进行审核，并对其按计划提供所需要产品的能力进行评价；

④调查供方的顾客满意度的情况；

⑤调查供方的财务状况、服务和支持能力。

（2）机构应对影响检定、校准和检测质量的重要消耗品、供应品和服务的供应商进行评价。评价的方式主要可以考虑信函调查、供方现场第二方审核、以往供货（服务）业绩评价、同行类比评价、供应样品的检验和（或）试用、提供相关的证明材料等方法。机构可根据情况采用其中的一种或几种，也可采用上述以外的评价方式。应保存这些评价的记录和获得批准的供应商名单。如果有变动应及时修改，以确保其时效性。

（三）考核要点

1. 7.4.1 条考核要点

机构有关服务和供应品采购的程序文件是否制定并实施。

2. 7.4.2 条考核要点

机构对采购的物品是否进行了验收，验收结果是否有记录。

3. 7.4.3 条考核要点

采购文件中有关的要求是否明确，并经过了评审和批准。

4. 7.4.4 条考核要点

机构对供方的选择和评价原则及方法是否规定并实施，评价结果是否有记录。核查记录的充分性和符合性。

五、校准和检测工作的分包

(一)规范条文

7.5　校准和检测工作的分包

7.5.1　机构必须在授权的范围内开展计量检定工作,不得将检定工作的一部分进行分包。

7.5.2　机构由于未预料的原因(如工作量、需要更多专业技术或暂时不具备能力)或持续性的原因(如通过长期分包、代理或特殊协议)需要将校准或检测工作分包时,应分包给符合本规范要求并经授权的法定计量检定机构或其他有资格的实验室。

7.5.3　机构应将分包安排以书面形式通知委托方,并应得到下达任务的计量行政部门的批准或委托方的书面准许。

7.5.4　机构应就其分包的工作对顾客负责,由顾客或政府计量行政部门指定的分包方除外。

7.5.5　机构应保存校准和(或)检测中使用的所有分包方的名录,并保存其工作符合本规范的证明记录。

(二)理解要点

1. 7.5.1 条理解要点

根据授权开展计量检定的项目必须首先经计量标准考核,满足考核的全部要求,并取得合格证书和社会公用计量标准证书。计量检定工作不允许进行分包。

2. 7.5.2 条理解要点

(1)当机构所承担的某一个校准或检测项目的一部分,因某些特殊设备或环境条件的原因自身不能开展校准或检测,可以分包给其他法定计量检定机构或其他有资格的实验室。

(2)机构应提供分包单位的资格、能力以及所进行工作符合《法定计量检定机构考核规范》要求的客观证明材料。

3. 7.5.3 条理解要点

机构应将分包安排以书面形式通知顾客,并取得顾客的同意。

4. 7.5.4 条理解要点

对分包方的校准或检测数据,由机构自身向顾客负责。如果因为分包方的工作质量问题而给顾客造成的损失,由机构直接向顾客负责进行赔偿。

5. 7.5.5 条理解要点

机构应保存分包方的名录、对分包方的评审记录以及由分包方完成的校准和检测的记录。

(三)考核要点

1. 7.5.1 条考核要点

检查机构是否在授权的范围内开展计量检定工作,是否存在超授权范围进行检定和将检定工作的一部分进行分包的情况。检查检定证书,核查是否超授权范围检定和是否分包。

2. 7.5.2 条考核要点

机构的校准或检测工作如有需要，是否选择了有资格、有能力并经考核合格的单位作为分包方。核查机构提供的分包方名单以及分包方符合上述要求的客观证明材料。

3. 7.5.3 条考核要点

每一项分包任务，机构是否以书面形式征得了顾客的同意。核查机构提供的书面材料。

4. 7.5.4 条考核要点

机构是否保存了分包方校准和检测的记录。检查记录的真实性和完整性。

5. 7.5.5 条考核要点

检查机构所提供的分包方名录等全部证明材料，以评价分包方条件的符合性，以及每一项分包任务的符合性。必要时实地检查分包方的实际情况。

六、量值溯源

（一）规范条文

7.6 量值溯源

7.6.1 总则

用于检定、校准和检测的所有设备，包括对检定、校准、检测和抽样结果的准确性或有效性有显著影响的辅助测量设备（例如用于测量环境条件的设备），均应有有效的检定或校准证书。机构应制定设备检定（或校准）的程序和计划。

注：该计划应当包含一个对计量标准、用做计量标准的标准物质以及用于检定、校准和检测的测量设备进行选择、使用、检定（校准）、核查和维护的系统。

7.6.2 设备的检定（或校准）

7.6.2.1 机构应编制和执行设备的周期检定或校准计划，以确保由本机构进行的检定、校准和检测可溯源到国家基准或社会公用计量标准。

测量的溯源性是由能出示其资格、测量能力和溯源性证明的法定计量检定机构的（或授权的社会公用计量标准的）检定或校准服务来保证的。由这些机构出具的检定（校准）证书应表明通过一个不间断的校准链与国家基准相联系。检定证书和校准证书应包含包括了测量结果及其不确定度和（或）一个是否符合检定规程或校准规范中规定要求的结论。

7.6.2.2 当某些校准或检测目前尚不能严格溯源到国家基准或社会公用计量标准时，应通过建立对相应计量标准或测量设备的溯源来提供测量的可信度，例如：

a）使用有资格的供应者提供的有证标准物质来给出材料可靠的物理或化学特性；

b）使用规定的方法和（或）被有关各方接受并且描述清晰的协议标准。

可能时，要求参加适当的实验室间比对计划。

7.6.3 计量标准和标准物质

7.6.3.1 计量标准

机构应具有计量标准量值传递和溯源框图、周期检定的程序和计划。计量标准应由能提供如7.6.2条所述的溯源性的机构检定。机构所持有的计量标准器具应仅用于检定和(或)校准,不能用于其他目的,除非能表明其作为计量标准的性能不会失效。计量标准在任何调整之前或之后均应检定或校准。

7.6.3.2　标准物质

可能时,标准物质应溯源到国际单位制单位或有证标准物质。只要技术和经济条件允许,应对内部标准物质进行核查。

7.6.3.3　期间核查

应根据规定的程序和日程对计量基(标)准、传递标准或工作标准以及标准物质进行核查,以保持其检定或校准状态的可信度。

7.6.3.4　运输和储存

机构应有程序来安全处置、运输、存储和使用计量基(标)准和标准物质,以防止污染或损坏,确保其完整性。

注:当计量标准和标准物质用于机构固定场所以外的检定、校准和检测时,有必要制定附加的程序。

(二)理解要点

量值的溯源性是指通过不确定度明确的连续不间断的比较链,将测量结果或计量标准的量值能够与规定的标准,通常是国家基准、国际标准或自然常数联系起来的特性。量值的溯源性是法定计量检定机构出具的检定、校准和检测数据具有法律效力,并能取得国际互认的基本条件。因此,量值溯源是检定、校准和检测实施过程中的一个关键环节。

1. 7.6.1条理解要点

为保证量值的溯源,机构应制定测量设备检定或校准的管理程序和实施计划,并应确保所有对检定、校准和检测的准确度或有效性有明显影响的测量设备(包括辅助测量设备)都有有效的检定证书或校准证书。

2. 7.6.2条理解要点

(1)测量设备的检定或校准工作应有能出示其资格、测量能力和溯源性证明的法定计量检定机构或授权的社会公用计量标准提供的检定或校准服务予以保证。在检定或校准证书中应明确表明通过一个不间断的校准链与国家基准或自然常数相联系,并应包含包括了测量结果及其不确定度和(或)一个是否符合检定规程或校准方法中规定要求的结论。

(2)某些测量设备如不可能或不适宜向国家基准溯源,机构应制定特殊的程序和合法化的办法,以确保测量结果的可靠性。《法定计量检定机构考核规范》中列举了3种常用的办法。

3. 7.6.3条理解要点

(1)计量标准是实施计量检定和校准工作的关键测量设备,《法定计量检定机构考核规范》对它们的溯源性提出了更明确的法制性要求:

①机构应制定计量标准的量值传递图、周期检定的程序和计划。量值传递图应反映上级计量标准、本级计量标准和下传计量器具等“三个级别”及计量器具名称、量程(或测量范围)、准确度等“三个要素”,并应符合国家计量检定系统表的规定。

②机构的最高计量标准属于强制检定计量器具,其量值应溯源到政府计量行政部门指定的法定计量检定机构;机构的其他计量标准及主要配套设备如自行检定或校准的,其上一级(或上一级以上)的计量标准应经政府计量行政部门考核合格并周期检定合格。

(2)标准物质是测量设备的一种,标准物质的量值同样应溯源到国际单位制单位,或国际或国家的有证标准物质。机构使用的标准物质如果是外购的,应直接购买国际或国家的有证标准物质;如是自己配制的,应确保其量值的溯源,并检查其技术和经济上的实用性。

(3)对一些关键的计量标准或标准物质,如测量结果具有重要经济价值和安全作用的,在相邻的两次检定或校准的间隔内,为保持其准确可靠需要进行期间核查时,机构应制定期间核查的程序和计划,并实施期间核查。

(4)为保证测量设备,尤其是计量标准的准确性和完整性,机构应制定关于计量标准和标准物质的安全处置、运输、储存和使用的程序。当计量标准和标准物质在固定实验室之外用于检定、校准或检测时更应制定附加的程序。

(三)考核要点

本条是重点考核项。

1. 7.6.1 条考核要点

机构是否根据要求制定了量值溯源的管理程序,并认真组织实施。对每台需要溯源的测量设备(包括自己检定的设备),机构是否提供出了有效的检定证书或校准证书。

2. 7.6.2 条考核要点

(1)机构是否编制和执行了设备的周期检定或校准计划。测量的溯源是否合法和有效。检定证书和校准证书的信息量是否足够。检查溯源合法性的证明文件。

(2)当某些校准或检测尚不能溯源时,机构采取了何种方法来提供测量的可信度。

3. 7.6.3 条考核要点

(1)机构是否制定并贯彻实施了计量标准量传递和溯源框图、周期检定的程序和计划。计量标准的检定是否合法和有效。检查检定合法性的证明文件。

(2)标准物质是否溯源到了国际单位制或有证标准物质。对内部标准物质是否进行了核查。

(3)机构是否制定和实施了计量标准和标准物质的期间核查程序。检查期间核查记录,评价其合理性、完整性和有效性。

(4)机构是否制定了计量标准和标准物质的运输与储存的程序,并有效实施,防止其污染和损坏,确保其完整性。实地检查运输和储存现场条件。

七、抽样

(一)规范条文

7.7 抽样

7.7.1 机构为检定、校准或检测而涉及对物质、材料或产品进行抽样时,应有用于抽样的抽样计划和程序。抽样计划和程序在抽样的地点应能够得到。只要合理,抽样计划应根据适当的统计方法制定。商品量检测的抽样方法国家有规定的按其规定执行。抽样过程应注意需要控制的因素，以确保检定、校准和检测结果的有效性。

7.7.2　当顾客对文件规定的抽样程序有偏离、增加或删节的要求时，应详细记录这些要求和相关的抽样资料，并记入包括检定、校准和检测结果的所有文件中，同时告知相关人员。

7.7.3　当抽样作为检定、校准和检测工作的一部分时，机构应有程序记录与抽样有关的资料和操作。这些记录应包括所用的抽样程序、抽样人员的识别、环境条件（如果相关），必要时有抽样地点的图示或其他等效方法，如果合适，还应包括抽样程序所依据的统计方法。

（二）理解要点

抽样是一种规定的程序，从物质、模片、材料或产品的总体中抽取一部分为检定、校准或检测提供整体的有代表性的样本。抽样也可能是被测或被校物质、模片、材料或产品的相应技术规范所要求的。在某种情况下，例如在法庭分析情况下，样品可能不是规定的具有代表性的，而是由可用性所确定的。

1. 7.7.1 条理解要点

为实施检定、校准或检测涉及对被测物品进行抽样时，机构应制定抽样程序和抽样计划，并按程序和计划实施，以确保抽样活动的科学性、公正性。此种情况一般发生在法定计量检定机构承担政府计量行政部门的委托，对生产、销售或使用中的计量器具实施监督检定或者仲裁检定时。

抽样计划应描述样品的配方、提取和制备或从物质、模片、材料或产品中抽样的方法以及产生所需要的信息。

定量包装商品净含量计量检验的抽样方案应按照 JJF 1070—2005《定量包装商品净含量计量检验规则》实施。

2. 7.7.2 条理解要点

当顾客要求偏离、增加或删节抽样程序时，应详细记录，并告知相关人员。

3. 7.7.3 条理解要点

当抽样作为检定、校准和检测工作的一部分时，机构应按规定的程序予以记录。记录应详细、全面，符合要求。

（三）考核要点

1. 7.7.1 条考核要点

机构是否制定了抽样程序和抽样计划，按规定组织实施，并认真做好了记录。

2. 7.7.2 条考核要点

机构是否记录了顾客对抽样程序的偏离、增加或删节的要求，并及时告知了相关人员。

3. 7.7.3 条考核要点

当抽样作为检定、校准和检测工作的一部分时，机构是否编制并实施了抽样程序。检查记录的信息充足性和符合性。

八、检定、校准和检测物品的处置

(一)规范条文

7.8 检定、校准和检测物品的处置

7.8.1 机构应有用于检定、校准和检测物品的运输、接受、处置、保护、存储、保留和(或)清理的程序,包括为保护检定、校准和检测物品完整性以及机构与顾客利益所需的全部条款。

7.8.2 机构应有检定、校准和检测物品的标识系统。物品在机构运转的全过程应保留该标识。标识系统的设计和使用应确保物品不会在实物上或在涉及的记录和其他文件中混淆。如果合适,标识系统应包含物品群组的细分和物品在实验室内外部的传递。

7.8.3 在接受检定、校准和检测物品时,应记录异常情况或对检定、校准或检测方法中所述的正常(或规定)条件的偏离。当对物品是否适合检定、校准或检测有疑问,或当物品不符合所提供的描述,或对所要求的检定、校准和检测规定不够详尽时,机构应在工作前询问顾客,以得到进一步的说明,并记录下讨论的内容。

7.8.4 机构应有程序和适当的设施避免检定、校准和检测物品在存储、处置和准备过程中发生性能退化、丢失或损坏。应遵守随物品提供的处理说明。当物品需要被存放在规定的环境条件下时,机构应对存放和安全做出安排,以保护该物品或其有关部分的状态和完整性。

注:1. 在检测之后要重新投入使用的检测物品,需特别注意确保物品的处置、检测或储存(或待检)过程中不被破坏或损伤。

2. 需向负责抽样和运输样品的人员提供有关样品的存储和运输的信息,包括影响检定、校准和检测结果的抽样要求的信息。

3. 维护检定、校准和检测样品安全的原由可能出自记录、安全或价值的原因,或者是为了日后进行补充的检定、校准和检测。

(二)理解要点

1. 7.8.1 条理解要点

机构应结合自身实际,制定用于检定、校准和检测物品的运输、接受、处置、保护、存储、保留和(或)清理的程序,以保护其完整性以及机构与顾客的利益。

2. 7.8.2 条理解要点

机构应建立检定、校准和检测物品的唯一标识系统。该标识在机构运转的自始至终的全过程中应一直保留。建立该标识系统的目的,一是确保物品不会在实物上混淆;二是确保物品不会在涉及的记录和其他文件中混淆。该标识系统也可包含物品群组的细分,还可包含物品在实验室内外部的传递。

3. 7.8.3 条理解要点

在接受检定、校准和检测物品时,应即时记录:样品的异常情况;样品对检定、校准或检测方法中所述的正常(或规定)条件的偏离。如果对物品是否符合检定、校准或检测有疑问，或者物品的实际情况与描述不一致，或者顾客对服务的要求不够详尽，在工作前机构应与顾客沟通、说明，并即时记录。

4. 7.8.4 条理解要点

机构应制定存储、处置检定、校准和检测物品的程序，并提供符合技术文件规定条件的安全存放物品的设施，确保物品的状态和完整性。

（三）考核要点

1. 7.8.1 条考核要点

机构是否建立了检定、校准和检测物品的处置程序，并全面贯彻实施。检查程序内容的完整性。

2. 7.8.2 条考核要点

机构是否建立了检定、校准和检测物品的唯一标识系统。检查该标识系统在机构运转的全过程中是否是唯一的、是否会发生混淆。核查物品标识系统的唯一性、合理性、规范性和实用性。

3. 7.8.3 条考核要点

检查物品处置记录，核查是否即时记录了物品的异常、偏离和不一致等情况。

4. 7.8.4 条考核要点

机构是否制定了存储、处置检定、校准和检测物品的程序，并贯彻实施。机构是否具有符合要求的安全存放物品的设施。检查记录，核查实施程序的符合性。

九、检定、校准和检测质量的保证

（一）规范条文

7.9　检定、校准和检测质量的保证

7.9.1　检定、校准和检测过程的控制

7.9.1.1　检定必须以检定规程为依据，必要时应编制操作规程。应有检定前后的检查记录。

7.9.1.2　校准应执行有关规范和要求，并编制必要的操作规程。

7.9.1.3　检测应执行国家或行业技术规范（标准）、型式评价大纲或有关的技术标准。

7.9.1.4　应有实验过程中出现异常现象或突然的外界干扰时的处理办法（如设备故障、损坏、人身安全等）。

7.9.2　检定、校准和检测结果的控制

机构应有质量控制程序以监控检定、校准和检测结果的有效性。所得数据的记录方式应便于发现其发展趋势，如可行，应采用统计技术对结果进行审查。这种监控应有计划并加以评审，可包括（但不限于）下列内容：

a）定期使用一级或二级有证标准物质进行内部质量控制；

b）参加实验室间的比对或能力验证计划；

c）利用相同或不相同方法进行重复检定、校准或检测；

d）对保留的物品进行再检定、校准或检测；

e)分析一个物品不同特性结果的相关性。

注:选用的方法需与所进行工作的类型和工作量相适应。

7.9.3 应分析质量控制的数据,当发现质量控制数据将超出预定的判据时,应采取有计划的措施来纠正出现的问题,并防止报告错误的结果。

(二)理解要点

为了达到保证检定、校准和检测质量的目标,必须对检定、校准和检测实施过程及实施结果两个方面进行有效的控制,对控制获得的数据进行分析,并且采取相应的措施。

1. 7.9.1条理解要点

(1)检定必须依据计量检定规程,应编制必要的操作规程。应有检定前后的检查记录,记录包括对被检仪器状况的检查(必要时做记录)和检定用测量设备的检查和记录,设备使用记录应反映每次检定时的仪器使用情况。

(2)校准应执行有关校准规范和要求,应编制必要的操作规程。

(3)检测应执行国家或行业技术规范(标准)、型式评价大纲、商品量检测技术规范或有关的技术标准。

(4)机构应制定在检定、校准和检测过程中出现异常现象或受到突然外界干扰时的处理办法,即时记录,检查原因,采取相应的措施,以保证检定、校准和检测工作在正常的条件下进行。

2. 7.9.2条理解要点

对检定、校准和检测结果的控制,机构应制定质量控制程序及相应的质量监督措施和计划,规定具体的监督方法,明确实施控制和监督的部门和人员及其职责,并认真组织实施。这种质量监督措施和计划应经过评审,并确认是有效和可行的。本条推荐了5种质量控制的方法,可根据机构的具体情况和具体的控制对象选择使用。

对检定、校准和检测结果实施控制时所得数据和记录方式与分析方法宜采用统计技术,并使用便于发现发展趋势的方式记录,以预见并进而预防问题的发生。例如:在实验室能力验证中常用统计技术确定指定值及其不确定度、进行能力统计量的计算和进行能力评价等;在对检定、校准和检测结果的监视和控制中常用统计过程控制的方法,即使用核查标准和控制图对实验室的测量系统、测量过程进行监控。

3. 7.9.3条理解要点

对检定、校准和检测结果的控制是一种保证结果准确可靠的重要手段,其目的是通过控制过程,获得相应的质量控制数据,并对质量控制数据进行分析,判断结果是否准确可靠,如果发现质量控制数据超出预定的判据,应采取有计划的措施来纠正出现的问题,并防止出具错误的检定证书、校准报告和检测报告。

(三)考核要点

1. 7.9.1条考核要点

本条是重点考核项。

(1)检定是否依据了计量检定规程,并编制了必要的操作规程。

(2)校准是否执行了有关校准规范和要求,并编制了必要的操作规程。

(3)检测是否执行了有关技术规范或技术标准。

(4)机构是否制定了当检定、校准和检测过程中出现异常现象或受到突然外界干扰时的处理办法,以确保工作的正常进行和结果的准确可靠。

2. 7.9.2 条考核要点

机构是否制定了质量控制程序及相应的质量监督措施和计划,并贯彻实施。机构实施了本条列举的和未列举的哪些质量监控措施。检查检定、校准和检测过程的原始记录和对检定、校准和检测结果监督的记录,考核检定、校准和检测质量控制的适宜性、充分性、符合性和有效性。

3. 7.9.3 条考核要点

检查质量控制数据的分析记录,对出现的问题是否采取了纠正措施,并予以验证,是否存在报告错误结果的情况。

十、原始记录和数据处理

(一)规范条文

7.10　原始记录和数据处理

7.10.1　机构应按规定的期限保存原始观测数据,导出数据,开展跟踪审核的足够信息,检定、校准和检测记录,人员记录,并按规定的要求保留出具的检定证书、校准证书和检测报告的副本。每份检定、校准或检测记录应包含足够的信息,以便于在可能时识别不确定度的影响因素,并保证该检定、校准或检测在尽可能与原来条件接近的条件下能够复现。记录应包括负责抽样的人员,各项检定、校准和检测的执行人员和结果核验人员的签名。

7.10.2　观测结果、数据和计算应在工作时予以记录,并能按照特定的任务分类识别。

7.10.3　当在记录中发生错误时,对每一错误应划改,不可擦涂掉,以免字迹模糊或消失,并将正确值填写在其旁边。对记录的所有改动应有改动人的签名或盖章。对电子存储的记录也应采取同等措施,以避免原始数据的丢失或更改。

(二)理解要点

本条是根据检定、校准和检测工作的特点对原始记录(技术记录)提出的有关记录的范围、记录的保存、记录的内容、记录的时间和记录的更改等方面的要求。

1. 7.10.1 条理解要点

(1)机构应建立并实施原始记录和数据处理管理程序,应按规定的要求设计和确定各项检定、校准和检测记录的格式和内容,确定原始记录的标识和编号,建立原始记录的唯一标识系统。原始记录可包括记录表格、工作单、工作手册、核查表、工作笔记、控制图、外部和内部的检定证书、校准证书及检测报告、顾客的信函、文件和反馈等。

(2)机构应规定各类原始记录保存的期限,并按记录控制的要求管理和保存检定、校准和检测记录。记录一般应保存两个周期,即当前周期前的两个周期。有的记录应保存两个周期以上或永久保存。保存记录的范围包括原始观测数据,导出数据,检定、校准和检测记录以及检定证书,校准证书和检测报告的副本。

(3)记录内容应包含足够的信息,以便于识别不确定度的影响因素,并保证该检定、校准或检测在尽可能与原来条件接近的条件下能够复现。记录应包括负责抽样的人员,检定、校准和检测的执行人员和结果核验人员的签名。如果检定规程、校准规范或检测大纲对记录有明确规定的,应按规定的要求执行。

2. 7.10.2 条理解要点

记录应在进行工作时及时记录,并按任务的工作号分类标识,以便识别。

3. 7.10.3 条理解要点

应清楚记录观测结果、数据和计算。记录发生错误时,只能划改,不能擦涂改。对记录的所有改动应有改动人员的签名或盖章。对电子存储的记录也应采取同等的措施,以免原始数据的丢失或更改。

(三)考核要点

本条是重点考核项。

1. 7.10.1 条考核要点

机构是否制定了原始记录和数据处理管理程序,并贯彻实施。机构是否按规定的要求设计和确定了各项检定、校准和检测记录的格式和内容,并按管理程序确定了原始记录的标识和编号,建立了原始记录的唯一标识系统。机构是否规定了各类记录的保存期限,并按记录控制的要求管理和保存检定、校准和检测记录。是否按规定保存了证书的副本。记录的标识是否唯一,记录的信息是否足够,记录是否包括了各类人员的签名。检查保存的和正在使用中的记录,核查记录管理程序实施的规范性和有效性。

2. 7.10.2 条考核要点

是否在工作时记录了观测结果、数据和计算,并按特定的任务分类识别。

3. 7.10.3 条考核要点

检定、校准和检测的实施过程中是否按要求做好了原始记录,记录的更改是否按照规定的要求规范进行。检查记录,核查记录及记录更改的符合性、真实性和规范性。

十一、结果报告

(一)规范条文

7.11 结果报告

7.11.1 总则

机构应准确、清晰和客观地报告每一项检定、校准和检测的结果,并符合检定、校准和检测方法中规定的要求。

结果通常是以检定证书(或检定结果通知书)、校准证书或检测报告的形式出具,并应包括顾客要求的,说明检定、校准和检测结果所必需的和所用方法要求的全部信息。这些信息通常是7.11.2、7.11.3、7.11.4和7.11.5中要求的内容。

在为内部的顾客进行检定、校准和检测或与顾客签订书面协议的情况下,可用简化的方式报告结果。但7.11.2、7.11.3、7.11.4和7.11.5条所列却未向顾客报告的信息,应能方便地从进行检定、校准和检测的实验室中获得。

7.11.2 检定证书

机构进行检定工作,必须按《计量检定印、证管理办法》的规定,出具检定证书或加盖检定合格印。当被检定的仪器已被调整或修理时,如果可获得,应保留调整或修理前后的检定记录,并报告调整或修理前后的检定结果。

7.11.3 校准证书

7.11.3.1 机构进行校准工作,应出具校准证书,并应符合相关的技术规范的规定。

7.11.3.2 校准证书应仅与量和功能性检测的结果有关,如欲作出符合某规范的说明时,应指明符合或不符合该规范的那些条款。

如符合某规范的声明中略去了测量结果和相关的不确定度时,机构应记录并保持这些结果,以备日后查阅。

作出符合性声明时,应考虑测量不确定度。

7.11.3.3 当被校准的仪器已被调整或修理时,如果可获得,应报告调整或修理前后的校准结果。

7.11.3.4 校准证书不应包含对校准时间间隔的建议,除非已与顾客达成协议。该要求可能被法规的要求所取代。

7.11.4 检测报告

机构进行商品量检测和计量器具型式评价等计量检测工作,必须按政府计量部门规定的要求出具相应检测报告。

7.11.5 意见和解释

当证书中包含意见和解释时,机构应把意见和解释的依据制订成文件。意见和解释应被清晰标注。

注:1. 检测报告中包含的意见和解释可以包括(但不限于)下列内容:

a)关于结果符合(不符合)要求声明的意见;

b)合同要求的履行;

c)如何使用结果的建议;

d)用于改进的指导。

2. 许多情况下,通过与顾客直接对话来传达意见和建议或许更加恰当,但这些对话需有文字记录。

7.11.6 从分包方获得的校准和检测结果

当校准工作被分包时,执行该工作的实验室应向分包给其工作的机构出具校准证书或校准报告。

当检测报告包含了由分包方所出具的检测结果时,这些结果应予以清晰标明。分包方应以书面或电子方式报告结果。

7.11.7 结果的电子传输

当用电话、电传、传真或其他电子或电磁方法传送检定、校准或检测结果时,应满足本规范的要求(见7.3.8)。

7.11.8 证书和报告的格式

证书和报告的格式应设计成适用于所进行的各种检定、校准或检测类型，并尽量减小产生误解或误用的可能性。检定证书的格式应按《计量检定印、证管理办法》和计量检定规程的要求设计。校准证书和检测报告的格式应按照有关的规定执行。

7.11.9 证书和报告的修改

检定证书、校准证书和检测报告在发布后要作内容的修改时，只能以追加文件或资料调换的形式进行，并应包括"对序号为……(或其他标识)的检定证书(或校准证书、检测报告)的补充文件"的声明，或其他等效的文字形式。这样的修改应符合本规范的相关要求。

如必须出具一份完整的新的检定证书、校准证书或检测报告时，应对新的证书重新给予编号，并声明本证书代替"检定证书×××号"或"校准证书×××号"，或"检测报告×××号"，原证书(报告)作废。

7.11.10 证书和报告的管理

计量检定证书、校准证书和检测报告，以及证书专用印章应有专人保管，并建立使用管理程序。

(二)理解要点

证书和报告是法定计量检定机构向顾客提供的具有法律效力的最终产品，是机构检定、校准和检测工作质量的具体体现。证书和报告的准确性和可靠性直接关系顾客的切身利益，也关系机构自身的形象和信誉。鉴于证书和报告的重要作用，《法定计量检定机构考核规范》从总则、检定证书、校准证书、检测报告、结果的电子传输、证书和报告的格式、证书和报告的修改和管理等10个方面对证书和报告提出了明确的要求。

1. 7.11.1条理解要点

机构应建立并实施证书和报告管理程序。本条对证书和报告提出了2条基本要求：

(1)机构对每一项检定、校准和检测的结果都应按检定规程、校准规范和检测大纲的要求进行准确、清晰和客观的报告。要建立证书和报告的唯一标识系统。

(2)结果以检定证书、校准证书和检测报告的形式报告，报告的信息应该全面。虽然在为机构内部使用或与顾客签订书面合同的情况下，结果可按简化的方式报告，但是按规定应提供的全部信息必须在实验室随时可以获得。

2. 7.11.2条理解要点

机构进行检定工作必须按《计量检定印、证管理办法》的规定出具检定证书或加盖检定合格印。如被检仪器已调修，应保留调修前后的记录，并报告调修前后的结果。

3. 7.11.3条理解要点

(1)机构进行校准工作，应出具符合技术规范规定的校准证书。

(2)校准证书或校准报告中有关是否符合技术规范的声明应仅在测量不确定度对规定的公差之比率相当小时(如1:3)，才能做出。如果测量值包括测量不确定度，超出规定公差而测量值本身落在公差内，都不能证明是否符合。在证书和报告中只能给出测量结果和相应的不确定度，而不能做出任何符合性声明。

(3)在 GB/T 19001(ISO 9001)《质量管理体系　要求》标准的“7.6 监视和测量装置的控制”条款中要求:“当发现设备不符合要求时,组织应对以往测量结果的有效性进行评价和记录。”在标准 GB/T 19022(ISO 10012)《测量管理体系测量过程和测量设备的要求》的“8.3.3 不合格测量设备”条款中要求:“如果在调整或修理前计量验证的结果已表明测量设备不满足计量要求,危及测量结果的正确性,设备的使用者应确定潜在的后果,并采取必要的措施。这可能包括对用该不合格测量设备测量过的产品进行重新检查。”为了确保上述两个要求的顺利实施,机构在为顾客检定或校准测量设备的过程中,当被检定或校准的设备已被调整或修理,如果可获得,应保留调整或修理前后的检定或校准记录,并报告调整或修理前后的检定或校准结果。

(4)校准证书不应包含对校准时间间隔的建议;如已与顾客达成协议,可以建议校准时间间隔。

4. 7.11.4 条理解要点

机构进行商品量检测和计量器具型式评价等工作,必须按计量法规的要求出具检测报告。

5. 7.11.5 条理解要点

当在校准证书、校准报告或检测报告中包括了意见和解释时,机构必须表明其具有规定的文件,意见和解释是根据文件做出的。意见和解释可以包括以下内容(但不限于):

(1)关于结果符合(或不符合)要求的声明意见;

(2)合同要求的履行;

(3)如何使用结果的建议;

(4)用于改进的指导。

在许多情况下,通过与顾客直接对话来传达“意见和解释”或许更为恰当,但是这些对话需要有文字记录。

6. 7.11.6 条理解要点

当检测报告包含了由分包方所出具的检测结果时,这些结果应予以清晰标明(明显地区分开),以免混淆。分包方应以书面或电子方式报告分包结果。

当校准工作被分包时,则进行分包校准工作的实验室应当向合同(发包)机构出具校准证书。这点与检测的分包结果报告的形式有重要的区别。发包机构出具的校准证书上不允许出现分包方的校准结果。

7. 7.11.7 条理解要点

本条明确规定当检定、校准和检测的结果用电话、电传、传真或其他电子或电磁方法进行传输时,同样必须满足相关规范的要求,以确保传输的结果的准确、可靠并符合相关的规定。

8. 7.11.8 条理解要点

本条对检定证书、校准证书和检测报告的格式做出了明确的规定,证书和报告的格式的信息量要充足,必须符合《计量检定印、证管理办法》、计量检定规程等相关的技术规范所规定的要求。

9. 7.11.9 条理解要点

本条对证书和报告的修改做出了明确的规定。修改已经发出的证书或报告,必须出具一份完整的新的证书或报告,应对新的证书或报告重新编号,并声明该证书或报告代替“检定证书×××号”或“检测报告×××号”,原证书或报告作废。

10. 7.11.10 条理解要点

机构应制定检定证书、校准证书和检测报告以及证书专用章的管理程序,并指定专人负责保管,以确保证书、报告和专用印章得到有效控制。

(三)考核要点

1. 7.11.1 条考核要点

本条是重点考核项。

机构是否制定并贯彻实施了证书和报告管理程序。证书和报告是否准确、清晰和客观,信息量是否充足,是否符合计量检定规程、校准规范和检测方法的要求,是否建立了证书和报告的唯一标识系统。在内部顾客、外部顾客同意的情况下出具的证书和报告的内容可以简化,但本条规定的全部信息应能从实验室方便获得。

2. 7.11.2 条考核要点

本条是重点考核项。

检定证书是否符合技术法规的要求,已调修的仪器的检定证书是否包含了调修前后的检定结果。检查检定证书,核查其标识的唯一性、格式的规范性、内容的完整性及报告结果的准确性、清晰性和客观性。

3. 7.11.3 条考核要点

(1)校准证书是否符合校准规范等技术规范的规定。

(2)做出符合某规范的说明的校准证书是否指明了符合或不符合的条款。

(3)出具的已被调修仪器的校准证书中是否包含调修前后的校准结果。

(4)出具的含有建议校准时间间隔的校准证书,是否已与顾客达成了协议。

(5)检查校准证书,核查其标识的唯一性、格式的规范性、内容的完整性及报告结果的准确性、清晰性和客观性。

4. 7.11.4 条考核要点

本条是重点考核项。

检测报告是否符合商品量检验规则和计量器具型式评价大纲等技术文件的要求。检查检测报告,核查其标识的唯一性、格式的规范性、内容的完整性及报告结果的准确性、清晰性和客观性。

5. 7.11.5 条考核要点

机构是否把证书和报告中的清晰标注的意见和解释的依据制定成了文件。意见和解释是否至少包括了本条列举的 4 条内容。检查含有意见和解释的证书和报告,核查其是否符合要求。

6. 7.11.6 条考核要点

承担分包任务的实验室是否向发包方出具了校准证书。发包方出具的校准证书上是否出现了承担分包任务的实验室的校准结果。检测报告中是否清晰标明了承担分包任务的实验室的检测结果。检查校准证书和检测报告，核查其是否符合要求。

7. 7.11.7 条考核要点

电子传输结果报告的，是否做到了安全、保密等，是否符合《法定计量检定机构考核规范》的要求。检查电子传输结果报告的记录，核查其是否符合要求。

8. 7.11.8 条考核要点

本条是重点考核项。

证书和报告的格式是否符合《计量检定印、证管理办法》和计量检定规程等技术法规的要求，格式的内容是否齐全、充足。检查证书和报告，核查其格式是否符合要求。

9. 7.11.9 条考核要点

本条是重点考核项。

证书和报告的修改是否以追加文件或资料调换的形式进行；出具的新的证书或报告，是否重新给予了编号，并声明原证书或报告作废。检查已修改的证书和报告，核查其是否符合要求。

10. 7.11.10 条考核要点

检查机构是否建立了证书、报告和证书专用印章管理程序。核查文件，检查证书和报告，考核程序实施的适宜性、符合性、规范性和有效性。

第五节　管理体系改进

一、总则

（一）规范条文

8.1　总则

机构应通过实施质量方针和目标，应用审核结果、来自顾客的信息、数据分析、纠正措施和预防措施以及管理评审来持续改进管理体系的有效性。

（二）理解要点

（1）“持续改进”是质量管理原则的核心。由于机构是以满足顾客和法律法规的要求为主要关注焦点，而顾客和法律法规的要求是不断变化的，所以要提高顾客满意的程度，符合法律法规的要求，就必须开展持续改进的活动。

（2）持续改进管理体系的有效性，要求机构不断寻求对管理体系过程进行改进的机会，以实现管理体系所设定的质量方针和总体目标。改进措施可以是日常渐进的改进活动，也可以是重大的战略性改进活动。机构在管理体系的建立和运行过程中应关注日常渐进的改进活动。

（3）为了促进管理体系有效性的持续改进，机构应考虑以下活动：

①通过质量方针和总体目标的建立，营造一个激励改进的氛围并开展相关活动；

②利用外部审核的结果不断发现管理体系的薄弱环节；

③通过内部审核不断纠正管理体系中存在的问题；

④通过数据分析找出顾客的不满意，检定、校准和检测未满足要求，过程不稳定等诸

多事项；

⑤通过比对和能力验证发现管理体系中存在的问题；

⑥利用纠正措施尤其是预防措施，避免不合格的发生或再发生；

⑦通过在管理评审活动中对管理体系的适宜性、充分性和有效性的全部评价对管理体系有效性实施持续改进。

（三）考核要点

机构是否采取了至少是本条规定的措施对管理体系的有效性进行了持续改进。检查持续改进记录，核查持续改进的适宜性、充分性和有效性。

本条是对持续改进的总体要求，要结合5.3.2、5.6、7.9.2、7.9.3、8.3、8.4、8.5和8.6等条款进行综合评价。

二、不合格工作的控制

（一）规范条文

8.2 不合格工作的控制

8.2.1 机构应具有当检定、校准和检测工作或工作结果不符合管理体系的要求或顾客同意的要求时应执行的政策和程序。该政策和程序应保证：

a）确定对不合格工作进行管理的责任和权限，规定当不合格工作被确定时所采取的措施（包括必要时暂停工作，扣发检定证书、校准证书和检测报告）；

b）对不合格工作的严重性进行评价；

c）立即进行纠正，同时对不合格工作的可接受性做出决定；

d）必要时，通知顾客并取消工作；

e）确定批准恢复工作的职责。

8.2.2 当评价表明不合格工作可能再度发生，或对机构的运作、对其政策和程序的符合性产生怀疑时，应立即执行8.5中规定的纠正措施程序。

注：对管理体系或检定、校准或检测活动的不合格工作或问题的鉴别，可能在管理体系和技术运作的各个环节进行，例如顾客投诉，质量控制，仪器校准，消耗材料的核查，对员工的考察或监督，检定证书、校准证书和检测报告的核查，管理评审，内部审核和外部考核。

（二）理解要点

不合格是指未满足要求。不合格工作包括检定、校准和检测工作的过程不符合规定的程序、检定规程、校准规范和检测方法的要求，以及检定、校准和检测的结果不符合上述规程、规范、方法和顾客的要求。

1. 8.2.1 条理解要点

机构应制定对不合格工作进行控制的程序，程序应明确规定以下内容：

（1）识别不合格：以通过管理体系中各过程输出的各种信息来实现。信息来源可以有顾客投诉，质量控制，测量设备的检定或校准，易耗材料的验收检查，不合格报告，对检定、校准和检测结果的监督，检定证书、校准证书和检测报告的审查，管理评审输出，内部审核报告等；明确对不合格工作实施管理的部门和人员以及他们的责任和权限；规定当发现不合格工作时应采取的措施,措施可以包括对不合格工作或结果的标识、记录、隔离、评审和处置等活动。

(2)对不合格工作的严重性进行评估。

(3)立刻采取补救措施,同时决定不合格工作的可接受程度。

(4)必要时,收回已发给顾客的不合格工作的结果,如已经发放给顾客的不合格的检定证书、校准证书或检测报告。

(5)批准恢复工作的部门和职责,批准恢复工作的程序和要求。

2. 8.2.2 条理解要点

如在对不合格工作的评审中发现此不合格可能重复出现,或者怀疑机构的运作不符合其自身的方针和程序,机构应按照 8.5 纠正措施条款规定的程序要求找出问题产生的原因,并采取措施消除产生问题的根源。

(三)考核要点

1. 8.2.1 条考核要点

机构是否制定了程序文件对不合格工作实施有效的控制。该政策和程序是否能保证满足本条列举的 5 条要求。检查记录,核查程序实施的有效性。

机构对发现的不合格工作是否立即进行了纠正,必要时是否采取了纠正措施。

2. 8.2.2 条考核要点

如果发现不合格工作可能再度发生,或怀疑机构的运作对其政策和程序的符合性,机构是否立即执行了纠正措施程序。检查记录,核查纠正措施实施的符合性和有效性。

三、顾客满意和投诉

(一)规范条文

8.3　顾客满意和投诉

8.3.1　作为对管理体系业绩的一种测量,机构应对顾客是否已满足其要求的感受的信息进行监视,并确定获取和利用这种信息的方法。应使用和分析这些信息并应用于改进管理体系,检定、校准和检测活动及对顾客的服务。

注:顾客反馈意见的类型例如:顾客满意度调查或与顾客一起评价检定、校准或检测报告。

8.3.2　机构应有政策和程序处理来自顾客或其他方面的投诉。应保存所有投诉的记录,以及机构针对投诉所展开的调查和纠正措施的记录(见 8.5 条)。

(二)理解要点

1. 8.3.1 条理解要点

(1)追求顾客满意是机构建立和实施管理体系的目标。作为对管理体系业绩的一种测量,机构应对顾客满意信息进行监视,从而识别机构的改进机会。将顾客满意作为对管理体系的一种评价方法,也是“以顾客为关注焦点”的具体体现。

需要说明的是没有顾客抱怨、投诉不等于 100% 的顾客满意,即使规定的要求符合顾客的愿望并得到满足,也不能确保顾客很满意。

(2)机构应建立正式的收集和处理顾客对机构是否满足其要求的感受的有关信息的渠道,这种渠道是明确的、正式的。机构应明确收集的渠道、方法和频次。

对信息的收集可采取多种方式,如:问卷调查、随同服务提供的顾客意见表、走访顾客、接待投诉、接待来电来访、委托中介组织做顾客满意度调查、听取行政管理部门对顾客意见的反馈等。

收集的信息应准确、真实、客观、全面、有代表性。

(3)监视的结果应按规定的接口传递,适时进行数据分析,确定顾客满意程度的趋势,找出差距和不足以及目前存在的主要问题,利用监视顾客感受的有关信息制定纠正措施和预防措施,寻求改进机会。机构应确定利用顾客满意信息的方法,如进行统计分析,确定利用这些信息的频次、方法和职责。

2. 8.3.2 条理解要点

制定处理来自顾客或其他方面的投诉的程序文件,并明确处理投诉的部门。

按程序规定的要求处理每一件投诉,并保存所有投诉处理的记录,以及有关投诉的调查和改进的记录。

(三)考核要点

1. 8.3.1 条考核要点

机构是否制定了投诉处理程序,是否明确了监视顾客满意度信息和处理顾客投诉的部门;是否制定了顾客满意度的信息收集、分析和应用的方法,是否按规定的程序执行了。

2. 8.3.2 条考核要点

机构是否制定了投诉处理程序,并认真贯彻实施了。检查投诉处理、调查和纠正记录,听取顾客的反映,考核投诉处理的充分性、符合性和有效性。

四、内部审核

(一)规范条文

8.4 内部审核

8.4.1 机构应根据预先制定的日程表和程序定期对其活动进行内部审核,以验证其运行持续符合管理体系和本规范的要求。内部审核计划应涉及管理体系的全部要素,包括检定、校准和检测活动。质量负责人应按照日程表的要求和管理层的需要策划和组织内部审核。审核应由经过培训和具备资格的人员执行,只要资源允许,审核人员应独立于被审核的活动。

注:内部审核的间隔通常为一年。

8.4.2 当审核中发现的问题导致对运作的有效性,或对机构检定、校准和(或)检测结果的正确性或有效性产生怀疑时,机构应及时采取纠正措施。如果调查表明机构给出的结果可能已受影响,应书面通知顾客。

8.4.3 应记录审核活动的领域、审核发现的情况和因此而采取的纠正措施。

8.4.4 应对审核活动进行跟踪,并验证和记录纠正措施的实施情况及有效性。

（二）理解要点

1. 8.4.1 条理解要点

（1）机构应制定内部审核程序。程序应包括实施审核、确保审核的独立性、记录审核结果和向机构负责人报告。对审核活动的职责和要求做出明确的规定。

（2）审核是指为获得证据并对其进行客观的评价，以确定满足“审核准则”的程度所进行的系统的、独立的并形成文件的过程。“审核准则”是指与收集的审核证据相比较的一组方针、程序或要求。内部审核的目的是验证管理体系的运行持续符合管理体系和《法定计量检定机构考核规范》的要求。审核的依据是《法定计量检定机构考核规范》，机构制定的方针和程序，与机构开展的检定、校准和检测工作有关的规程、规范、方法或标准以及机构主管部门和顾客的要求。

（3）机构应制定内部审核的计划。审核计划应规定审核的范围、频次和方法。内部审核的周期通常为一年。审核计划制定的依据是所审核的活动和区域的状况和重要程度以及以往审核的结果。审核计划应涉及管理体系的全部要素，覆盖与质量管理有关的所有职能部门以及机构所开展的检定、校准和检测的全部工作。

（4）内部审核工作应由机构质量负责人组织，由经过培训、有资格的人员进行。审核人员应独立于被审核的活动。除非机构受人员条件的限制，并能证明审核是客观、公正、有效的，否则审核人员不能审核自己的活动。

2. 8.4.2 条理解要点

当审核发现检定、校准或检测工作中操作的有效性可能有问题，或者检定、校准或检测结果的正确性和有效性可能有问题时，机构应及时采取纠正措施。纠正措施的要求见 8.5 条。如审核发现机构给出的结果有问题，应及时以书面方式通报顾客。

3. 8.4.3 条理解要点

应适时记录内部审核的领域、审核发现问题和纠正措施。

4. 8.4.4 条理解要点

审核人员应跟踪全部内部审核活动，验证并记录纠正措施的实施情况，并提供验证结果的报告。

（三）考核要点

1. 8.4.1 条考核要点

机构是否制定了内部审核程序，该程序是否符合机构实际，是否编制了内部审核计划，并严格按计划和程序的要求实施，实施结果是否有记录。内审人员是否经过培训、具备资格和独立于被审核的活动。核查文件，检查记录，考核程序实施的适宜性、符合性、充分性、规范性和有效性。

2. 8.4.2 条考核要点

审核发现的问题是否及时采取了纠正措施，必要时是否及时书面通知了顾客，是否对纠正措施的实施结果进行了验证。检查记录。

3. 8.4.3 条考核要点

对内部审核活动的领域、内审中发现的问题及对其采取的纠正措施是否适时进行了详细的记录。检查内审记录，考核其真实性、全面性和充分性。

4. 8.4.4 条考核要点

内审人员是否跟踪了全部审核活动,是否记录并验证了纠正措施,是否提供了验证报告。检查记录,考核纠正措施的符合性和有效性。

五、纠正措施

(一)规范条文

8.5 纠正措施

8.5.1 机构应采取措施,以消除不合格的原因,防止不合格的再发生。纠正措施应与所遇到不合格的影响程度相适应。

应编制形成文件的程序,规定以下方面的要求:

a)评审不合格(包括顾客投诉);

b)确定不合格原因;

c)评价确保不合格不再发生的措施的需求;

d)确定和实施所需的措施;

e)记录所采取措施的结果;

f)评审所采取的纠正措施。

注:1. 管理体系或技术运作中的问题可以通过各种活动来进行识别,例如不合格工作的控制、内部审核或外部考核、管理评审、顾客的反馈或员工的观察。

2. 原因分析是纠正措施程序中最关键,有时也是最困难的部分。根本原因通常并不明显,因此需要仔细分析产生问题的所有潜在原因。潜在原因可包括:顾客的要求、样品、样品规格、方法和程序、员工的技能和培训、消耗品、设备及其校准。

8.5.2 当对不合格或偏离的鉴别导致对机构符合其政策和程序,或符合本规范产生怀疑时,机构应尽快依据 8.4 的规定对相关活动区域进行附加审核。

注:附加审核常在纠正措施实施后进行,以确定纠正措施的有效性。仅在证实了问题严重或对业务有危害时,才有必要进行附加审核。

(二)理解要点

1. 8.5.1 条理解要点

纠正措施是指“为消除已发现的不合格或其他不期望情况的原因所采取的措施”。纠正是指“为消除已发现的不合格所采取的措施”。

纠正和纠正措施是有区别的。纠正措施是针对已发现的不合格原因采取的措施,采取纠正措施的目的是为了防止不合格的再发生。而纠正只是针对已发现的不合格所采取的措施,纠正可涉及重新检定、校准或检测,或向顾客通报并追回已经发出的检定证书、校准证书或检测报告等。

纠正可以与纠正措施一同采取,也可以分开采取。

出现了不合格后,机构必须注重分析不合格产生的原因,采取纠正措施,防止不合格再次发生。纠正措施应经济、适用和有效。机构应建立并保持纠正措施形成文件的程序。程序应规定:

(1)评审不合格(包括顾客投诉)。

(2)确定不合格的原因。可采用统计技术或试验等方法分析不合格产生的主要原因。起因分析是关键,并且有时是纠正措施程序中最难的部分。通常起因并不是显而易见的,因此需要对问题的潜在起因进行仔细的分析。潜在起因可能包括顾客的要求、被检的物品、被检物品的规格、方法和程序、人员的技能和培训、易耗材料或设备的检定、校准。

(3)评价纠正措施的需求。

(4)确定合适的纠正措施并加以实施。机构采取纠正措施时应考虑效率及有效性。由纠正措施导致的对操作程序的任何必要的更改,应制定成文件并加以实施。

(5)记录结果,包括不合格产生的原因、纠正措施的内容以及采取纠正措施的完成情况。

(6)对纠正措施进行评审。实施纠正措施后,机构应明确部门或人员对纠正措施实施的结果进行评审,以保证纠正措施对克服已发现的问题是有效的。

2. 8.5.2 条理解要点

当在某活动区域发现不合格或偏离,并由此引起对机构是否符合其自身的方针、政策和程序,或是否符合《法定计量检定机构考核规范》产生怀疑时,机构应立即依据8.4条的规定对相关活动区域实施计划外的附加审核。

附加审核通常是在实施纠正措施后确认其有效性。只有当所发现的问题严重或有较大的风险时才有必要进行这种附加审核。

(三)考核要点

1. 8.5.1 条考核要点

机构是否制定了纠正措施程序,该程序是否规定了本条列举的6条要求。对所发生的不合格是否采取了必要的纠正措施,以消除不合格的原因,防止不合格的再发生。核查文件,检查记录,核查记录的完整性、充分性,考核纠正措施的符合性和有效性。

2. 8.5.2 条考核要点

机构是否按本条要求实施了附加审核。检查记录,核查附加审核的区域、发现的问题和采取的纠正措施的符合性和有效性。

六、预防措施

(一)规范条文

8.6 预防措施

机构应确定措施,以消除潜在不合格的原因,防止不合格的发生。预防措施应与潜在的问题的影响程度相适应。

应编制形成文件的程序,以规定以下方面的要求:

a)确定潜在不合格及其原因;

b)评价防止不合格发生的措施的需求;

c)确定和实施所需的措施;

d)记录所采取措施的结果;

e)评审所采取的预防措施。

(二)理解要点

(1)预防措施是指为消除潜在不合格或其他潜在不期望情况的原因所采取的措施。采取预防措施是为了防止不合格的发生,也是对机构的检定、校准和检测以及管理体系实施改进的极好机会。

(2)预防措施是活动前的过程,目的是为发现改进的机会,而不是对问题或符合性识别的反应。预防措施可以包含数据的分析(包括趋势分析)、能力测试的分析和风险分析。

(3)机构应制定形成文件的预防措施程序,程序应包括以下内容:

①识别潜在的不合格及其原因。潜在不合格的识别应从技术和质量管理两个方面着手。潜在不合格的信息除了在8.1条的理解要点中所提到的之外,还包括机构主管部门和顾客的需求和期望,对检定、校准和检测市场的分析,操作条件(包括仪器设备、环境条件等)失控的早期预报。

分析潜在不合格原因时采用的方法有风险分析、趋势分析、质量控制图、测量程序控制等。

②评价防止不合格发生的预防措施的需求。

③确定并实施所需的预防措施。策划预防措施时,要根据潜在问题的影响程度考虑优先顺序,策划工作必须有有关部门的代表共同参与;对预防措施实施的情况进行监督,以确保预防措施实施结果的有效性。

④记录结果,包括原因、内容以及采取预防措施的结果。

⑤评审有效性,评价预防措施的完成情况及其结果达到预期要求的程度。

(三)考核要点

(1)机构是否制定了预防措施的程序文件,程序内容是否包括本条列举的5条要求,是否有效实施了。核查文件,考核程序实施的有效性。

(2)机构是否通过各种信息及时分析、识别发现了潜在的不合格,是否采取了预防措施,实施结果是否有记录。

(3)检查记录,核查记录的充分性和完整性,考核预防措施的适宜性、合理性及其实施的充分性、符合性和有效性。

第四章　法定计量检定机构考核的实施

第一节　考核程序

考核规范中对考核程序作出了明确规定，考核程序包括考核申请、考核准备、考核实施、考核报告、纠正措施的验证和考核结果的评定六个环节。六个环节缺一不可，构成了一个完整的考核过程。其流程图见图4-1。

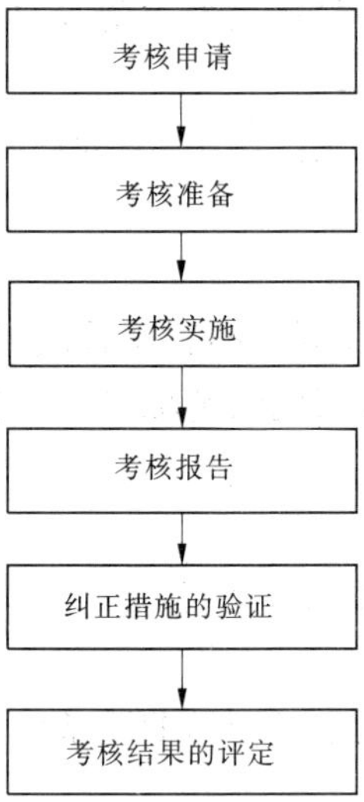

图4-1　考核程序流程图

一、考核申请

（一）申请的条件

为了适应市场经济的需要和与国际接轨，近年来政府加强了法定计量检定机构的管理，规定只有取得计量授权证书的机构才有资格承担政府下达的执法任务和为社会提供检定、校准和检测服务。因此，对各级法定计量检定机构的考核是强制性的。各级法定计量检定机构必须认真贯彻本规范的要求。这些要求主要体现在考核规范JJF 1069—2007的第4～8章。法定计量检定机构必须首先按这些要求建立管理体系，并有效运行了一段时间，对所开展的项目在实验室条件、计量标准考核、设备、人员、所依据检定规程或其他确认的方法文件等方面已满足要求，这时方可提出考核申请。法定计量检定机构向哪一级政府计量行政部门申请，按《法定计量检定机构监督管理办法》执行。

（二）申请的实施

机构的考核申请包括申请给予机构授权的意向和申请授权的具体项目两个方面。因此，提交的申请资料也包括申请机构的法律地位、管理体系和检定（校准或检测）项目这两方面内容。具体包括考核申请书、考核项目表、考核规范要求与管理体系文件对照检查表等。

1. 申请书的填报

法定计量检定机构考核申请书包括封面、基本情况、承担法定任务和开展业务范围、提供文件目录。封面上申请机构名称、申请机构负责人、申请日期由申请单位填写，其中，申请单位要盖公章，申请单位负责人要签字。受理单位名称、受理日期、经办人由受理单位填写，受理经办人要签字。

“基本情况”由申请单位填写，所有栏目应如实填写，栏目内容没有的填“无”，不要空白。其中“授权部门名称及授权证书号”指国家法定计量检定机构以外的由政府计量行政部门授权的法定计量检定机构的授权部门和授权证书号。基本情况的所有内容都是申请考核机构的内部情况，其中“工作量”一栏应填写申请日期之前一年的工作量情况。应将年份、全年工作数量填在相应栏目内。

“承担（或申请承担）法定任务”对政府依法设置的国家法定计量检定机构而言，是指由计量法规定，而机构本身又有能力承担的各项任务，如强制检定、非强制检定、仲裁检定、计量器具新产品或进口计量器具型式评价等。对政府计量行政部门授权的法定计量检定机构而言，也是承担上述任务，只是仅限于授权项目范围之内。开展（或申请开展）业务范围是指校准服务或其他中介服务。随申请书提交的文件及文件份数列在申请书第3页中，申请考核机构应按要求提供机构依法设置的文件副本1份，机构法人代表任命文件副本1份，授权的法定计量检定机构的授权证书副本1份（国家法定计量检定机构不适用），考核项目表B1——检定项目、考核项目表B2——校准项目、考核项目表B3——商品量检测项目、考核项目表B4——型式评价项目、考核规范要求与管理体系文件对照检查表、证书报告签发人员一览表（表D1）、证书报告签发人员考核记录（表D2）、质量手册、程序文件目录和已参加的实验室之间比对和（或）能力验证活动目录及结果等各1份。

2. 考核项目表的填报

这份表格的内容，一部分由申请考核单位填写，一部分由考评员填写。其中考核项目表B1——检定项目、考核项目表B2——校准项目、考核项目表B3——商品量检测项目和考核项目表B4——型式评价项目的下半部，即“考核记录”以下部分由考评员填写，“考核记录”以上部分由申请考核单位填写。有关考核项目的情况，申请考核单位应按实际认真填写，没有内容的填“无”，不应空白。

3. 考核规范要求与管理体系文件对照检查表的填报

该表是对申请考核机构管理体系考核的调查表和记录表，既要调查考核规范的要求是否都在申请机构的管理体系文件中有所反映，又要检查每一项要求在体系运行中执行得怎么样。申请考核单位应对照考核规范每一条，将与之对应的本机构管理体系文件的名称、文件号和条款号填写在该表的第二栏“管理体系文件、文件编号、条款号”中。第三栏“考核记录”由考评员填写。该表第一栏的考核规范条款号中，有些是带“ * ”号的，这些条款特别重要，申请机构应给予充分的重视，考评员考核时也要给予重点检查。

4. 证书报告签发人员考核表的填报

证书报告签发人员一览表（表D1）与证书报告签发人员考核记录（表D2）应该相互对应。证书报告签发人员一览表（表D1）由申请考核的机构填写，证书报告签发人员考核记录（表D2）中签发人员基本情况部分由证书报告签发人员填写，考核情况记录部分由考评员填写。填写签发领域时应将检定、校准与检测领域分开描述；签发检定、校准证书的领域应按专业领域描述；签发检测报告的领域应按计量器具类别或商品量类别描述。

二、考核准备

（一）文件初审

1. 确定初审人员

负责组织考核的政府计量行政部门在受理了法定计量检定机构的考核申请后，应指派考评员对申请文件进行初审。考评员的资格问题在国家质量监督检验检疫总局发布的

《法定计量检定机构监督管理办法》和《法定计量检定机构考评员管理规范》中作了规定。按照规定的要求，考评员由经过培训的，有较丰富的计量管理和计量技术工作经验的，经有关部门考核批准的人员担任。考评员应熟悉本考核规范，依据本规范的要求对申请考核机构提供的文件资料进行审核。

2. 初审方法

首先应对照考核申请书的第3条要求，检查所提供的文件是否齐全。然后检查考核申请书的内容是否清楚地反映了机构的有关情况，检查考核项目表B1～B4是否填写完整，表中除"型号规格"和"检定（校准）周期"有可能没有内容以外，其他栏目都应填写相应的内容。

考评员在审核时如发现提供的文件不齐，该提供的没有提供，或提供的文件中信息不全，该填写的没有填写，或者经审核认为有必要补充进一步的文件或资料，这时考评员应将此情况报告组织考核的政府计量行政部门，由组织考核部门通知申请机构补充完整。考评员要特别注意的是，对于校准项目、型式评价项目所依据的文件名称编号如果不是在国内公开发行并经批准的检定规程、校准规范、国家或行业标准的，应要求申请机构提供文件全文，例如申请机构内部人员编写的校准方法文件，某外国机构的标准文件等。

考评员还要对申请机构的管理体系文件进行评审，根据申请机构提供的考核规范要求与管理体系文件对照检查表，逐条查对考核规范的要求是否已在申请机构的管理体系文件中有所体现。

3. 初审结果的处理

如果在初审中发现申请机构存在不符合考核规范的问题，而这些问题是比较容易改正的，属于有可能在近期改正的缺陷。考评员应明确指出，并向组织考核部门报告。由组织考核部门通知申请考核机构整改，并要求申请机构将已完成的整改报告交回组织考核部门，再由考评员对整改报告给予审核。

如果在初审中发现的问题是严重的，说明申请机构的管理体系有严重缺陷，且不可能在近期内纠正，因此与考核规范的要求还有较大差距。考评员应向组织考核部门报告。由组织考核部门向申请机构指出，并通知其暂不安排考核，需待申请机构将问题解决后重新申请。

（二）组织考核组

1. 成立考核组

经过考评员对申请考核单位报来的文件资料进行初审，该提供的文件都提供了，文件内容清晰，要求提供的信息都具备了，经审核管理体系文件基本符合考核规范，如果有需要改正的小问题已经改正，如果需要补充一些文件已经补充，这就说明申请考核机构已经具备了现场考核条件。此时组织考核部门应立即着手成立考核组，同时就安排现场考核的时间与申请机构进行协商。考核组的组成要根据考核机构的规模大小、项目多少来决定，最少不低于2人。考核组成员都应是具有考评员资格的人员。考核组组长由组织考核部门聘任。考核组成员要兼顾硬件考核和软件考核。硬件考核人员应是申请考核项目的专家或熟悉考核项目的专业技术人员。

2. 确定考核日期

考核时间视考核项目的数量和复杂程度合理安排。考核时间不宜过长，以免过多影响申请机构的日常业务工作。

3. 名单和日期的确认

确定了考核组人员和现场考核日期后，由组织考核部门以文件形式将考核组名单、组长人选、现场考核日期正式通知申请考核机构，并就考核组成员和现场考核日期征求申请考核机构意见。被考核单位可以就上述两个问题向组织考核部门表示同意或提出要求改变的意见并说明理由。如果经双方协商对考核组组成或时间安排有所改变的话，将由组织考核部门按最后确认的意见重新发一份文件给申请考核机构。

（三）制定考核计划

1. 计划内容

现场考核计划由考核组组长负责制定。现场考核计划的内容包括：

（1）现场考核的目的和范围。现场考核的目的就是通过实际观察和取证确认申请考核机构的管理体系是否有效运行，是否满足考核规范要求，其申请考核的项目是否具备了相应的能力和水平。考核范围是指要考核哪些实验室、哪方面业务等。

（2）列出与考核目的和范围有重大直接责任的人员名单。这些人一般包括申请机构的主要负责人、技术负责人、质量负责人、考核项目的负责人等，他们都是考核的重点对象。

（3）考核依据的文件，如本考核规范、申请机构的管理体系文件、考核项目依据的技术文件等。

（4）考核组成员的分工，考核的程序和方法。考核组一般分软件组和硬件组。硬件组又按考评员的专业特长分工负责有关的考核项目。规定出考核的程序和方法，如查阅文件记录、现场参观、现场操作、现场提问、召开座谈会等。

（5）考核期间的作息时间和主要考核活动日程表。

（6）与申请机构领导人举行首次会议、末次会议及其他会议的日程安排。

（7）保守机密的要求。对考核组成员提出为申请机构保守秘密的纪律要求。

2. 计划审批

由考核组组长制定的现场考核计划应形成文件后提交组织考核部门审批，经批准后方可实施。经批准的考核计划由组织考核部门负责分发给申请考核机构和考核组成员。申请考核机构在收到考核计划后如对计划有异议，应立即与考核组组长联系，双方进行沟通、说明、解释，务必在考核开始前解决矛盾，统一认识。如果确实需要对原计划进行修改，则修改后的计划要重新报组织考核部门审批，经批准后按新的计划实施。

（四）现场考核准备工作

1. 文件准备

考核组组长负责准备现场考核所用的工作文件。这些文件除考核依据的本考核规范、申请机构管理体系文件及考核项目技术文件外，还包括软件组、硬件组的考核记录。软件组的考核记录就是申请机构提交的“考核规范要求与管理体系文件对照检查表”。考评员将逐条考核管理体系文件是否符合考核规范要求，执行情况及效果，并如实做好考核记录。硬件组的考核记录就是申请考核机构提交的“考核项目表 B1 ~ B4”。考评员需将每个项目的技术文件是否有效、量值溯源、设备管理、人员能力、环境条件、原始记录、证书报告等考核结果如实填写在这些项目表的考核记录栏内。同时还要准备好用于登记软件组、硬件组考核中收集的证明材料的“软件(硬件)组考核证明材料登记表”。

2. 样品准备

硬件组考评员要负责确定现场试验操作项目,准备用于现场试验的被测样品。确定为现场试验操作考核的项目应不少于申请考核项目总数的 1/3。在选择现场试验操作项目时,应选择那些较有代表性和技术比较复杂的项目。现场试验操作考核可以采用由考核组提供被测样品和在被考核机构现场抽取样品两种方式。由考核组提供的被测样品应由硬件组考评员事先准备好,经权威机构检定或校准过,并带到考核现场,但注意在考核前权威机构的检测数据要向被考核机构保密。

三、考核实施

(一)预备会和首次会议

1. 预备会

参加现场考核的考核组全体成员应按规定要求准时到达被考核单位。在正式考核评审开始之前,考核组应召开预备会。预备会的参加人员仅限于考核组全体成员。预备会由考核组组长主持,就现场考核的准备工作进行检查和落实,明确考核计划和考核组成员分工,确认现场考核的依据文件、考核记录已准备好,检查由考核组提供的用于现场操作考核的被测样品是否准备就绪。有的被测样品需要在恒温实验室等温数小时才能开始试验的,需作出安排提前送进恒温实验室。组长和组员之间互相熟悉,就考核计划进行沟通,以便在考核过程中配合协调。

2. 首次会议

考核正式开始的第一步是召开首次会议。首次会议由考核组组长主持,参加人员包括考核组全体成员、申请考核机构负责人和其他有关人员。申请考核机构参加首次会议人员由机构自己决定,但至少应包括机构负责人、技术负责人和质量负责人,质量管理部门、业务技术管理部门和主要实验室的负责人最好也参加首次会议。

首次会议的目的和主要内容如下:

(1)考核组成员与被考核机构的负责人及有关人员见面,互相认识。会上应由考核组组长首先逐一介绍考核组成员的姓名及在考核组内的分工。然后由被考核机构负责人介绍机构到会人员的姓名及其职务。在互相认识的过程中,考核组人员应留意在考核中需要重点考核的对象,或自己分工考核范围的负责人,以便在即将实施的考核中对口联系提高工作效率。

(2)明确现场考核的目的和范围,说明依据的文件。由考核组组长阐明现场考核的目的和范围。考核的目的就是验证被考核机构的实际运作与考核规范的要求和自己的管理体系是否一致。考核的范围除了管理体系所涉及全部范围以外,对技术能力的考核就仅限于机构所申请的考核项目。依据的文件包括本规范,申请机构管理体系文件,检定、校准、检测和型式评价使用的检定规程、校准规范、国内外标准等技术文件。

(3)明确现场考核计划、考核的程序和考核的方法。考核组组长介绍考核计划,并就考核计划再次征求意见,可根据现场实际情况吸收被考核机构或考核组成员的合理化建议做少量必要的调整。但如果要做重大调整,如涉及增加或减少某些项目或要素,则要请示组织考核的政府计量行政部门,经批准后方可调整。对考核的具体程序和方法也由考核组组长进行解释和说明,同时要特别强调考核中坚持客观公正的原则,以及为被考核机构保守机密的承诺。

(4)确认考核组与被考核机构的联系方法。一般应由被考核单位指定与考核组软件组、硬件组的联系人,并向考核组提供联系人的办公地点及其联系电话(包括手机号码)。在考核期间,被考核机构应保证联系渠道的畅通。

(5)确认考核组开展工作的条件已具备。应由被考核机构负责人简要介绍准备工作情况、管理体系运作情况,说明接受考核的人员都已到位,考核项目的环境设施、仪器设备等都处于正常状态。这一点非常重要,如果被考核机构现场停电,或被考核项目的标准器送出去检定,或被考核项目的技术人员请假等,考核就无法进行。对考核机构负责人的介绍如有不清楚之处,考核组可以询问,要求解释。被考核机构还应向考核组提供基本的办公条件,如办公室及办公设备等。

(6)确认考核活动及末次会议和其他中间会议的时间安排。

(7)澄清考核计划中不明确的内容。双方对考核计划或申请项目有何需要澄清的问题,都要在首次会议上提出,经讨论给予澄清,不使留下误解或不明确的东西,给以后的考核工作造成麻烦。

首次会议要简单明了,时间不超过半小时。要特别避免不必要的客套或冗长的介绍,浪费了宝贵的时间。考核组组长要精心组织好首次会议,努力创造一种既认真严格,又实事求是,真诚和谐的良好气氛,使现场考核有个好的开端。

(二)现场参观

1. 参观目的

首次会议之后,考核组全体成员在被考核机构负责人或联系人陪同下对整个机构进行一次现场参观。这是考核开始时的一个重要步骤。因为考核组成员可能是第一次到被考核单位,或者虽然来过但对机构不太熟悉,或了解不全面。而最主要的是这次现场参观是为考核的目的而参观,要通过参观了解被考核机构的实际情况。

2. 参观重点

软件组考评员在参观中要注意了解被考核机构内部组织的实际情况。有的机构在组织机构图上或质量手册中列出的机构设置,在实际中可能只是一个人,甚至一个人或几个人兼几个机构的职能等。现场参观时还可以通过观察办公室的情况和简短的对话,了解每个部门的实际运行情况。比如质量手册规定了某个部门负责管理设备档案,但实际参观时看到这个部门的办公室空空的,连档案柜都没有,可能其职责没有落实。在与部门人员对话时也能了解到他们对自己的职责是否清楚,实际做法与管理体系文件规定是否有出入。软件组考评员通过现场参观应能掌握机构实际的内部组织和业务工作实际流程的大致情况,同时记下与软件组重点考核要素直接有关的部门或人员,为下一步深入考核做好准备。

硬件组考评员主要结合自己分工的项目了解实验室的位置、设施和环境条件，观察设备的实际状态，有无标志，保养维护情况，观察实验室的管理、卫生状况，初步认识从事被考核项目的专业技术人员。

3. 注意事项

所有考评员在现场参观时应随时记录发现的问题或有疑问的地方，以及认为要重点检查的方面。但要注意现场参观时间不要拖得太长，不要就一些具体问题展开讨论，一般考评员也不提供咨询。

（三）软件组考核内容和程序

1. 考核内容

软件组主要负责本规范中的“4 组织和管理”、“5 管理体系”、“7.1 检定、校准和检测实施的策划”、“7.2 与顾客有关的过程”、“7.4 服务和供应品的采购”和“8 管理体系改进”几部分内容。软件组考核目的是确定管理体系的符合性。

2. 考核程序和方法

1）关于组织和管理的考核

（1）确认机构的法律地位。在机构的考核申请书中已附上了机构依法设置的文件和机构法人代表任命文件的副本。软件组考评员应对这些文件进行核实，机构设置文件应该是当地政府机构编制委员会的正式文件，法人代表的任命文件应该是机构主管的组织人事部门的正式文件。要核实文件的内容和当前的实际是否一致，有无变化，如有变化要提供新的法律地位证明。机构还应提供法人资格证明，如事业单位法人证书。应了解机构是否有独立的账号，实际上是否独立运作。对于各级政府依法设置的国家法定计量检定机构只需要核查编制委员会的机构设置文件、事业单位法人证书和法人代表任命文件。对于政府计量行政部门授权的法定计量检定机构除核查上述三份文件外，还应核查政府计量行政部门同意授权的文件。对于授权的法定计量检定机构如果不是独立法人，而是某个组织的一部分，则要检查其是否有独立的建制，其负责人是否有法人代表给予的委托书。

（2）考核机构承担法律责任的情况。通过查看记录和与负责人交谈了解机构在遵守法律法规和履行《计量法》赋予的职责方面的情况。例如有没有受到涉及违法行为的投诉或处理，政府计量行政部门下达给该机构的任务有哪些，像强检、仲裁检定、执法检查等，完成情况如何，是否自觉接受政府计量行政部门的监督和管理，结果如何，有无记录。必要时，应征求主管的政府计量行政部门的意见。

（3）结合机构提供的有关基本情况和现场参观得到的实际情况，了解机构在组织和管理方面的基本框架，考核其内部机构的设置是否合理，是否满足本规范要求，是否明确规定了各部门各岗位的职责，其相互关系是否统一协调，其管理上是否能保证机构工作的公正性，为客户保密，遵守职业道德等，机构是否按要求配备了管理人员、监督人员、技术负责人、质量负责人等。要用“考核规范要求与管理体系文件对照检查表”逐条检查考核要求与机构的管理体系文件是否对应，与实际情况是否符合，将考核结果记录在该对照检查表上。

2)关于管理体系的考核

对管理体系的考核,应对管理体系的每个过程检查4个基本问题:①过程是否确定(检查过程是否形成文件)?②职责是否落实(检查与过程有关的部门和人员的职责是否落实)?③过程是否按规定实施(查阅质量记录检查过程是否按规定要求实施)?④实施结果是否有效(检查过程实施的结果是否达到预期目标)?

(1)熟悉文件。对管理体系的考核是软件组的最主要的任务,也是整个现场考核的目的之一。管理体系包括了被考核单位的全部组织机构,各项工作程序,对各个工作过程以及整个业务流程的受控管理和资源的合理配置与利用,涉及所有工作和所有人员,要对其进行全面考核不是一件简单的事。承担考核任务的考评员必须对实验室管理体系的本质内容有深刻的理解,对考核规范进行了系统的学习并十分熟悉。这样才能在有限的时间里对被考核机构的管理体系作出全面客观的评价。这就要求软件组考评员在现场考核之前要仔细阅读被考核单位提交的管理体系文件和"考核规范要求与管理体系文件对照检查表",逐条核对,了解体系所涉及的全部过程,将疑点或认为需要重点调查的过程记录下来,在现场考核时一个一个地搞清楚。

(2)全面检查。考核方法主要是找与质量管理有关的人员面谈以及查看管理文件和质量记录。在与机构的质量负责人面谈时可以了解机构的管理体系是什么时间建立的,运行了多长时间,运行的情况如何,效果怎样。对事先记录的质量手册的疑点或不清楚的过程,要请质量负责人给予解释。要查看管理体系文件的全貌,了解程序文件、作业指导书、各类质量记录格式等是否齐全够用,具有可操作性,是否按规定的程序编制、修订和签发,质量记录是否真实及时。询问文件管理人员是怎样对文件进行受控管理的,查看文件发放回收登记。对各类档案和需要保存的记录进行检查,例如计量标准技术档案、人员技术档案、设备档案、试验原始记录、证书报告副本、对客户申请书、标书、合同的评审记录、分包记录、供应商档案、申诉记录等,看它们的保管条件、保管方法是否科学,检索是否方便,保存期是否符合规定。对这些档案、记录所包含的信息是否符合考核规范要求也要进行审核。还要检查工作中所使用的文件是否为现行有效文件,是否在需要的场所能方便地得到。

对于使用计算机进行业务管理、流程控制、数据采集和数据处理的机构要检查其对编制或使用计算机软件是否进行了有效的控制,是否使用经审核批准的合法软件,有无保护数据安全和合理调用的措施,查看这些文件和有关记录。

(3)跟踪调查。除此以外,为了验证管理体系实际运行情况,要采取在申请机构工作流程的某一环节上随机选取一个或多个工作对象进行跟踪调查的方法审核。例如随机抽取一份或几份试验原始记录,或证书报告副本,或已完成的被检器具,或机构内部使用的作业单、客户委托单等,跟踪调查这个对象从客户委托,对客户申请书、标书、合同的评审,样品的接收、识别、保管,到实验室检测、记录和处理数据,出具证书报告,直至将证书、样品交付客户,收取检测费用的全过程是怎样运作的,查看每一过程的有关记录,看其是否符合管理体系文件和考核规范的要求,从而证实实际操作与管理体系文件的一致性程度。

还应特别注意的是在这些考核进行时,如果发现重大的可能导致不合格的线索,即使不在"检查表"之列,也应予以记录并进行深入调查。例如,发现有的原始记录可能不真实，或者有的证书副本没有与之对应的原始记录等，一旦发现这类问题就要追查下去，找出原因，并做记录。

(4)体系改进的检查。对管理体系的考核还有一个重要的方面就是考核机构是否已经通过内部审核、管理评审，对顾客满意度的调查和抱怨的处理、对不合格工作的纠正措施以及预防措施等，来保证管理体系的持续运行和不断改进完善。首先审核管理体系文件中有无规定关于内部审核和管理评审的政策和程序，其次检查每年有没有内部审核和管理评审的计划。通过与机构负责人和质量负责人以及其他人员的交谈了解其内部审核和管理评审是怎样进行的，取得了哪些效果。同时也必须查阅审核记录、审核报告、评审报告，顾客满意度调查报告以及对发现问题的整改报告，对不合格工作的纠止措施、验证报告等。

(5)考核记录。在进行上述考核过程中要对"考核规范要求与管理体系文件对照检查表"逐条落实检查并做记录。其中对软件组重点考核的"4 组织和管理"、"5 管理体系"、"7.1 检定、校准和检测实施的策划"、"7.2 与顾客有关的过程"、"7.4 服务和供应品的采购"、"8 管理体系改进"等章节的考核记录，既要记录考核要求在管理体系文件中有无反映，是否符合，也要记录执行情况及效果。而对于硬件组重点考核的"6 资源配置和管理"、"7 检定、校准和检测的实施"(除 7.1、7.2、7.4)几章节的考核记录则要靠硬件组考核记录来补充，尤其是执行情况及效果要由硬件组提供。

(6)客观证据。软件组考评员要对管理体系所包涵的所有管理过程进行检查，收集相应的客观证据以证明其符合性或者证明其不符合或存在的缺陷，这些证据可能是试验的原始记录、某些质量活动的记录等。应将不符合的证明材料登记在"软件(硬件)组考核证明材料登记表"上。要写明每一份证明材料的名称、页数和考核意见。考核意见即指出这份材料是证明不符合考核规范哪一条的。如有需要说明的情况填在最后一栏。

(四)硬件组考核内容和程序

1. 考核内容

硬件组重点考核本规范"6 资源配置和管理"、"7 检定、校准和检测的实施"(除7.1、7.2和7.4)。硬件组的主要任务是确认被考核机构所申请授权项目的技术能力的符合性。

硬件组都是由熟悉考核项目的专家承担考核，每个专家分工考核一部分项目，对所有申请考核的项目要逐项考核，不得只抽查部分项目。现场考核之前，考核组组长应根据硬件组考评员的专业分工，将被考核单位提交的"考核项目表 B1——检定项目"、"考核项目表 B2——校准项目"、"考核项目表 B3——商品量检测项目"和"考核项目表 B4——型式评价项目"分发给各位考评员。

2. 考核方法

考核方法主要是在被考核项目实验室现场和进行试验操作过程中观察、提问，对现场试验的结果数据与已知数据进行比较分析，验证每一个考核项目是否达到了考核项目表中所表示的能力，包括测量范围、准确度等级或测量扩展不确定度的指标。

3. 检定项目的考核

考评员在考核检定项目时，对照"考核项目表 B1——检定项目"逐项检查如下内容：

(1)“考核项目表 B1——检定项目”是以计量标准项目为单位申报的。因为检定项目都是依据国家计量检定规程或部门地方检定规程,并且必须经考核批准建立了计量标准才能开展工作。一个计量标准项目可能开展一项或数项检定项目。考核时首先检查计量标准是否按 JJF 1033《计量标准考核规范》进行了考核,取得了计量标准考核证书和社会公用计量标准证书,而且两证都必须是在有效期内,有完整的技术档案资料,包括测量不确定度评定的资料。对于已经变化的情况,如设备更新、精度等级提高或降低,是否办理了变更手续。

(2)了解该项目检定人员是否足够,至少应有二人经培训考核取得该项目检定员证,对检定人员的技术能力进行考察。如果是事先确定的进行现场试验的项目,要对考核组提供的样品,或从现场抽取的样品按检定规程进行试验操作。通过观察检定人员的操作和现场提问,检查其对检定规程的理解是否正确,执行是否认真。

(3)考核试验场地和环境条件是否满足检定规程的要求,如空间大小、温度、湿度、防震、防电磁干扰、良好的接地、照明、能源等。检查实验室有无监控环境条件的仪器仪表,这些仪器仪表是否经检定合格,查看监控记录。考核实验室是否实行了有效的管理,如无关人员不得进入、仪器设备和检测对象放置合理有序、实验室卫生良好、有必要的人身健康安全和环境保护措施等。

(4)检查现场使用的检定规程、操作规程、不确定度分析评价方法和其他技术文件是否为现行有效版本,是否进行了受控管理。

(5)检查主标准器和配套设备是否与申请材料填写一致,是否符合计量检定规程和国家计量检定系统表对设备精度等级和其他技术指标的要求,是否有状态标志,是否有有效期内的检定证书或校准证书,查看其设备档案是否完整,设备维护保养是否完善。

(6)了解主标准器和配套设备是否按国家计量检定系统表溯源到国家基准,是否有周期检定计划并严格执行,是否按照程序文件的要求制定了在相邻两次周期检定之间实行期间核查的计划和核查方法并实施,查看其核查计划和核查记录。

(7)检查实验室对所有使用的标准物质的管理规定和执行情况,这些标准物质是否为有证标准物质,并能溯源到国家基准。

4. 校准项目的考核

考评员考核校准项目时,对照“考核项目表 B2——校准项目”逐项检查如下内容:

(1)检查每一个校准项目是否有相应的计量标准给予覆盖,计量标准是否按 JJF 1033《计量标准考核规范》进行了考核,取得了计量标准考核证书和社会公用计量标准证书,而且两证都必须是在有效期内,有完整的技术档案资料,包括测量不确定度评定的资料。对于已经变化的情况,如设备更新、精度等级提高或降低,是否办理了变更手续。已在检定项目考核时检查过的不必重复。

(2)对校准项目来说,其试验方法所依据的技术文件不一定是检定规程,所以要对其依据的方法文件的选择、制定及确认程序是否满足本规范要求进行审核。还应审核其方法中是否包括了按有关技术规范进行测量不确定度评定的方法。对试验方法的科学性和不确定度评定的正确性给予审核。

(3)按事先确定的计划对所选定的项目进行操作,其校准的对象可以是考核组准备的，也可以是现场抽取的。在现场操作时通过观察和现场提问了解校准人员是否具备完成该项目的能力。对于未安排现场操作的项目，也应该通过提问交谈了解其校准人员对方法的理解和技术工作经验。

(4)考核每个项目的试验设施、环境条件是否满足其方法文件规定的要求，是否对其实施了有效的监控。

(5)考核每个项目所使用的仪器设备是否满足其方法文件的要求，是否有状态标志，是否有有效期内的检定证书或校准证书，查看其设备档案是否完整，设备维护保养是否完善。

(6)检查其仪器设备的量值是否能通过一系列的检定或校准溯源到国家基准，并画出量值溯源图，是否按周期检定计划由社会公用计量标准实施了周期检定，或按校准比对计划实施校准比对，是否按照程序文件的要求制定了在相邻两次周期检定或校准之间实行期间核查的计划和方法并实施，检查这些计划和实施记录。

(7)需要使用标准物质的项目，其标准物质的使用管理是否符合质量手册的规定，是否为有证标准物质，并能溯源到国家基准。

5. 商品量检测项目的考核

考评员考核商品量检测项目时，对照“考核项目表 B3——商品量检测项目”逐项检查如下内容：

(1)对定量包装商品净含量计量检验项目来说，其检验所依据的技术文件是 JJF 1070《定量包装商品净含量计量检验规则》。应审核商品量检验参数的名称(例如质量、体积、长度、面积或者数量)、测量范围和测量不确定度评定的方法和评定的结果，检查其是否符合检验规则的要求。

(2)按事先确定的计划对所选定的项目进行操作，商品量检测的对象可以是考核组准备的，也可以是现场抽取的。在现场操作时通过观察和现场提问了解检验人员是否掌握检验方法，是否具备完成该项目的能力。对于未安排现场操作的项目，也应该通过提问交谈，抽查检验的原始记录和检验报告了解其对规则的理解和技术工作经验。

(3)考核每个项目的试验设施、环境条件是否满足文件规定的要求，是否对其实施了有效的监控。

(4)考核每个项目所使用的仪器设备是否满足文件的要求，是否有状态标志，是否有有效期内的检定证书或校准证书，查看其设备档案是否完整，设备维护保养是否完善。

(5)检查其仪器设备的量值是否能通过一系列的检定或校准溯源到国家基准，并画出量值溯源图，是否按周期检定计划由社会公用计量标准实施了周期检定，或按校准比对计划实施校准比对，是否按照程序文件的要求制定了在相邻两次周期检定或校准之间实行期间核查的计划和方法并实施，检查这些计划和实施记录。

6. 型式评价项目的考核

考评员考核型式评价项目时，对照“考核项目表 B4——型式评价项目”逐项检查如下内容：

(1)对型式评价项目来说，检测的依据是计量技术规范、技术标准和型式评价大纲。应首先对其依据的文件的选择、制定及确认程序是否满足本规范要求进行审核，还应对检测方法的科学性和不确定度评定的正确性给予审核。

(2)检查型式评价表中所列出的检测参数是否覆盖了所依据的技术规范、技术标准和型式评价大纲所规定的全部要求,并检查所使用的仪器设备或标准物质的计量特性是否满足检测参数的要求。

(3)按事先确定的计划对所选定的项目进行操作,其检测的对象可以是考核组准备的,也可以是现场抽取的。在现场操作时通过观察和现场提问了解检测人员是否具备完成该项目的能力。对于未安排现场操作的项目,也应该通过提问交谈了解检测人员对计量技术规范、技术标准和型式评价大纲的理解和技术工作经验。

(4)考核每个项目的试验设施、环境条件是否满足技术文件规定的要求,是否对其实施了有效的监控。

(5)考核每个项目实际使用的仪器设备是否满足技术文件的要求,是否有状态标志,是否有有效期内的检定证书或校准证书,查看其设备档案是否完整,设备维护保养是否完善。

(6)检查其仪器设备的量值是否能通过一系列的检定或校准溯源到国家基准,并画出量值溯源图,是否按周期检定(校准)计划实施了周期检定(校准),是否按照程序文件的要求制定了在相邻两次周期检定(校准)之间实行期间核查的计划和方法并实施,检查这些计划和实施记录。

(7)需要使用标准物质的项目,其标准物质的使用管理是否符合质量手册的规定,是否为有证标准物质,并能溯源到国家基准。

7. 共性要求的考核

除对考核项目分别进行上述考核外,对以下内容不论是检定项目、校准项目、商品量检测项目还是型式评价项目都要进行考核,它们是:

(1)检查试验原始记录是否有固定格式,其格式是否满足检定规程或其他方法文件的要求,是否有足够的信息,是否妥善保存和管理。试验的原始记录是其证书报告的依据,也是证书报告承担法律责任时的原始凭证,因此考评员要给予重点考核,务必按本规范“7.10 原始记录和数据处理”的内容逐条检查。

(2)对证书报告的考核也是重点考核的内容。考评员应对每个项目抽查若干份证书报告,对照本规范“7.11 结果报告”按检定证书、校准证书、商品量检测报告和型式评价报告的不同要求逐条检查。

(3)对现场操作考核的项目,要将现场考核结果数据与已知数据进行比对,验证被考核项目的能力。如果比对结果十分理想,说明被考核项目符合要求。如果发现现场考核数据与已知数据有较大偏离,就要查找原因,记录暴露出来的缺陷或不合格项。

(4)考评员还应配合考核组长通过面谈了解每个项目证书报告的主管签发人,考察其对有关专业技术和试验方法的熟悉程度和对质量管理要求的理解,评价其是否能履行证书报告签发人的职责。

(5)所有现场试验操作考核的原始记录和证书或报告都作为考核证明材料登记在“软件(硬件)组考核证明材料登记表”上。除此以外其他不合格项或有缺陷项的证明材料也要予以登记。

8. 考核记录

硬件组考评员通过上述考核在每一项考核项目表的“考核记录”栏就技术文件的有效性、量值溯源、设备管理、人员能力、环境条件、原始记录、证书报告等方面给予符合或不符合要求的评价。对不符合要求的说明理由，提供证据，进行记录。在“考核结论”栏，选择合格、有缺陷或不合格，只能选择一项。有缺陷与不合格的区别在于，有缺陷的项目是已具备了基本的条件，也开始按管理体系文件的要求去做，但做的还不够或还有些偏差，存在一些短期内可以纠正的不符合要求的地方；而不合格是指基本条件还不完全具备，或实际情况与申请材料有很大出入，或存在重大质量问题的，例如：环境条件不符合要求，或设备不配套，或人员素质差不具备相应技术能力，或某些质量要素没有受到控制、管理体系文件没有执行等。

(五)证书报告签发人员的考核

考核组长应在硬件组的配合下对所有负责签发检定证书、校准证书和检测报告的人员通过面谈或查阅相关记录等方式进行考核，了解每个人员的资格、质量意识、对签发证书报告职责的理解和做法，以及专业知识，确认其是否具有所承担的签发证书报告职责的能力。具体应按《证书报告签发人员考核记录》表上规定的内容检查证书报告签发人员是否具有相应的职责和权利，对证书报告的完整性和准确性负责；是否与检定、校准和检测技术接触紧密，掌握本机构开展项目范围；是否熟悉有关检定、校准和检测的规程、规范、方法及标准；是否有能力对所签发的证书报告的结果及不确定度进行评定；是否了解有关测量设备检定或校准的规定，掌握其检定或校准状态；是否十分熟悉记录、证书报告及其核查程序。根据上述问题的检查，综合判断每一个证书报告签发人员是否符合要求，并确认签发证书报告的领域。

(六)计划调整

现场考核过程不应该是死板的形式主义的走过场。应该根据变化的情况灵活处理，以确保现场考核取得最佳效果。根据被考核机构的特点或考核过程中发现的问题，在必要时，考核组长可以在征得组织考核部门和申请考核机构的同意之后，调整考评员的工作任务和考核计划。

(七)现场考核中断

在考核过程中如果由于某种原因，例如人员不合作或设备出现重大故障等，使得考核目的不可能实现，现场考核无法进行下去时，考核组组长应及时向组织考核部门和申请考核机构报告原因，并撤出考核组。

(八)考核意见通报

1. 结果的汇总

软件组和硬件组分别完成了各自的考核任务以后，考核组应将软件组和硬件组的考核结果进行汇总，依据考核记录和收集的客观证据，对照本规范指出不合格项和有缺陷项。

2. 意见的通报

在末次会议前，考核组组长应就这些不合格项和有缺陷项与机构负责人进行复审或交换意见。这样做的目的是为了使考核结论更加准确可靠，也为了使被考核机构负责人更清楚他们存在的问题是什么。

3. 异议的处理

在交换意见中被考核机构人员可能会对考核组的结论意见提出异议。考核组组长应耐心倾听，同时应拿出充分的证据。必要时考核组人员需要和被考核机构人员一起对有争议的问题进行复审。如果经过复审发现考核组的结论不符合事实，应予以纠正。如果被考核机构拿不出充分的证据反驳考核组的结论，则仍应坚持原来的结论意见。经过这样的复审和交换意见，双方对考核结果的认识应基本达成一致，考核组指出的不合格和缺陷受到申请考核机构负责人的认可，这将有利于考核报告的编写，也有助于整改工作的进行。

(九)末次会议

1. 会议时机

经过考核意见的汇总，得出了考核组的结论，又经过与申请机构负责人交换意见，取得了被考核机构负责人的认可，现场考核的基本目的已经达到。在考核组离开申请机构起草考核报告之前，以末次会议为现场考核的结束。

2. 出席人员

末次会议仍由考核组组长主持，考核组全体人员和被考核机构有关人员参加会议。被考核机构参加末次会议人员由机构自己决定。

3. 会议内容

末次会议的主要内容就是由考核组向被考核单位人员说明考核结果，包括对管理体系与考核规范要求符合程度的评价和管理体系对确保机构质量目标的有效性的评价，对照本考核规范指出不合格项和对存在的缺陷提出整改要求。要尽量使被考核机构人员能清楚理解考核结果，必要时可由软件组考评员、硬件组考评员分别就不合格项和存在缺陷的具体表现进行说明。被考核单位对考核结论如有不清楚或不明白之处可以提出，考核组应做进一步解释。

4. 签字确认

当双方意见都解释清楚，被考核方对结论没有异议后，由考核组组长和机构负责人在每一张"考核项目表 B1 ~ B4"上签字确认，参加现场考核的考核组成员在考核报告附表上签字，至此现场考核结束。

四、考核报告

(一)报告要求

现场考核完成后，考核组组长应亲自指导编写考核报告，并且对考核报告的准确性和完整性负责。考核报告的依据是考核记录，应如实反映考核的气氛和内容。用词和表达要客观、准确、恰当。报告内容包括概况、考核结果汇总、整改要求和考核结论。

(二)填写方法

1. 概况的填写

概况是经过核实的被考核机构的基本情况。

2. 表 F1 和表 F2 的填写

考核结果汇总填在"表 F1 考核结果汇总表"上。针对考核规范的每一条款在"合格"、"有缺陷"、"不合格"、"不适用"中选择，被选项上打"√"，只能选一项。对于选择了

“有缺陷”或“不合格”的要在后面一栏说明缺陷或不合格的具体内容以及该条对应于表F2 整改要求中的序号。

由于有缺陷和不合格的项目都要进行整改，因此要在表 F2 整改要求中写出对应的考核规范条款号以及具体的整改要求。同时在表 F1“说明”一栏指出这一条在表 F2 整改要求中的的序号。整改要求的每一条又分为强制性和非强制性两类。强制性即必须按整改要求做的，非强制性是带有建议性的要求。不合格项和涉及“考核规范要求与管理体系文件对照检查表”中带＊号条款不合格或有缺陷的整改要求一般都是强制性的。对于一些较小的缺点或不完善的整改要求可以是非强制性的。

上述“表 F1 考核结果汇总表”和“表 F2 整改要求”所填写的内容，应与末次会议上考核组向被考核单位公布的不符合项、有缺陷项和整改要求一致，不应随意增加或减少。这两个表的内容也可以在与被考核单位负责人交换意见之后，末次会议之前草拟。

3. *考核结论的填写*

考核结论分为以下几项内容：

(1)总体评价。考核组应对申请考核机构的法律地位、基本条件、管理体系、技术能力是否符合本规范，给予概括评价。这些评价应反映出被考核机构的特点，符合被考核机构的实际，而不应该是千篇一律的套话。同时要指出存在不合格多少项，有缺陷多少项。在这里只要按表 F1 考核结果汇总表说明总数，不必具体指出内容。

(2)申请考核项目确认。这是对被考核单位申请考核的每一个项目的确认，确认其属于合格项目，或是需要整改项目，还是不合格项目。确认的依据就是“考核项目表B1——检定项目”、“考核项目 B2——校准项目”、“考核项目表 B3——商品量检测项目”和“考核项目表 B4——型式评价项目”中的“考核结论”。这个结论已经考评员、考核组长、机构负责人共同签字确认。这 4 个表的“考核结论”中有“缺陷”即对应这里的“需要整改项目”。每一类确认项目只填写“考核项目表 B1——检定项目”、“考核项目表B2——校准项目”、“考核项目表 B3——商品量检测项目”和“考核项目表 B4——型式评价项目”的序号。

(3)验证试验情况。能力验证试验情况最能说明机构的质量水平和技术能力，这一点越来越受到国内外实验室评审界的重视。因此，必须在考核报告中把机构参加实验室之间比对的项目、次数、结果，以及对考核组提供样品现场操作试验的结果概括给予说明。一般这些内容会比较多，可以另附较详细的清单。

(4)整改期限。对于需要整改的机构，要规定整改的期限，要视需要整改问题的性质和难易程度，决定时间的长短。由组织考核机构与被考核机构协商并征求考核组组长意见后确定。一般时间不宜太长，在 1 ~ 3 个月内。要求被考核单位在规定的日期前将整改报告，包括纠正措施，改正记录，改正后的“考核项目表 B1——检定项目”、“考核项目表B2——校准项目”、“考核项目表 B3——商品量检测项目”和“考核项目表 B4——型式评价项目”交付组织考核部门。同时也要规定考核组对整改情况的复查应在何时完成。

(5)对是否给予机构授权的建议。如果是没有不符合项和有缺陷项目的，或者除有个别被考核项目不符合外，其他方面都没有不符合项和有缺陷项目的，应选择“对合格项目给予授权”。如果是在一些基本条件上，或有多项“带＊号项目”不符合或有缺陷，以至机构无法达到对法定计量检定机构的基本要求，且不可能在短时间内完成上述整改的，则选择“由于有重要缺陷和(或)不符合项不能给予授权”。介于两者之间的情况就选择“待整改后对合格项目给予授权”。

(三)报告的上报

考核报告应由考核组长签署后，连同考核记录、证明材料和其他附件，提交组织考核部门。组织考核部门负责将考核报告，包括“表F1 考核结果汇总表”和“表F2 整改要求”的副本一份提供给申请考核机构，以便被考核机构及时进行整改。考核组和组织考核部门应妥善保管考核报告、考核记录及证明材料和所有与考核有关的资料，并负责保密。有关一个机构的考核申请书、考核记录、考核报告、纠正措施验证报告等由组织考核部门归档保存。

五、纠正措施的验证

(一)纠正措施的实施

对于存在不合格项和有缺陷项的机构，必须采取纠正措施，按考核组的整改要求进行整改。整改完成后，写出整改报告，连同证明整改要求已达到的证明材料，在考核报告规定的日期前交付组织考核部门。由组织考核部门将这些材料转给原考核组组长给予审核。

(二)纠正措施的验证

实施验证考核。如果需要整改的问题很多，不能完全从整改报告上判断整改效果如何，就需要进行现场验证考核，考核组成员可以全部参加，也可以只有部分参加。如果需要整改的问题是比较容易改正的小问题，从整改报告或证明材料上完全能判断整改要求已经满足，则不必再到现场考核。采取何种方式进行验证考核由组织考核部门征求考核组长的建议决定。考核组长要负责按事先商定的时间完成验证考核任务，并编制纠正措施验证报告。

(三)纠正措施验证报告

纠正措施验证报告的内容与考核报告相似，只是考核结果汇总表和整改要求都只涉及机构整改的内容。考核结论的总体评价是指整改工作的评价，申请项目确认是指整改项目确认。如果验证考核时仍发现有需要整改的问题，将再次提出整改要求，并规定整改完成日期和考核组完成验证考核日期。根据验证考核结果提出是否授权的建议。参加验证考核的考核组成员要在纠正措施验证报告上签名，报告仍由考核组组长签发并全面负责。

在机构整改时，凡是考核报告中的整改要求是强制性的则必须在规定时间内完成，对非强制性的则不作硬性规定。如果经两次整改仍有强制性要求没有达到，也不再提出整改要求，只把最后结果交付组织考核部门进行裁决。

六、结果评定

考核报告和纠正措施验证报告及所有考核资料都交到组织考核部门以后，由组织考核部门对这些报告资料进行评定。

（一）评定的内容

对考核结果的评定应包括以下两方面的内容。

1. 对考核工作质量的评定

（1）评定考核组考核工作的程序是否符合考核规范和考核计划的要求。

（2）评定考核的内容是否覆盖考核规范的全部要求和所申请的全部检定、校准和检测项目。

（3）评定考核组考核资料是否齐全，每项考核要求是否有客观证据予以证明。

（4）被考核单位对考核组的意见和反映。

2. 对考核结论的评定

（1）评定考核组的考核结论是否客观、公正。

（2）评定考核组提出的予以通过的检定、校准和检测项目的技术指标是否科学、准确。

（二）评定后的处置

（1）经过评定，考核组的工作质量和考核结论符合规定要求的，对其提交的考核报告予以认可；如评定发现考核组的工作质量或考核结论不符合规定要求或被考核机构对考核结论存在异议的，组织考核的政府计量行政部门应对存在的问题或异议组织调查。在问题或异议被排除或被纠正后，对考核结果再次组织评定。

（2）经现场考核和整改以后已能满足本考核规范，且申请考核项目已确认合格，将批准颁发计量授权证书和印章。授权证书必须附上"经确认的检定项目表"、"经确认的校准项目表"、"经确认的商品量检测项目表"和"经确认的型式评价项目表"。这 4 个项目表由组织考核部门根据考核结果材料整理打印，连同计量授权证书一起颁发。

经评定，确认现场考核不合格或经整改仍不合格的机构则不予授权。

（3）授权证书是法定计量检定机构经政府计量行政部门考核，符合考核规范要求的证明。证明其有资格和能力，在附表所列范围内承担《计量法》赋予的量值传递，强制检定、型式评价和商品量检测等法定任务和为社会提供检定、校准及检测服务。

第二节　证后监督与扩项考核

一、证后监督

（一）证后监督的必要性

证后监督是政府计量行政部门对法定计量检定机构考核的重要组成部分。对取得计量授权证书的法定计量检定机构，政府计量行政部门进行持续的监督，既是保证考核工作的有效性和授权证书的可信性的重要措施，也是保证所有被授权的机构一直保持满足考核规范要求，并促进法定计量检定机构管理体系不断改进和计量检定、校准和检测水平不断提高的重要的外部条件。

（二）证后监督的实施

（1）证后监督的主要形式是监督检查。监督检查由批准授权的政府计量行政部门负责组织。监督检查必须组织考核组进行现场检查，检查要求和程序与首次现场考核相同，也要完成考核报告。经现场监督检查证明机构仍能满足考核规范要求，则继续保留对机构的授权。对存在的问题，要求限期整改，否则将取消对该机构的授权，收回计量授权证书和印章。

（2）监督检查间隔的确定。对取得授权资格的机构，应根据考核和机构管理体系运行的情况，合理地确定监督检查的时间间隔。如果该机构已建立的管理体系能持续有效地运行，并不断完善；技术能力能继续保持，并不断提高；并能积极参加实验室之间比对，而且结果都令人满意，对这样的机构可以适当延长监督检查的时间间隔；如果该机构在考核以后明显放松要求，管理体系运行不稳定，对这样的机构需要缩短监督检查的时间间隔，并增加抽查的频次。总之要根据被授权机构的实际情况合理地确定检查的频次和检查的范围。一般在授权证书有效期内至少进行一次监督检查。

（3）日常的监督检查。除正式的按计划规定时间进行的监督检查外，政府计量行政部门也将不定期地组织对法定计量检定机构的抽查，或根据顾客的投诉安排专门的检查，或要求机构就某些问题提供书面汇报等。这些监督管理活动都是为保证法定计量检定机构的公正性、权威性，授权机构有义务接受监督并认真对待。

（三）到期复查

授权证书的有效期最长不得超过5年，机构应在有效期到期前6个月向批准授权的政府计量行政部门提出复查申请。复查的申请和考核程序与首次考核相同。

二、扩项考核

（一）扩项概念

扩项是指法定计量检定机构在获得授权证书的有效期内对授权的检定、校准或检测项目的扩充。新扩充的项目应按规定的要求申请考核，经考核合格后取得对新扩充项目的授权。

新增加的项目是指在原授权项目范围之外，新提出的检定、校准和检测项目。有可能是在原已经开展的检定项目中增加新的检定项目，或者在已经开展的校准项目中增加新的校准项目，或者在已经开展的检测项目中增加新的检测项目；也有可能是机构原来仅仅取得检定项目的授权，现在需要增加校准或检测项目。

（二）扩项程序

1. 扩项申请

机构需要扩项时，应向授权的政府计量行政部门提出扩项考核的申请。申请需要提交扩项考核项目表，以及相关的资料，如计量标准考核证书、社会公用计量标准证书、有效期内计量检定证书、校准证书、检定人员证书以及所依据的技术规范等。上述资料可以是原件，也可以是复印件。政府计量行政部门在收到机构的上述申请材料后应指派考评员对申请材料进行初审。

2. 扩项考核

扩项考核有两种方式：一种是资料审查的方式；另一种是资料审查加现场考核的方式。

如果经资料的初步审核，表明机构提供的书面材料齐全，所提供的资料能够证明其已经具备申请扩项的能力，考评员可以书面审核的方式确认其新增加或扩展的项目符合本考核规范的要求。

如果经资料的初步审核，表明机构提供的书面材料齐全，但是不能以书面的方式证明其已经具备扩项的能力，即可组织考核组，按本规范的要求实施现场考核，考核的重点是新增加项目的硬件部分，以及相关的软件。扩项考核也可与监督复查一并进行。如果一机构已经取得检定授权，现需要扩项开展校准或检测项目，则应实施现场考核。

对于申请计量检定和校准项目扩项的，经材料审核，表明申请机构提供的书面材料齐全，并能证明其已具备所申请扩项的能力，考评员可以书面审核的方式确认其新增加的检定和校准项目符合本规范的要求。

对于申请检测项目扩项的，经材料审核，表明申请机构提供的材料齐全，即可由组织考核部门组织考核组，按考核规范 JJF 1069——2007 第 9 章的要求进行现场考核。考核的重点是新增加的检测项目的硬件部分以及相关的软件。现场扩项考核也可与监督复查一并进行。

3. 扩项确认

组织考核的部门应根据考核报告及有关材料决定是否批准扩项申请。对批准的扩项，应颁布经确认的检定项目表、校准项目表、商品量检测项目表或型式评价项目表。

第三节　能力验证和其他比对

一、能力验证和其他比对的组织

（一）能力验证和其他比对的意义

根据国际标准 ISO/IEC17011:2004《合格评定——认可机构通用要求》，本规范增加了第 12 章“能力验证和其他比对的参与”条款。

所谓比对是在规定的条件下，对相同准确度等级或指定不确定度范围的同种测量仪器复现的量值之间比较的过程。

能力验证是通过实验室间比对来判定实验室能力的活动。它是一项通过发送样品至实验室进行实际测试（测量），再将所有参加实验室的结果数据进行统计分析，依据每个实验室与参考值的一致性来判定实验室对于特定项目的技术能力的活动。由于能力验证是一种实际测试活动，是通过测试数据来做出判断的，因此其结果也就更能够得到人们的信任。能力验证的作用主要体现在：

（1）对机构而言，是其进行内部质量控制和对外提供证明的需要。

（2）对机构考核者而言，是评价实验室技术能力的技术手段。

（3）对机构的用户而言，是证明实验室具备某项技术能力的重要证据。

（4）对政府主管部门而言，是评价和监管实验室的有效措施。

由于能力验证具有显著的作用，因而在国际上得到越来越广泛的重视，很多国家已经把能力验证作为评价实验室检测报告（证书）有效性的重要技术手段，并已俨然成为了新的国际贸易技术壁垒手段。在 1997 年，ISO 和 IEC 就联合发布了 ISO/IEC 导则 43《利用实验室间比对的能力验证》，为能力验证活动的规范开展建立了依据。

总之，能力验证是利用实验室间指定数据的比对，确定实验室从事特定技术活动的技术能力。能力验证则是能力评价的方式，它是评价实验室技术能力的重要手段之一，是一种实验室有效的外部质量保证活动，也是内部质量控制的必然要求。实验室必须通过参加相关的能力验证活动，包括参加能力验证计划、实验室间比对和测量审核等证明其技术能力。只有在能力验证活动中表现结果满意，或对于不满意结果能证明已开展了有效纠正措施，其相关能力才会获得政府的承认和社会的信任。

（二）机构考核所承认的比对和能力验证活动

法定计量检定机构考核所承认的比对和能力验证活动主要有：

（1）国际合作组织开展的能力验证活动，如亚太实验室认可合作组织（APLAC）、欧洲认可合作组织（EA）开展的能力验证活动。

（2）国际和区域性计量组织，如国际计量委员会（CIPM）、亚太计量规划组织（APMO）等开展的国际比对活动。

（3）国际权威组织实施的国际性比对活动。

（4）国家质量监督检验检疫总局组织的能力验证和测量仪器比对活动，目前国家质量监督检验检疫总局委托其所属的各专业计量技术委员会具体组织实施该项工作。比对工作依据为 JJF 1117—2004 测量仪器比对规范。

（5）中国合格评定国家认可委员会依据有关国际标准和指南组织实施的相关能力验证活动和比对计划。

（6）省级政府计量部门组织的各项能力验证和比对活动。

（三）能力验证与比对的一般程序

（1）国家相关部门（能力验证和比对的组织者）依照有关国家标准、国际准则制定有关实验室能力验证和比对工作的基本规范和实施规则，统一监管和综合协调能力验证和比对活动，并定期公布经批准的能力验证计划。

（2）能力验证和比对的主导实验室按照国家制定的比对或实验室间能力验证的基本规范和实施规则开展比对或能力验证活动。主导实验室按照比对依据策划比对指导书或能力验证方案，经专家组（或顾问组）和各参比实验室代表充分讨论后，报组织者批准实施。主导实验室应当符合相关国家标准或者技术规范的要求，其技术能力在相应领域和关键技术要素方面领先，并具备数据的可持续性。

（3）能力验证或比对的主导实验室在能力验证活动完成后向有关方面通报能力验证活动的结果。同时向国家相关部门报告能力验证结果，国家相关部门定期公布能力验证结果满意的实验室名单。

（4）组织考核部门应保存相关能力验证方案、比对指导书和其他比对方案的目录清单。

（四）比对结果的利用

（1）优先选择或者考虑达到满意结果的实验室承担政府委托、授权或者指定的检测任务。

（2）达到满意结果的实验室，在规定的期限内，在机构考核评审时，可以免于该项目的现场试验，而对其能力直接确认。

(3)对于能力验证结果可疑(即指按照有关的技术统计方法确定的能力验证结果界于参考值区间之外的结果),或者结果离群(即按照有关的技术统计方法确定的明显偏离参考值区间的结果)的实验室,应当在规定期限内进行整改,并由组织者验证整改效果,也可视情况暂停或者撤销其相关项目的承担政府授权、委托或者指定的检测任务的资格,直到完成纠正活动并经能力验证的组织者确认后,方可恢复或者重新获得承担政府授权、委托或者指定的检测任务的资格。

(4)能力验证和比对组织者对能力验证的主导实验室和能力验证的实施过程实施有效管理。采取组织专家评议、向实验室征求意见、抽查记录档案、要求主导实验室报告能力验证的实施情况等方式,对实验室能力验证活动进行监督。

二、能力验证和其他比对的参与

(一)对机构参加能力验证的要求

被考核的机构应建立能力验证和其他比对的制度和纠正措施程序,积极参加相关专业的能力验证和比对活动。凡政府计量行政部门指定的能力验证和比对,在授权项目范围内的,机构必须参加。其结果作为政府计量行政部门对该机构授权的依据。

(1)机构应在其管理体系文件中制定参加能力验证和比对的制度或程序,并且纳入管理体系内审检查。

(2)机构应积极参加相关专业的能力验证和比对活动。凡政府计量行政部门指定的能力验证和比对,在授权项目范围内的,机构必须参加。

(3)参加能力验证和比对的机构应当向能力验证的主导实验室或组织者及时反馈过程中的相关信息,并保存相关记录。

(4)机构应充分使用能力验证的结果,分析能力验证中存在的问题及其原因,针对问题和原因采取相应的纠正和纠正措施。

(5)机构在递交机构考核申请书或在对机构实施现场考核时,应当主动出示其参加能力验证和比对的有效结果,以便于考核组织者或考核组对机构实施现场考核的策划。

(二)能力验证的检查

被考核机构参加实验室之间比对情况是评价机构能力和水平的重要依据。硬件组考评员要向被考核机构了解其参加实验室之间比对或其他能力验证试验的情况,查阅这方面的比对报告了解比对结果。实验室之间的比对最能真实综合地反映一个机构的实际能力。被考核机构提供了某个项目在现场考核之前不久参加过实验室之间比对的报告,如果结果是令人满意的,则这个项目可以不再进行现场操作考核。如果结果是存在问题的,则要检查机构是否对存在的问题进行了认真的分析,是否找出了问题发生的原因,采取了相应的纠正措施,并对纠正措施进行了验证,考核组应对这个项目进行现场操作考核。一个法定计量检定机构参加的能力验证活动越多,比对结果越好,说明该机构技术水平和质量管理水平越高。

第四节　考核技巧

一、考核方式

考核方式是指总体上如何进行审核的方式。对于实验室来说，较常用的审核方式有以下几种。

（一）按体系要素逐项审核

这种审核方式是按评审准则的每一项要求，对实验室质量体系各要素的实际运作进行审核。这种方法执行起来较方便，可以不漏项地评价整个质量体系，适用于体系初建时的"自我诊断"或迎接外部评审之前的模拟性审核。

（二）按部门审核

按部门审核是指按部门安排审核计划，到一个部门就把该部门涉及的各个要素一次审核清楚，最后再按要素把各个部门审核的结果加以汇总分析后得出总结论。这种审核方式工作效率高，较实用，但要求审核人员能全面掌握体系各项要素的要求和各项活动的接口关系。这种方式较适用于体系全面审核时。

（三）顺向审核

它是指顺着报告（证书）质量形成的先后次序，一个环节接着一个环节地进行审核。对每个环节（过程）的审核，又是先观察这一过程的输入是否符合规定，再观察输入后的转换情况，然后验证其输出是否达到目标。这种方式通常适用于迎接外部评审之前的内审。

（四）逆向审核

它是指反顺序进行的一种审核。通常是在体系运行的结果中找出某一感兴趣的问题，针对这一问题逆向进行追溯，以便在系统上寻找问题的症结所在。这种方式通常用于客户申诉等特殊情况下的专项审核。

（五）辐射法

它是指通过审查主要环节，辐射到与重点审核项有关的其他环节。如通过对影响检测（校准）结果的环境条件的检查，辐射到对使用标准文件、测试方法、校准规程适用性、人员培训状况等。

（六）追踪法

它是指依据质量体系要素间的相关性，由某一要素，特别是有可疑之点的事实，追查相关要素之间的联系是否合理、运作是否符合程序规定。

（七）"地毯式"检查

"地毯式"检查是指对某局部审核对象（部门、要素、活动）进行全面彻底的审查。这种审核方式花费精力较大，因而除非必要，一般较少采用。在认为可能有潜在重大问题、发现有弄虚作假或意欲寻找问题的根源等场合，可以采取这种方式。

（八）验证法

它是指利用比对试验、留样再试、指定项目现场目击试验等能力验证的方法来观察审核对象的实际运作，了解人员素质、试验方法、仪器设备、消耗物质、样品制备、环境条件控制以及整体管理水平方面的状况。这种方式对于实验室内审来说较少采用，但在客户申诉时，为查清问题症结所在，可以适当采用这种方法。

以上所列只是一些较常见的审核方式，在实际的内审实践过程中也常常是两种或两种以上方法结合起来运用。内审员在审核过程中应根据各种具体情况，区分不同的场合灵活运用各种审核方法，以保证审核目标的实现。

二、现场审核注意事项

（一）坚持正确的审核态度

现场审核是一个收集客观证据的过程。审核人员应明确审核寻找的是所有有关体系有效运行的客观证据而非仅仅是不符合项。审核的着眼点应是核对体系的符合性和有效性，不能认为挑出一大堆不符合项就算是完成了审核任务。审核人员应重视的是体系整体的符合性和有效性，应重视的是发现有关系统失效的客观证据，而不是一味挑剔鸡毛蒜皮的小问题。

（二）审核组长要控制审核的全过程

内审是由审核组长负责进行的，审核组长应掌握审核的主动权，不能被受审方或客观事物左右审核的过程。要使审核顺利地按预期安排完成，审核组长必须对现场审核的全过程进行控制，包括：

（1）审核计划的控制。

（2）审核进度的控制。

（3）审核气氛的控制。

（4）审核活动客观性的控制。

（5）审核结果的控制。

（三）应由内审员随机抽样

选择样本要有代表性，一要保证一定的样本量；二要适度均衡，不要全部集中在某一过程或部门，也不要集中在某一较短时间段。抽取样本时，内审员应坚持亲自选取样本，而不应碍于情面让受审核方挑选样本供审核。

（四）要依靠检查表，但不应过分拘泥于检查表

审核过程中要依靠检查表不要轻易偏离，但也不能过多地受检查表的约束。在审核过程中如果发现新的情况或重大的线索，可以修改和调整检查表的内容，不要过于拘泥，但也应防止完全抛开检查表的“随机应变”式审核。

（五）要从问题的各种表现形式去寻找客观证据

审核中有些不符合项问题比较单纯，如错误地使用了作废文件或缺少应有的书面程序等，则有此客观证据，不符合项就可成立。有的不符合项问题比较复杂，需要从多方面取证。例如现场发现某检测人员未按检验指导书操作，该原因可能出于人员未经培训，也可能该检验人员无法见到检验指导书，也可能是人员执行文件不认真或指导书的有关规定与标准规范不符等，那么判断的依据就不一样，因此需要多方取证，以查明造成不符合的真正原因。

（六）当发现不符合项或有疑问时，应调查到必要的深度

审核中发现有问题导致不符合项时，应根据问题的性质，必要时适当扩大抽样范围和数量，获取更全面、更具体的客观证据，以判定是偶然现象还是多次重复发生的现象，确定不符合项的性质。另外，审核中如果发现某些疑问或线索，提示可能潜在重大问题或系统性问题时，可以调整检查表，甚至调整审核计划，进行必要的跟踪，以求掌握更为详尽、确凿的证据，正确反映体系的真实状况。因此，必要时，内审可以适当调整或延长审核时间，以力求达到一定的深度。

（七）应关注影响检测（校准）过程质量的关键因素

一般而言，影响实验室即：检测（校准）过程质量的主要因素有人员的技能、设备的精度、消耗性材料的质量、样品的处理方法、检测（校准）采用的方法、环境条件等。但对于不同专业的实验室，对于某个具体的检测（校准）过程，这些因素并非具有同等重要的影响作用。例如，对于化学分析来说，消耗材料（化学试剂）的质量可能是很重要的，无损检测对于人员的技能水平要求较高，而仪器设备校准则对环境条件有严格的要求。因此，内审员在审核过程中，应根据审核领域业务的专业特点，对影响校准（检测）过程质量的关键因素的控制情况予以特别的关注。

三、审核技巧的运用

内审员在审核过程中应善于应用各种审核技巧，营造良好的审核氛围，获得受审核方的充分合作，以利于调查取证。

（一）提问的技巧

提问是获取信息和证据常用的方法之一。提问之前首先要明确主题，选择合适的提问对象。注意选择对工作质量有较大影响的各类人员，不要向无关的部门或人员提问。需要的时候可以用同一个问题问不同的人员，以观察答案是否一致。谈话过程中应始终保持礼貌友善，切忌以“钦差大臣”或“审判官”的姿态出现，更不宜用审讯的口吻提问。常用的提问方式有以下几种。

1. 敞开式提问

针对某体系要素或某质量活动提出一个范围较大的问题，以便对方在较大范围内打开话题，系统地介绍情况。如“你们是如何控制检测过程质量的?”其问话特点是敞开的提问，引出敞开的回答，可以获得更多的信息，但需注意控制时间。审核员在初次接触对方，对其情况了解不详时，采用敞开式提问，可以打开话题；审核员也可以从对方敞开式的谈话中考察其对体系概念认识上的正确性和系统性。

2. 限定式提问

针对某项质量活动的某个细节，提出范围较窄的问题，可以用简单的“是”或“不是”、“有”或“没有”来回答。它可用以获取专门的信息并节约时间，但信息量较小，通常在审核员已有所发现，为了进一步判定是非或证实有无时采用，也可在时间紧促的情况下，用限定式提问迅速获得想要的信息。

3. 扩展式提问

根据受审核方的回答对相关内容作进一步提问。需要时可连续多次地作扩展提问。

这种提问的特点是“打破沙锅问到底”，直到问题彻底搞清楚，有利于谈话双方相互理解和控制谈话方向。一般在被审核方对提问不够理解、不能或不愿系统地回答时，或有些比较重要的问题有必要彻底查问清楚时采用。

4. 澄清式提问

把难以回答的复杂问题分解成若干容易回答的具体问题进行提问。其特点是围绕着澄清某一主题，问一答一，作“调查户口式”提问。适用于谈话对象对某一个较大的主题进行系统回答有难度时和找基层工作人员谈话时。

5. 诱导式提问

针对谈话对象的心理状态，采用讨论形式，一边启发诱导，一边进行提问。一般用于谈话对象有思想顾虑时，晓之以理，循序诱导，消除顾虑，打破谈话僵局。

6. 征求意见式提问

以探讨和征求意见的方式，鼓励谈话对象提供更多的信息。如“你认为这方面最有效的方法是什么?”这种提问方式有助于使受审核方摆脱公式化的答案，说出个人的思路、见解和感觉。

7. 假设性提问

提出一个假设性问题，以了解对方在特殊情况下的处理问题方式。如“试验过程中停电怎么办?”通常用于了解审核对象的应变能力，或异常情况下是否偏离程序、规范。

以上几种提问方式及其他提问方式可互相结合着使用，对于审核人员来说，重要的是要在适当的场合灵活地运用合适的提问方式获得满意的效果。

（二）聆听的技巧

提问和回答是一种交流，谈话的双方会产生相互影响，尤其是审核员聆听时的表情、插话、记录和其他举动，都会影响审核对象谈话的心态和效果。因此，审核员在聆听时也应讲究方式方法。

1. 聆听时的表情

内审员在谈话过程中应始终表情友善，态度和蔼，诚恳谦虚，可利用点头、微笑、扬眉、注目等示意对对方的回答很感兴趣，鼓励对方畅所欲言。同时还应注意观察谈话对象的表情变化，以随时调整自己的姿态和表情。为了不打断对方，还可利用表情替代插话提问，如突然摇头、绷嘴、皱眉等，表示不理解或有异议，希望对方进一步说明。

2. 聆听时的插话

内审员要坚持少说多听的原则，在聆听时尽量不要插话，以体现礼貌，也可避免打断对方发言。必要的插话通常出现在以下几种情况：

（1）对方谈话吞吞吐吐，欲言又止，情绪紧张有顾虑时，应及时插话开导。

（2）对方滔滔不绝，离题太远时，为控制谈话方向，可插话提醒其围绕主题。

（3）对某个重要细节没有听清或不理解时，可要求对方重述。

（4）对方误解了问题的意思或答非所问时，应加以引导。

无论何种情况，插话时都应客气有礼，不能粗暴地打断对方的谈话，也不能有不耐烦的语气和态度。

3. 聆听时的记录

内审员在聆听对方回答问题和介绍情况时，应注意做好记录，尤其对谈话内容的要点和可能导致不合格的信息不可遗漏。如果记录速度跟不上，可以记录一些关键词，或画上自己理解的符号，但事后要及时进行追忆和补记。记录是分析体系运行状况、编写审核报告和不符合报告的依据，因此要准确具体，包括时间、地点、人物、事实描述、凭证材料、涉及文件、各种标识等，要尽可能地完整，以便于追溯。

关于聆听时的记录应注意以下几点：

(1) 有两位以上内审员同时在场的，可指定专人负责记录，以便于负责提问的内审员集中精力考虑问题和控制谈话方向。

(2) 在边听边记的情况下，应首先保证仔细听，只有听清楚了，才能记得正确、完整。如果只顾记前面听到的细节，影响了听后面的谈话内容，就有可能遗漏重要信息，得不偿失。

(3) 被审核方有时对审核人员的记录行为十分敏感，当他看到自己的谈话内容刚一出口即被记下来，便会心理紧张，深恐说漏嘴而不想多说。为了避免上述情况的出现，审核人员有时可以故意对要害问题暂时不作记录，等待对方把问题说完，在对方不太在意的时候根据记忆进行笔录。但是要注意掌握尺度，人的记忆力毕竟有限，不可能记住整整一天审核的所有细节，所以要抓紧适合的时机及时做好记录。

(4) 记录的信息应全面，不仅要记录可能导致不符合项的相关信息，对于可以证实体系有效运行的符合性证据和做得比较好的方面也应做记录，以便在审核报告中适当地引用，以使受审核方更有信心接受和纠正其不符合项。

(5) 不要使用录音机进行谈话记录，因为面对录音机谈话者会感到拘束，并有可能导致心理抵触。

(三) 观察的技巧

"客观证据是指建立在通过观察、测量、试验或其他手段所获事实的基础上，证明是真实的信息。"内审员在现场审核获取客观证据时，应注重实地调查，要亲眼目睹事实真相，不应轻信口头答复，不可听信道听途说，更不能以推理和猜测作为依据。内审员在提出问题，得到审核对象的答复后，还必须获得客观证据以确认对方的陈述，要经常使用"请给我看……"的语句。

观察和提问是审核中不可截然分开的调查方法。审核人员从提问中了解情况，从观察中得到证实。观察的对象包括实际操作过程、环境、设备、样品，以及文件、资料、记录、报告等。观察中发现疑问可以再问，问了以后可以再看。问、看结合，可使审核步步深入。

观察与提问一样也要讲究方式方法，适当运用技巧。

1. 观察的目的性要明确

为了达到审核的目的，内审员在查看现场、查阅文件、检查实物时应有的放矢地进行。在进行观察之前先要心中有数，目的明确。因为只有目的清楚了，才会采用合适的方式进行观察。例如：要查明仪器设备的维护情况，除了查阅有关设备维护的程序文件、指导书、维护保养计划和有关记录外，还应去现场实地查看设备的保养情况，开机检查设备运转是否正常，观察仪器的准确度、运动部位的清洁与润滑等。

为了了解人员的技能水平，可以查阅其培训记录、上岗证，还可以现场观察其检测操作的熟练程度和正确性。

要检查测量设备定期校准的情况，可以观察设备上的校准状态标识，再查看相对应的校准证书（报告）。

2. 正顺序观察法

正顺序观察是按质量活动的先后顺序，从开始观察到结束。如可以从业务受理开始，依次观察样品接收、样品准备、试验操作、数据处理、报告编审、报告签发的每一过程，以了解检测（校准）各环节的控制情况。

3. 逆顺序观察法

逆顺序观察法是按质量形成先后次序的逆向顺序观察，即观察质量活动时，先从活动的结果开始，再按反顺序观察活动的各个环节，直到观察活动的准备阶段和依据。如对实验室开展新工作项目评审的核查，可以从出具的新检测（校准）项目的报告（证书）查起，查新工作项目评审记录，查相关人员的培训情况，查所用设备的校准、检定，查设备及相关设施的选购，查检验指导书（细则）的编制、审批，并与有关程序文件的规定进行核对。如对故障设备处置的检查，从现场设备的标识查起，再查设备是否办理停用手续，再查设备故障的记录情况等。

4. 注意观察易被遗忘的角落

在审核前相关部门一定会有所准备，重点的区域、设备、工作台面、文件柜会收拾得整整齐齐，但一些不常去的地方、不为人注意的区域、办公桌底下、文件柜顶上，常有可能发现一些作废的文件、未经校准的仪表、无标识的样品、超过有效期的消防设备及其他无关物品。因此，在观察时视野要开阔、检查要仔细，注意一些易被忽略的地方。

（四）取证的方法

审核组在审核过程中发现体系的不符合项，要开具不符合项报告。而不符合项报告要以客观事实为依据，任何偏听偏信、主观猜测、缺乏证据的判断都不能成立。因此，对每一不符合项都应进行取证。必要时还需当场进行验证。取证一般围绕三个方面进行：一是证明某书面程序不符合某质量体系要素要求；二是证明某项活动没有按质量体系程序去做；三是证明某项活动没有达到预定的效果。取证的常用方法有以下几种：

（1）抽样取证。随机抽取一定数量的文件、记录或实物，通过统计分析，证明不符合项的严重性。

（2）系统取证。针对某一共性要求，如文件控制，对各个相关部门进行系统取证，证明不符合项的系统性。

（3）陈述笔录。从对质量活动负有责任的人员的谈话记录中抽取需要作为证据的内容，重写在专门的记录纸上，请当事人或见证人签字。

（4）复印取证。将文件、资料和记录的原件复印后作为证据。应注意复印清楚或注明原件的标识和编号，以便需要时可找到原件查证。

（5）照相取证。利用摄影、摄像等手段将不符合现象拍摄下来作为证据。应注意注明时间、地点和摄制人姓名。

（6）其他。如由审核人员在专门的记录纸上记下亲眼所见的情况，证据的标识、编号，并请当事人或陪同人签名确认等。

第五章　编制体系文件

编制管理体系文件是建立和完善管理体系的重要任务,也是一项细致而繁重的系统工程。本章简要介绍管理体系文件的编制要求、程序和方法,以帮助机构编写既符合规范的要求,又适合实际需要的具有可操作性的管理体系文件。

第一节　文件的总体要求

一、文件的类别与结构

(一)文件的类别

1. 质量方针

质量方针是由机构的负责人正式发布的该机构的总的质量宗旨和质量方向。规范要求“机构管理体系的方针和目标应在质量手册中予以规定。质量方针声明由机构负责人授权发布”。

2. 质量目标

质量目标是在质量方面所追求的目的。规范规定“总体目标应以文件形式写入质量方针声明”。

3. 质量手册

质量手册是规定机构管理体系的文件。规范规定“机构应编制和保持质量手册。质量手册应包括或注明含技术程序在内的支持性程序,并概述管理体系中所有文件的架构”。

4. 程序文件

程序是为进行某项活动或过程所规定的途径,而含有程序的文件可称为程序文件。程序文件是提供如何一致地完成活动和过程的信息的文件中的一种。规范规定“机构应编制程序文件。程序文件与质量手册一起共同构成对整个管理体系的描述”。

程序可分管理程序和技术程序两类。含有管理程序的文件可称为管理程序文件,它主要是提供完成管理活动和过程的信息;含有技术程序的文件可称为技术程序文件,它主要是提供完成技术活动和过程的信息。如果技术程序文件主要是针对某一项技术活动或过程提出的具体的技术指标或技术方法的要求,也可称为作业指导文件。

5. 作业指导文件

这类文件是对质量管理手册或程序文件的补充。例如:规范指阐明具体要求的文件;指南指说明推荐的方法或建议的文件;图样指给出操作依据的文件。

有时把上述这类文件泛称为“作业指导书”,它们是提供如何一致地完成某项活动的信息文件。

6. 外来文件

外来文件包括国家颁布的有关法律法规、计量技术规范、技术标准、检定规程、校准规范、型式评价大纲以及生产商提供的测量设备维护手册等。

7. 记录

记录是为完成的活动或达到的结果提供客观证据的文件。规范规定“机构应建立并保持记录,以提供符合要求和管理体系有效运行的证据”。为了便于管理和提高效率,书面记录一般应预先设计固定的格式。

管理体系文件可采用任何载体,如硬拷贝或电子媒体。采用电子媒体有以下优点:

(1)所有相关人员都可以随时访问最新的、相同的信息。

(2)易于对文件的访问和更改进行控制。

(3)发放快捷并易于对硬拷贝的发放进行控制。

(4)可以实现对文件的远程访问。

(5)作废文件的收回简单有效。

(二)文件的结构

建立清晰的管理体系文件结构,有助于提高体系运行的有效性。与规范要求的文件相对应,管理体系文件按质量方针、质量目标、质量管理手册、程序文件、作业指导书、记录等文件类别形成分层结构。

管理体系文件之间存在内在的有机联系。各层次文件之间可以相互引用,除质量方针、质量目标外,上层文件可包括或者引用下层文件。如质量手册可包括或引用程序文件,程序文件可包括或引用作业指导文件和记录。但是,为了便于使用和维护体系,最好采取引用文件的形式。同层次文件之间也可以相互引用,以简化文件及描述过程之间的相互作用关系。

《法定计量检定机构考核规范》适用于不同类型的法定计量检定机构,各类机构应根据规范的要求,并结合自身的特点恰当地选择文件的结构。

1. 小型机构(如市县计量检定机构)

对规模比较小、工作比较单一稳定的技术机构,质量手册可以包括质量方针和质量目标,也可以包括部分或全部管理程序文件(技术程序文件一般不包括在手册中)。

当质量手册包括全部管理程序时,应对程序如何反映规范和程序文件的要求以及程序之间的关系做出说明。图 5-1 给出了小型机构的体系文件结构图,可供参考。

2. 有一定规模的组织(如省市计量检定机构)

对于有一定规模的,提供服务可能不是单一类别的组织,图 5-2 提供的体系文件结构图,可供参考。

二、文件的要求与特性

(一)文件编制的总体要求

(1)文件在总体上应覆盖规范的要求。

(2)文件的数量和详略程度应适合机构的规模、顾客和法律法规的要求、过程的复杂性和相互关系,以及机构的人员素质。

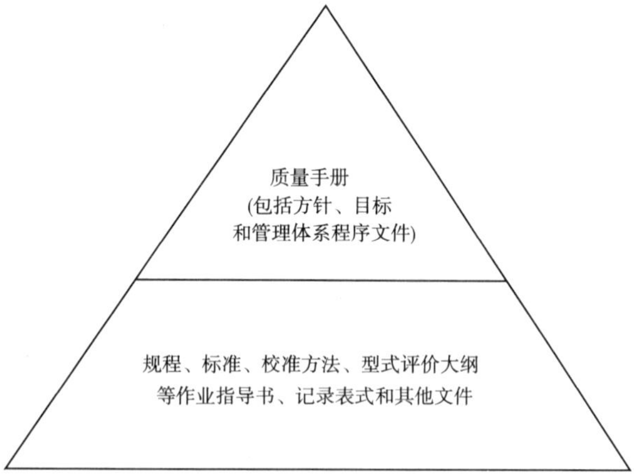

图 5-1　小型机构的体系文件结构图

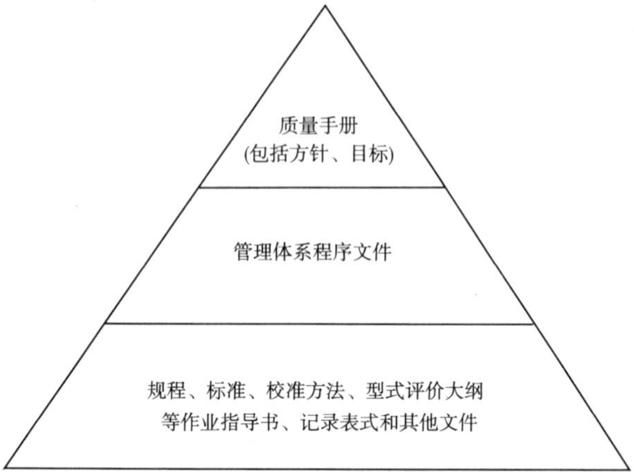

图 5-2　有一定规模机构的体系文件结构图

(3)文件的内容应满足顾客的要求,包括合同的规定、法律法规的规定和有关技术规范的规定。

(4)表达的信息应清楚、准确、符合逻辑。

(5)对文件条款进行编号,以便于执行、检查和修改。

(6)语言文字的运用应规范,涉及管理体系的名词、术语、概念应使用标准的或规范的定义,特殊情况下应给出说明。

(二)管理体系文件的特性

1. 体系文件的系统性

(1)应对采用的全部规范条款、有关要求和规定,有系统、有步骤、有条理地制定成文件。

(2)所有文件应按规定的方法编辑成册。

(3)各层次文件应涉及管理体系一个逻辑上的独立部分或一个或多个过程。

2. 体系文件的法规性

(1)是管理体系活动的行为准则。

(2)应符合 JJF 1069—2007《法定计量检定机构考核规范》要求。

(3)应遵循国家有关计量法律法规要求。

(4)是组织必须执行的法规性文件。

3. 体系文件的技术性

(1)技术活动是管理体系的重要组成部分。

(2)作业指导书对技术活动或过程具有明确的技术要求。

(3)检定、校准和检测过程的记录应符合计量技术要求。

4. 体系文件的唯一性

(1)一个机构只能有唯一的管理体系文件。

(2)一项活动只能规定唯一的程序或作业指导书。

(3)一项规定在组织内部只能有唯一的理解。

(4)组织内部任何地方不允许使用无效的文件。

5. 体系文件的见证性

(1)是管理体系有效运行以及持续改进的客观证据。

(2)是过程已经被确定、文件已经被批准并处于控制之中的客观证据。

(3)是对管理体系适宜性提供有意义评价(内部审核、外部确认)的依据。

6. 体系文件的适宜性和适用性

(1)体现机构的规模、检定(校准)和检测活动的特点和自身管理的特色,适宜机构获得最佳的管理成本和提高顾客信任的程度。

(2)应保证所有文件规定均能在工作中贯彻实施。

(3)应与机构的人员素质、技能和培训相适应。

第二节　质量手册

一、质量手册的目的和性质

(一)目的

通过质量手册使管理体系形成文件,对内、对外分别起到如下作用:对内,显示机构的质量管理、质量策划、质量控制、质量保证、质量改进和持续改进的能力,以获得各级管理者和员工的信任;对外,显示机构的管理体系及其过程和活动以及对它们的控制要求,证实检定、校准和检测的结果满足顾客要求,并持续改进其有效性,以获得顾客或第三方的信任。

(二)性质

质量手册的性质主要反映在纲领性和指导性两个方面。

纲领性:组织建立和实现的管理体系中的各个相互作用的过程和活动及其要求都能在手册中得到表述,相互作用的各个过程和活动的职能分配、接口都能在手册中得到规定,这些规定给出了体系有效运行和控制的准则。机构的最高管理者、员工、顾客或政府部门机构都能通过手册内容从总体上判断机构是否有能力稳定地满足顾客和符合法律法规的要求。

指导性：手册中所编制和引用的形成文件的程序都是管理性的文件，是对检定、校准和检测的原则要求，还需要技术性的具体的技术规范、作业指导书给予支持，才能实现质量管理手册对各过程和活动提出的要求。因此，手册编制或引用的程序文件的要求，又对制定下一层次的文件起着指导性的作用。

二、质量手册的内容与要求

质量手册对每个机构而言都具有唯一性。《法定计量检定机构考核规范》允许各个机构在将其管理体系形成文件时，在文件的结构、格式或表述的方法方面有灵活性。

质量手册通常应包括或涉及：管理体系的范围、组织结构说明、职责和权限界定、管理体系过程和相互作用的表述、与程序文件的关系等内容。

有关机构的一般信息，如名称、地址、联系方法也应包括在质量手册中。质量手册还包括诸如机构的业务流程、简单的背景情况、机构的规模和发展过程等附加信息。

具体内容和要求如下：

(1)标题和范围。质量手册的名称和范围应与机构手册的使用相适应。质量手册应引用建立管理体系所依据的 JJF 1069—2007《法定计量检定机构考核规范》。

(2)目录。质量手册的目录应列出手册中各章节的编号和标题以及查询方法；为了便于以后的修改，每个章节页码编号应独立编写。

(3)评审、批准和修定。手册中应明确质量手册的评审、批准、修定状态和日期的证据，如文件版的编号、版本号、修改状态号、编制人、审核人、批准人、生效日前、分发号等。可行时，应在文件或附件中识别更改的性质，可通过最高管理者签署质量手册发布令的方式使手册成为机构的法规性文件。

(4)质量方针和目标。质量手册应包括对质量方针和总体目标的陈述。机构可以决定将为实现总体目标的实际目标放在管理体系文件的其他文件中。质量方针应包括对符合要求以及持续改进管理体系有效性的承诺。总体目标通常来源于机构的质量方针并且将得到实现。当总目标被量化时，目标就成了指标并且是可测量的。

(5)组织结构说明、职责和权限界定。应描述组织的结构。可采用组织机构图、流程图和(或)职责描述来阐明职责、权限和相互关系。这些文件可直接包括在质量手册中或被质量手册所引用。

(6)管理体系过程及相互作用的表述。应描述所有的管理体系过程及该过程与其他相关过程的相互作用。章节的划分一般可采用规范的原编号作为章节号以便查询，否则，可能需要一份与规范对照的说明书，以便于机构使用和考核时使用。概述机构如何运用、完成和控制所确定的每一过程，一般要求写明对过程控制的内容和目的、主要负责部门的职责和权限、控制的主要方法。

(7)引用文件。质量手册应包括一个引用文件的清单，但这些被引用的文件并不包括在质量手册中。

(8)术语、定义。应使用公认的质量和计量术语。

(9)质量手册的使用指南。可给出索引表或标题(关键词)与章节(页码)及引用程序文件对照表。

（10）支持性信息附录。若当不是采用与规范相对应的方式编制质量手册时，最好给出手册章节与 JJF 1069—2007 规范的对照表。质量手册也可包括手册支持性资料的附录。

三、质量手册的案例

某法定计量检定机构质量手册的目录（供参考）。

01　前言
02　所长令
03　公正性声明
04　质量方针和总体目标
05　质量手册使用说明
06　质量手册修改记录

1　组织机构图
2　管理体系结构图
3　职能分配表
4　组织和管理
4.1　法律地位
4.2　法律责任
4.3　基本条件
5　管理体系
5.1　总要求
5.2　管理职责
5.3　体系文件
5.4　文件控制
5.5　记录控制
5.6　管理评审
6　资源配置和管理
6.1　总则
6.2　人员
6.3　设施和环境条件
6.4　测量设备
7　检定、校准和检测的实施
7.1　检定、校准和检测实施的策划
7.2　与顾客有关的过程
7.3　检定、校准和检测方法
7.4　服务和供应品的采购

7.5　校准和检测工作的分包
7.6　量值溯源
7.7　抽样
7.8　检定、校准和检测物品的处置
7.9　检定、校准和检测的质量控制
7.10　原始记录和数据处理
7.11　结果报告
8　管理体系改进
8.1　总则
8.2　不合格工作的控制
8.3　顾客满意和投诉
8.4　内部审核
8.5　纠正措施
8.6　预防措施
附件一　任命书
附件二　授权书
附件三　授权签字人识别
附件四　机构开展的检定、校准和检测服务项目一览表

第三节　程序文件

一、程序文件的基本内容与要求

(一)基本内容

文件化的程序通常包括活动的目的和范围,做什么和谁来做,何时、何地和如何做;应该使用什么设备、方法;如何对活动进行控制和记录等方面的内容。

(二)基本要求

(1)应根据确定的管理体系的过程,对影响检定、校准和检测质量的各项活动做出规定,包括职责和权限,并规定活动的评价准则,使各项活动处于受控状态。

(2)每个体系程序文件应包括管理体系逻辑上的独立部分,其数量、内容、格式由机构根据自身的组成、工作的复杂程度以及顾客的要求程度确定。

(3)体系程序文件是策划和管理体系及质量管理活动的基本文件,是质量手册的支持文件,它不同于作业指导书,一般不涉及技术细节或技术参数,需要时可引用作业指导书。

(4)体系程序文件的范围和详略程度应取决于工作的复杂程度、人员的技能、素质和培训程度;结构和文字应简练、明确、易懂,并应以相同的结构和格式编排。

二、文件的结构格式和内容编写

（一）目的

简要说明为什么要开展该项活动。例如，根据机构的情况，写明该程序可满足规范中的某一条款。

（二）范围

说明程序涉及或适用的部门或活动。也可对程序的使用提出某些限制，例如“该程序仅适用于计量标准器具”或“该程序不适用于某某部门”。

（三）引用文件和术语

即列出本程序中引用的上层次、同层次或下层次的文件，一般为质量手册的章节及编号、程序文件的名称和编号、国际或国家标准、技术规范的名称和编号、作业指导书的名称和编号以及本程序涉及的必须加以说明的概念、术语和定义。

（四）职责与权限

即阐明本程序的主要负责部门（岗位）及其职责、权限、接口和相互关系。

（五）程序内容

描述如何开展各项活动或程序，以实现制定本程序的目的。必须明确做什么、怎么做、什么时间做、由谁来做。应对每项活动确定所需要的资源，如人员、设备、设施、技术方法、信息、环境条件等，以及所需要编制的文件和需要记录的资料。通常只有完成了前一段的活动才能开始下一步的活动，这应在程序的描述中加以明确。有些情况下，可以同时开展两项活动，而且两项活动的结果可以导致第三项活动的开始。所以，必须明确表述不同活动之间的区别和相互的依存关系。必要时以流程图加以描述。

（六）支持文件

列出执行本程序所使用的记录表格的名称和编号。

（七）记录

列出执行本程序所使用的记录表格的名称和编号。

三、考核规范规定应编制的程序文件

JJF 1069—2007《法定计量检定机构考核规范》中明确规定应编制以下程序文件：

（1）保护顾客机密信息和所有权程序（4.3.2 c））；

（2）保持判断和运作公正性、诚实性程序（4.3.2 d））；

（3）文件控制程序（5.4）；

（4）记录控制程序（5.5）；

（5）管理评审程序（5.6）；

（6）人员培训管理程序（6.2.3）；

（7）现场工作管理程序（6.3.1）

（8）实验室管理程序（6.3.5）；

（9）测量设备管理程序（6.4.6）；

（10）期间核查管理程序（6.4.10，7.6.3.3）；

(11)修正因子管理程序(6.4.11);
(12)强制检定管理程序(7.1);
(13)校准管理程序(7.1);
(14)计量器具型式评价管理程序(7.1);
(15)定量包装商品监督检验管理程序(7.1);
(16)计量器具质量监督检验管理程序(7.1);
(17)要求、标书和合同评审程序(7.2.1);
(18)偏离规定方法管理程序(7.3.1);
(19)方法确认程序(7.3.5);
(20)校准测量能力评价管理程序(7.3.6);
(21)测量不确定度评定程序(7.3.7);
(22)数据和软件控制程序(7.3.8);
(23)服务和供应品采购程序(7.4);
(24)分包管理程序(7.5);
(25)量值溯源管理程序(7.6.1);
(26)计量标准管理程序(7.6.3);
(27)抽样管理程序(7.7);
(28)检定、校准和检测物品的管理程序(7.8);
(29)实验过程中异常情况的处理程序(7.9.1.4);
(30)质量控制程序(7.9.2);
(31)原始记录和数据处理管理程序(7.10);
(32)证书和印章管理程序(7.11.10);
(33)不合格控制程序(6.4.7,8.2);
(34)顾客满意和投诉管理程序(8.3);
(35)内部审核管理程序(8.4);
(36)纠正措施管理程序(8.5);
(37)预防措施管理程序(8.6);
(38)实验室能力验证和比对管理程序(12.2)。
以上程序可以单独制定,也可以根据过程的相互联系合并制定。

第四节　作业指导书

一、作业指导书

(一)作业指导书的作用

作业指导书是对质量手册或程序文件的补充,以阐明具体的技术要求和方法为主,是使管理体系可能实施的关键信息。其形式主要有管理细则、检定规程、校准规范、检测规范、产品标准、型式评价大纲、抽样方法、核查规范、操作规范等。

(二)常用作业指导书的分类

(1)管理细则:用于规定某一具体管理活动的具体步骤、职责和要求的文件。

(2)产品标准:用于规定某项产品的具体要求。

(3)校准规范:进行测量设备校准所用的,具体叙述的一组操作及有关的要求。

(4)检测规范:进行特定的检测(如定量包装商品净含量检测)时所用的,根据确定的检测对象具体叙述的一组操作。

(5)操作规程:用于操作某一设备和设施的具体方法。

(6)核查规范:用于检查测量过程或测量设备是否在有效控制范围内的方法。

(三)作业指导书的一般内容

1. 标题、适用范围、唯一性标识

(1)标题应直接反映出适用于什么工作。

(2)适用范围除了说明适用的工作外,必要时应注明适用的部门、场所、产品、时间等。

(3)应对作业指导书进行唯一性标识。

2. 作业资源条件

(1)仪器设备、型号、规格、编号。

(2)设施和环境条件。

(3)需要的物品名称、数量。

(4)需要的人员技能、素质和数量要求。

(5)需要的参考文件的名称和编号。

3. 作业方法与步骤

(1)按照专业和工艺要求的顺序编写。

(2)遵照科学、经济、合理原则。

(3)可使用流程图,以便清楚表述。

(4)适当时,规定记录要求。

4. 作业应达到的质量要求

(1)每项作业的质量要求。

(2)涉及本作业的质量检查要求。

(3)涉及本作业的统计抽样要求。

5. 安全提示

涉及人身和设备安全的因素,应明确提出并有保护措施。

6. 注意事项

(1)提醒作业者最容易忽视的事项。

(2)提醒作业管理者最容易忽视的事项。

二、校准规范

在对测量设备进行校准的过程中,必须使用校准规范。如已经有国家发布的校准规范或计量检定规程,可按照执行。如果没有适用的规范应制定自用的校准规范,规范至少应包含以下信息。内容的具体要求可查阅 JJF 1071—2000《国家计量校准规范编写规则》。①封面；②扉页；③目录；④范围；⑤引用文献；⑥术语和计量单位；⑦概述；⑧计量特性；⑨校准条件；⑩校准项目和校准方法；⑪校准结果表达；⑫复校时间间隔；⑬附录；⑭附加说明。

三、型式评价大纲

在对计量器具进行型式评价的过程中，必须使用型式评价大纲。如已经有国家发布的型式评价大纲，可按照执行。如果没有适用的大纲应制定适用的大纲，大纲至少应包含以下信息。内容的具体要求可查阅 JJF 1016《计量器具型式评价大纲编写导则》。①封面；②扉页；③目录；④引言；⑤范围；⑥引用文献；⑦术语、符号、代号；⑧概述；⑨提供审查的技术文件和试验样机；⑩法制管理要求；⑪计量要求；⑫技术要求；⑬型式评价项目；⑭型式评价的条件和方法；⑮型式评价结果的处理；⑯附录。

四、表格和记录

（一）表格和记录的作用

1. 表格的作用

制定和保持表格是为了记录有关的信息以证实满足了管理体系检定、校准和检测的要求。

2. 记录的作用

管理体系记录阐明达到的结果或提供证据，以表明程序文件和作业指导书中所规定的已经得到了实施。记录应能够表明管理体系的要求，检定、校准和检测的规定要求得到了满足。

（二）记录的类型

管理体系中包括了两类记录文件，一类是证明体系符合要求、有效运行的记录，例如管理评审的记录、人员（教育、培训、技能和经验）的记录、策划和实施审核的记录、纠正措施的记录、预防措施的记录等；另一类是证明检定、校准和检测过程满足规定要求的记录，例如检定、校准和检测的原始记录，测量不确定度评价的记录，测量结果溯源性的记录等。机构应按照规范的要求和机构确定的要求形成活动和过程的证明文件，即记录。

（三）表格设计的要求

表格包括标题、标识号、修订的程度和修订的日期。表格应被引用或附在质量手册、程序文件和作业指导书中。

为了确保记录信息的完整性和一致性，并便于管理和提高工作效率，表格一般应预先设计固定的格式。在设计表格时应注意下列要求：

（1）表格的设计一般应与其相关的文件同时进行编制，以使记录与相关文件协调一致，接口清楚。

（2）固定表格的名称、标识方法、编号、表格形式、记载的项目、填写、审核和批准的要求。

（3）应避免信息重复，内容和格式的编排应考虑填写方便。

（4）与所对应文件的要求保持一致，不应有矛盾或遗漏的内容。

（5）便于记录的收集、装订和保存。

第五节　文件的编制过程

一、编制的职责

管理体系文件应由参与过程和活动的人员编写，这将有利于对要求的理解并增强员工的参与意识和责任感。

对现有文件的评审和利用以及引用，将大大地缩短管理体系文件的编制时间，同时还有利于识别管理体系中存在的不足，以便进行弥补和纠正。

二、编制的方法

(1)即将实施或正在实施管理体系的机构应：①识别有效实施管理体系所需要的过程；②理解这些过程之间的相互作用；③将这些过程形成文件以确保其得到有效运行和控制。

对过程的分析应该是确定管理体系所需要文件数量的驱动力而不应该是文件驱动过程。

(2)编制管理体系文件的过程不一定按照图 5-2 中的纵向结构自上而下地进行，质量手册的完成通常在程序文件和作业指导书完成之后。下面给出了编写管理体系文件步骤的示例(供参考)：

①根据 JJF 1069—2007《法定计量检定机构考核规范》确定适用的管理体系文件要求；

②通过各种方法，如问卷调查和面谈，收集有关现有管理体系和过程的信息；

③列出现有的适用的管理体系文件，分析这些文件以确定其可用性；

④对参与文件编制人员进行文件编制以及 JJF 1069—2007《法定计量检定机构考核规范》和其他准则的培训；

⑤要求并获得来自运作部门的其他文件或引用文件；

⑥确定文件的结构和格式；

⑦编制覆盖管理体系范围的所有过程的流程图；

⑧对流程图进行分析以识别可能的改进并实施这些改进；

⑨通过试运行，确认这些文件；

⑩在机构内使用其他适宜的方法完成管理体系文件；

⑪在发布前对文件进行评审和批准。

三、引用文件的采用

适当时，为了限制文件的规模，可在文件中引用现有的公认的规范、标准或文件使用者可获得的文件。

当采用引用文件时，规定应避免被引用文件的修订状态，这样可以排除因被引用文件的修订而使引用文件失效。

第六节　文件的控制过程

一、评审和批准

在发布前，应由被授权人员对文件进行评审以确保其清楚、准确、充分、结构恰当。文件的使用者也应该有机会对文件的适用性以及其是否反映了实际情况进行评价和发表意见。文件的放行应得到负责文件实施的管理者的批准。每份文件应有授权放行的证据。机构应保存文件批准的证据。

二、分发

文件应由被授权的人员发放，发放的方法应确保所有需要文件的人员能够得到正确版本的适用文件。文件的正确发放和控制应得到保证，例如使用系列号对每份文件加以标识，以识别文件的接收人员。质量手册的分发可能涉及外部人员（如顾客、考评员和主管部门）。

三、更改的纳入

应规定文件更改的提出、实施、评审、控制和纳入的过程。文件更改的过程应执行与制定原文件相同的评审和批准过程。

四、发布和更改控制

文件的发布和更改控制是必要的，以确保文件内容得到被授权人的批准并且有明确的批准标识。

可采取各种方法实现对文件的更改过程。

机构应建立过程以确保使用的文件是正确的。在某种情况下，使用的文件可能不是最新修订的文件。最新的文件取代被修改的文件，可使用标明文件更改状态的文件清单，确保使用者所使用的是经过批准的正确版本的文件。

机构应研究如何记录文件更改历史以满足法律法规的要求和（或）知识积累的需要。

五、非受控文件

用于投标、顾客使用以及其他特殊用途发放的文件，不要求对其更改进行控制，对此类文件应作为非受控文件明确加以标识。

第六章　计量检定机构管理体系的运行

第一节　应用过程方法

JJF 1069—2007《法定计量检定机构考核规范》鼓励法定计量检定机构在建立、实施和改进管理体时采用过程方法。GB/T 15481—2005（ISO/IEC 17025:2005）《检测和校准实验室能力的通用要求》基于要素的结构被基于过程的管理体系结构所取代（见图 2-1 管理体系模式）。

本章寻求以简单的语言解释过程的含义、过程在体系中如何能发生相互作用、如何采用策划—实施—检查—处置（P—D—C—A）循环管理这些过程，以及如何策划管理体系和检定、校准和检测实施的过程。

一、过程方法的理解

过程是“一组将输入转化为输出的相互关联或相互作业的活动”。如图 6-1 所示。

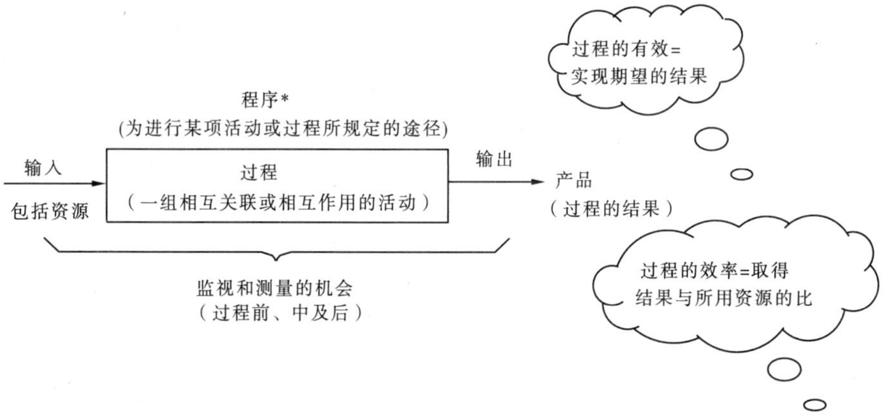

注：这是 ISO 9000:2000 标准中“程序”的定义，不一定是标准或规范中所要求的“形成文件的程序”中的一个。

图 6-1　过程示意图

过程的三要素是输入（先决条件和要求）、输出（产品）、（必要的）资源和活动。

过程的特征是增值（过程的结果）、受控（检查、评审、验证）。

过程的核心是活动，活动有顺序；活动需要资源；活动要受控（策划、受控条件、监视和测量）；活动要实施（职责、规范、记录）；活动要增值（预期的结果，过程的有效性和效率）。

一个过程的输出可能是其他一个或几个过程的输入。一个过程的输入可能是其他一个或几个过程的输出。

过程方法是将活动和相关的资源作为过程进行管理,可以更高效地得到期望的结果。

作为2000版ISO 9000族标准基础的质量管理八项原则的其中一项的“过程方法”,它也是JJF 1069—2007《法定计量检定机构考核规范》的一项重要管理原则。

过程方法是控制论在过程中的体现,管理的是单个过程中的一组活动、过程之间的联系及构成组合的相互作用,并对其进行优化,旨在高效率地达到过程的预期结果。

采用过程方法就是要:识别过程 →识别过程之间的接口 →为过程配备适宜的资源 →确定对过程的监测方法 →对过程实施控制、监测 →对监测数据进行分析 →改进过程 →进一步的识别过程 →形成一个持续改进的P—D—C—A循环。

《法定计量检定机构考核规范》强调机构识别、实施、管理和持续改进其管理体系所需过程的有效性,并管理这些过程的相互作用,以及实现机构的目标的重要性。

二、P—D—C—A循环和过程方法

“策划—实施—检查—处置”循环由Walter Shewhart于20世纪20年代提出,后来由W. Edwards Deming(戴明)进行了推广与普及。

P—D—C—A的概念贯穿于我们的工作和日常生活的各个方面,并在我们所做的每一件事中被持续地采用(正式的或非正式的,有意的或无意的)。每项活动,无论多么简单或复杂,都可落入这种永无止境的方式中。

从管理体系的角度,P—D—C—A(“策划—实施—检查—处置”)是可以在机构过程中应用的动态循环,它与检定、校准和检测的实现以及其他管理体系过程的策划、实施、控制和持续改进都紧密相关,见图6-2。

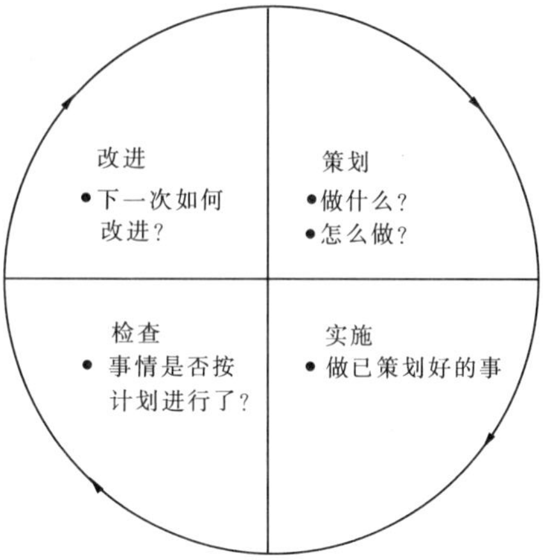

图6-2　“策划—实施—检查—处置”循环

可通过在机构内各层次应用P—D—C—A概念来保持和持续改进过程能力。无论是高层次的战略过程(如管理体系策划和管理评审),还是作为检定、校准和检测实现过程的一部分的简单运作活动,P—D—C—A都同样适用。

对照《法定计量检定机构考核规范》“5.1总要求”,P—D—C—A模式对过程的应用如下:

P——策划(Plan):根据顾客、法律法规和组织的方针,为提供准确可靠的结果建立必要的目标和过程;

D——实施(Do):实施策划的过程;

C——检查(Check):根据方针、目标以及检定、校准和检测要求对过程以及检定、校准和检测结果进行监督,并分析和报告结果;

A——改进（Action）:采取措施,以持续改进过程业绩。

三、管理的系统方法的理解

一个主过程可能需要若干个辅助过程的支持。一个大过程可以包含若干个小过程、子过程、微过程。相关过程之间的有机结合构成过程网络。基于过程的管理体系就是一个过程网络。

机构的过程之间的相互作用通常很复杂,导致了过程网络的形成。这些过程的输入和输出通常可能与外部和内部的顾客有关,图 6-3 给出了相互作用的过程网络状联系的示例。过程网络模式反映了在规定作为输入的要求时,顾客起重要的作用。顾客对过程输出满意程度的反馈是质量管理体系持续改进过程的根本输入。

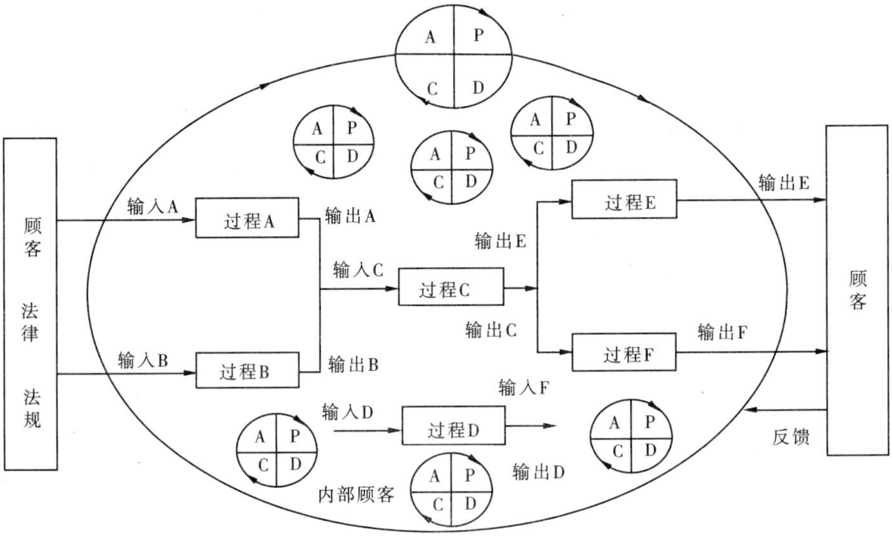

图 6-3　相互作用过程的典型网络

值得注意的是,P—D—C—A 循环既适用于单个过程,也适用于整个网络。一些重要的质量管理体系过程可能不与顾客发生直接的作用。例如,图 6-3 中的过程“F”可以是内部审核、管理评审或培训过程。

与过程方法紧密相关的另一个重要的质量管理原则是管理的系统方法,它明确了“将相互关联的过程作为系统加以识别、理解和管理,有助于组织提高实现目标的有效性和效率”。

管理的系统方法是系统论在管理中的体现,该方法管理的是一组过程,是对过程网络实施系统分析和优化。

采用管理的系统方法就是:要建立管理体系,高效地实现组织的目标 →识别该体系的过程以及它们之间的相互依赖关系 →明确各部门和各岗位的职责权限 →确定为实现这个过程所需的资源 →设定各过程的目标，确定控制过程中特定活动的方法 →通过测量和评价，持续改进体系。

鉴于此，管理体系包含了一些相互作用的过程。管理体系所需要的过程不但包括检定、校准和检测实现的过程，也包括各种管理、监督过程（例如管理职责、管理评审、资源配置和管理、内部审核以及其他过程）。这一点如图 6-4 所示，该图对构成质量管理体系的典型过程类型（以过程为基础的管理体系模式），按照 JJF 1069—2007《法定计量检定机构考核规范》第 4 ~ 8 章划分，提供了更加详细的展示。

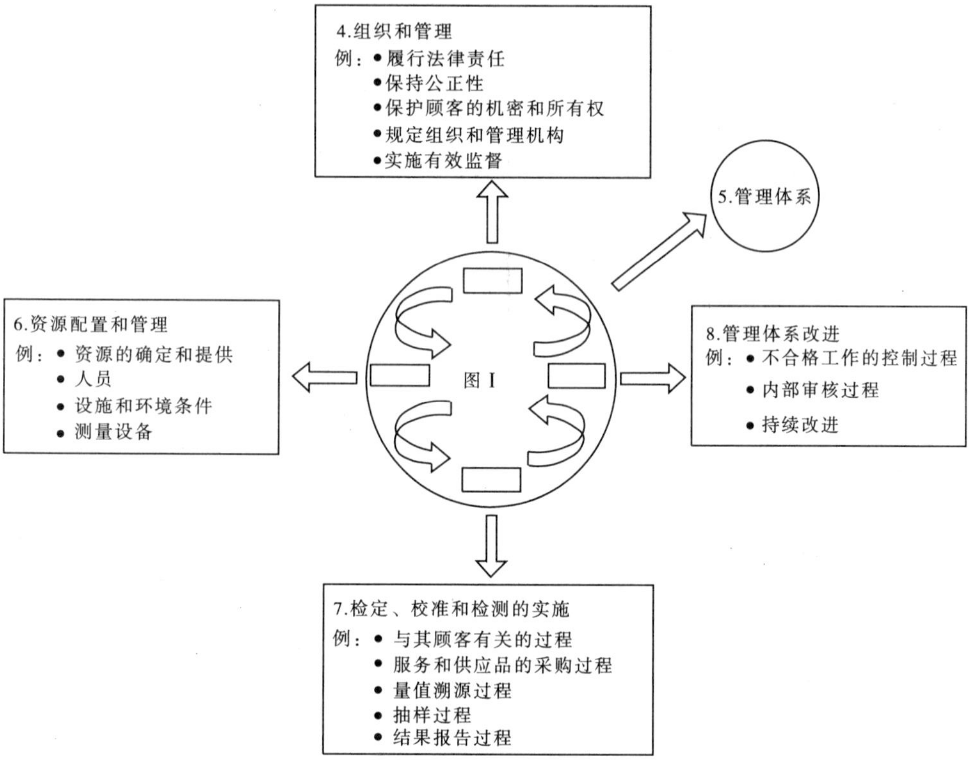

图 6-4　与图 I 有关的典型管理体系过程的示意图

四、过程方法实施

（一）实施过程方法的基本步骤

JJF 1069—2007《法定计量检定机构考核规范》中，过程方法包括检定、校准和检测实施所需要的过程，以及管理体系有效实施所需要的其他过程，包括资源配置和管理过程、管理评审过程、内部审核过程、体系改进过程等。所有的过程都可以采用“P—D—C—A”的概念予以管理。

《法定计量检定机构考核规范》的第 4 ~ 8 章明确了对这些过程的要求。

在《法定计量检定机构考核规范》的第 5.1 条款，规定了管理体系的总体要求。建立、运行和改进管理体系可按以下的逻辑步骤进行。

1. 识别过程及其应用

过程是指机构的所有过程。规范要求的过程是管理体系所需要的全部过程，包括管理职责过程、资源配置和管理过程、检定/校准和检测过程、体系改进过程以及这些过程所包括的或涉及的各分过程或子过程。

过程的应用包括 2 个方面：

(1) 将《法定计量检定机构考核规范》给出的过程结合本机构的自身实际过程建立可运行的管理体系；

(2) 在应用时应考虑《法定计量检定机构考核规范》在第 1 章中所提出的不同机构的类型、承担不同职能所涉及的不同过程以及删减要求所涉及的过程。

可以用各种不同的方法来识别过程。《法定计量检定机构考核规范》鼓励采用"过程方法"。具体地讲，是对体系中的每一个过程的输入、输出及其活动和所需要的资源的识别和确定，以及过程之间的相互作用。识别的要求还包括管理体系所包括全部过程的系统识别。

识别过程时，具体可考虑以下内容：

(1) 机构管理体系所需要的过程有哪些？

(2) 这些过程中有哪些过程被外包？

(3) 每个过程的输入和输出是什么？

(4) 这些过程的顾客都是谁？

(5) 这些顾客的要求是什么？

(6) 谁是过程的执行者？

2. 确定过程的顺序和相互作用

根据检定、校准和检测的实施流程来考虑过程的安排，确定这些过程如何排列更具有逻辑顺序，而且能够构造一个有效的管理体系。过程的输出和进入下一个过程的输入的关系将为指导排列过程顺序提供有价值的参考。过程的顺序和相互作用还包括管理职责过程、资源配置和管理过程以及体系改进过程。如何在检定、校准和检测实施流程的各个环节中或过程中该过程的作用。

相互作用主要是指某个过程的输入应来源于哪几个过程的输出，该过程的输出应成为下面哪几个过程的输入，即各个过程之间的联系和接口活动。

实施中可考虑下述内容：

(1) 机构的过程的总流程；

(2) 机构是否能对总流程进行描述？

(3) 这些过程之间的接口是什么？

(4) 机构需要哪些文件？

3. 确定为确保这些过程有效运行和控制所需要的准则和方法

在确定所需要的准则和方法时应考虑以下因素：

(1) 过程预期的和非预期的结果的特性；

(2)监视和分析的准则；

(3)如何把上述准则纳入体系策划和检定、校准和检测实施过程策划；

(4)经济和可行性分析(成本、时间和风险的比较)；

(5)信息和数据收集的方法。

4. 确保可以获得必要的作用和信息，以支持这些过程的运行和对其监视

实施中应考虑下列问题：

(1)每一个过程所需要的资源；

(2)沟通的渠道；

(3)提供关于过程的内外部信息的方法；

(4)获得反馈的方法；

(5)需要收集的信息；

(6)需要保持的记录。

5. 对过程进行监视和测量，并对监视和测量的结果进行分析

实施中应考虑下列问题：

(1)如何监视过程业绩(检定、校准和检测结果的质量，顾客满意度等)？

(2)必须进行哪些测量？

(3)如何能最好地分析所收集的信息(统计技术的应用)？

(4)分析结果的表述。

6. 针对分析的结果采取必要的措施，以实现对这些过程所策划的结果和对这些过程的持续改进

实施中应考虑以下问题：

(1)如何改进过程？

(2)必须采取哪些纠正措施或预防措施？

(3)纠正措施或预防措施是否已经实施？

(4)措施实施的结果是否有效？

以上六个步骤是过程方法的具体体现，其中第①、第②步和第③步为策划阶段；第④步为实施阶段；第⑤步为检查阶段；第⑥步为处置阶段，由此构成了P—D—C—A循环。

(二)管理过程流程的设计方案

管理过程包括实施组织和管理、管理体系、资源配置及管理和体系改进等所需要的过程。为了满足《法定计量检定机构考核规范》的要求，图10 ~ 图16是一些可供机构参考的过程流程设计方案。应该强调的是这些方案只是例子，不应该被视为满足要求的唯一方法。

1. 文件控制图

文件控制流程图如图6-5所示。

2. 记录控制流程图

记录控制流程图如图6-6所示。

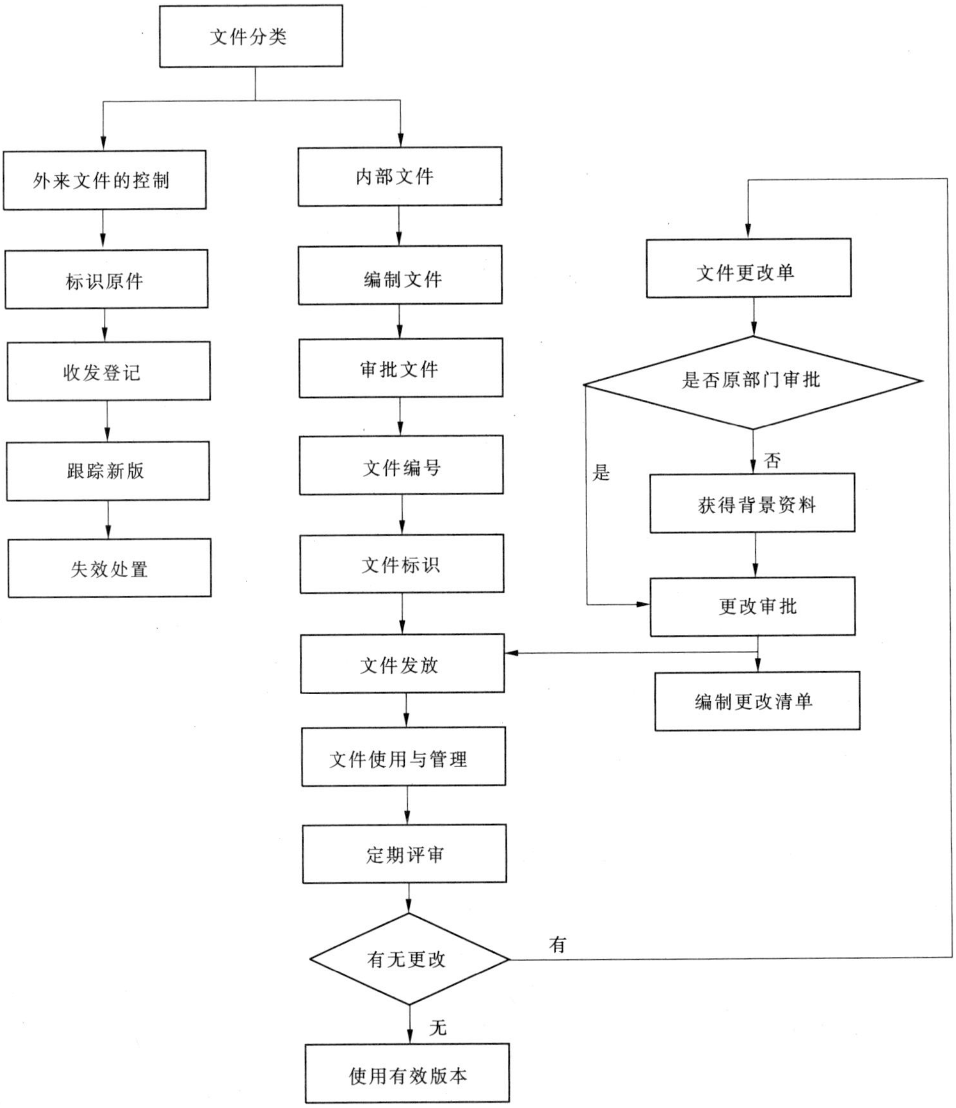

图 6-5　文件控制流程图

3. 采购流程图

采购流程图如图 6-7 所示。

4. 不合格工作控制流程图

不合格工作控制流程图如图 6-8 所示。

5. 纠正措施程序流程图

纠正措施程序流程图如图 6-9 所示。

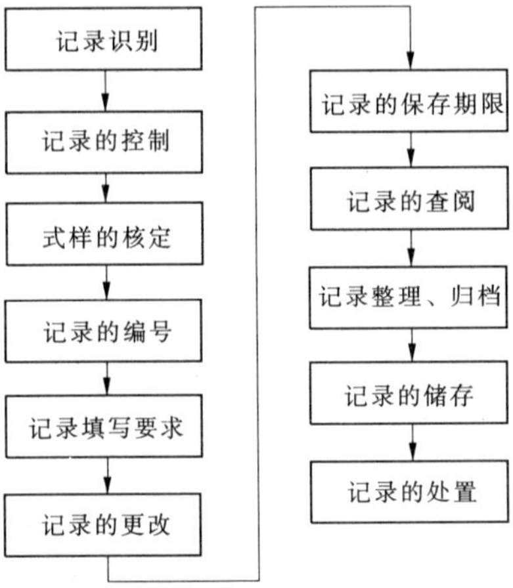

图 6-6　记录控制流程图

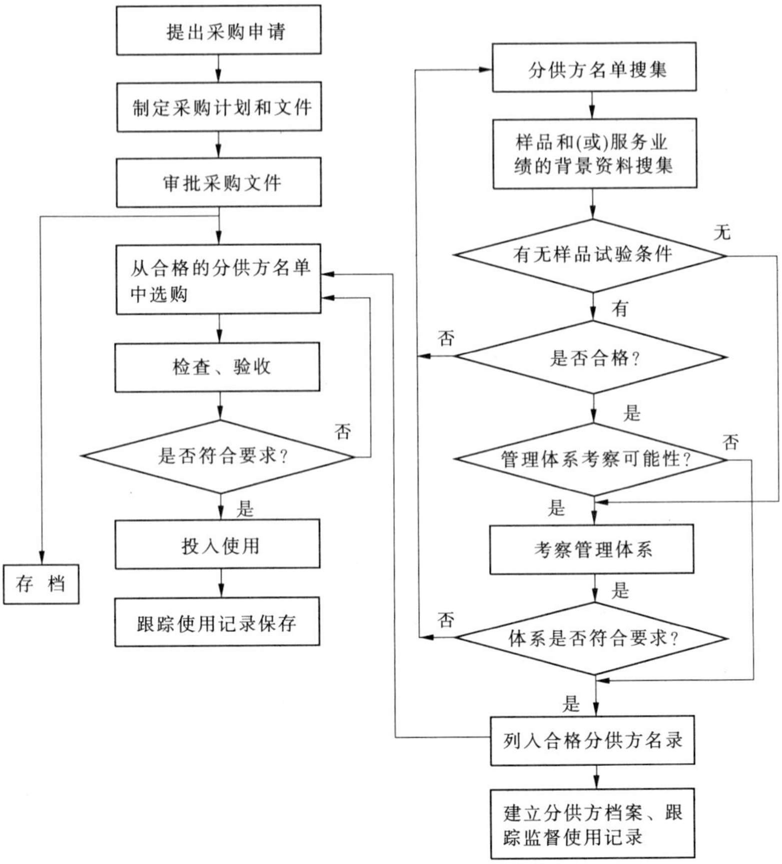

图 6-7　采购流程图

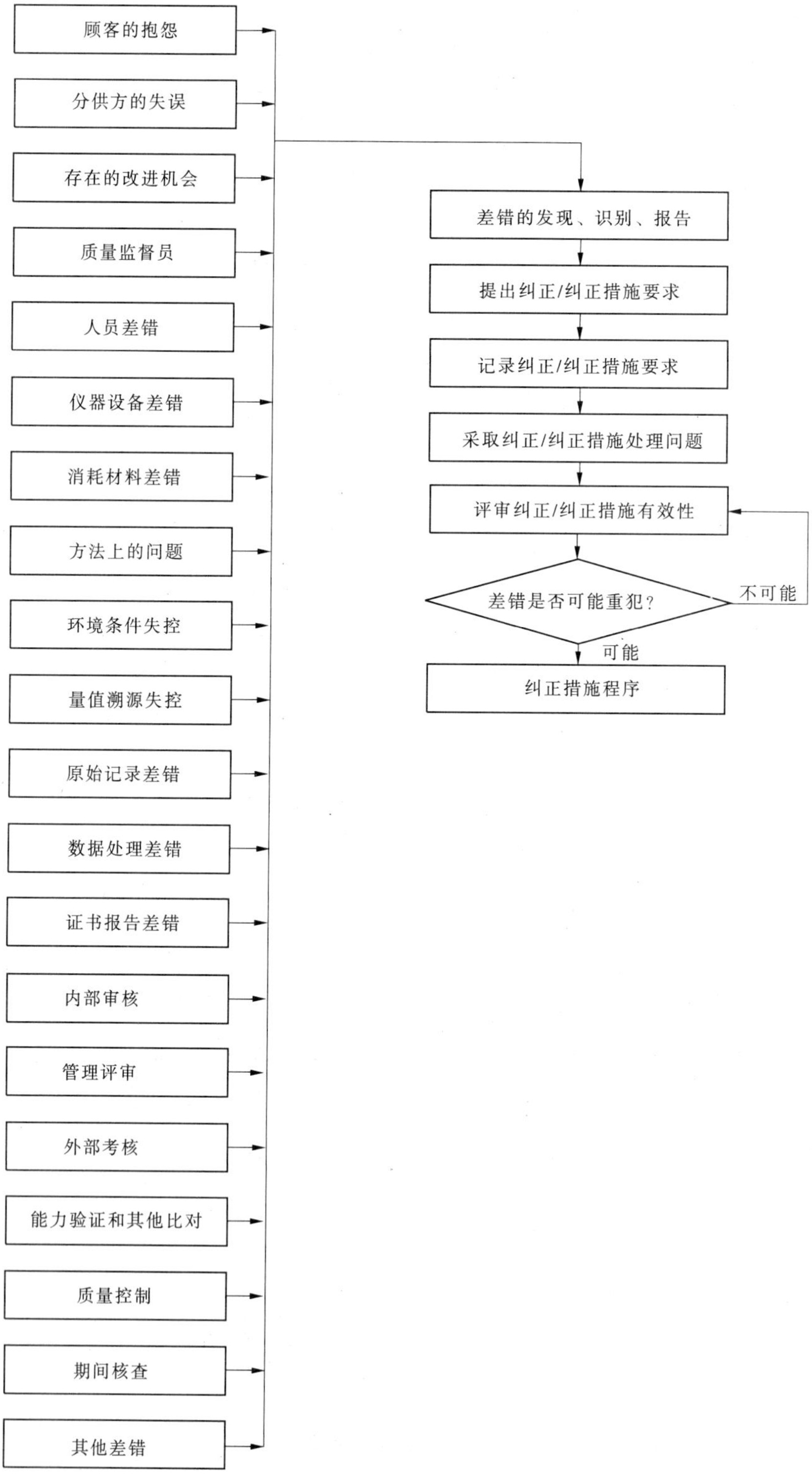

图 6-8　不合格工作控制流程图

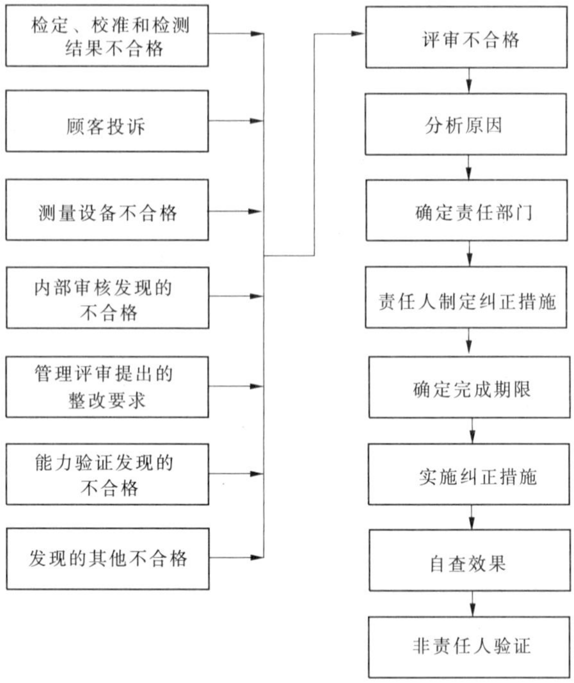

图 6-9　纠正措施程序流程图

6. 预防措施程序流程图

预防措施程序流程图如图 6-10 所示。

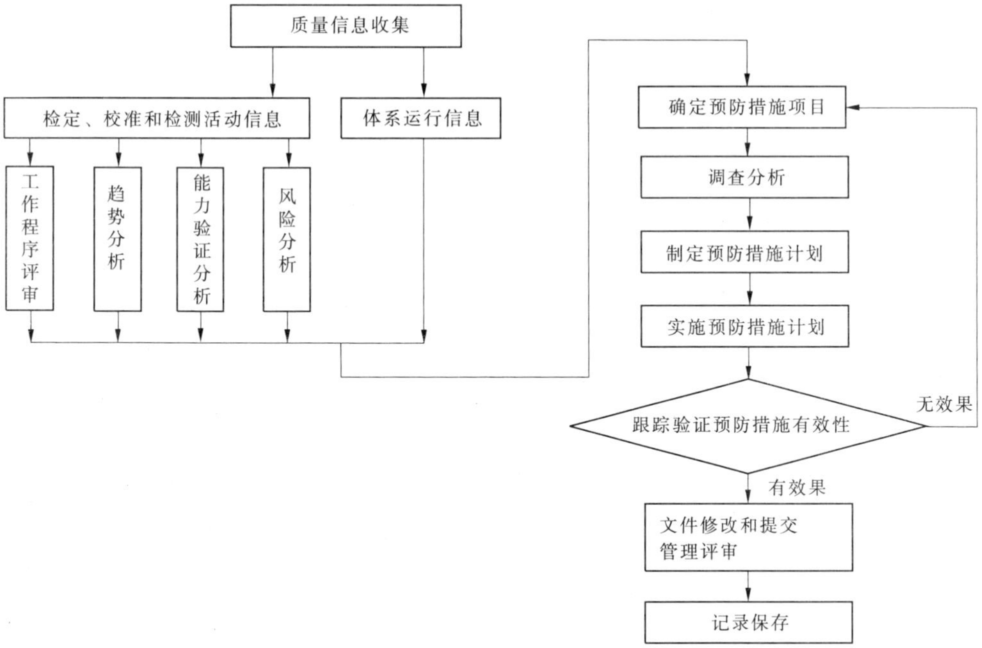

图 6-10　预防措施程序流程图

7. 管理评审流程图

管理评审流程图如图 6-11 所示。

图 6-11　管理评审流程图

(三)检定、校准和检测过程的设计

检定、校准和检测实施是机构履行职责,为计量监督提供计量技术保障,为社会和经济发展提供计量技术服务的核心活动。通常,包括检定过程、校准过程、定量包装商品净含量计量检验过程和计量器具型式评价过程。这些活动之间,既有相同的要求,也有不同的特点,机构应策划检定、校准、定量包装商品净含量检验和计量器具型式评价所需要的过程,以及相应的质量目标和要求、文件和资源需求、验证、比对监视和控制活动以及所需要的记录。下面的流程图是强制检定、校准、合同评审、定量包装商品净含量计量检验和计量器具型式评价的实施过程,供机构在设计和制定本单位的过程时参考。

1. 强制检定过程流程图

强制检定过程流程图如图 6-12 所示。

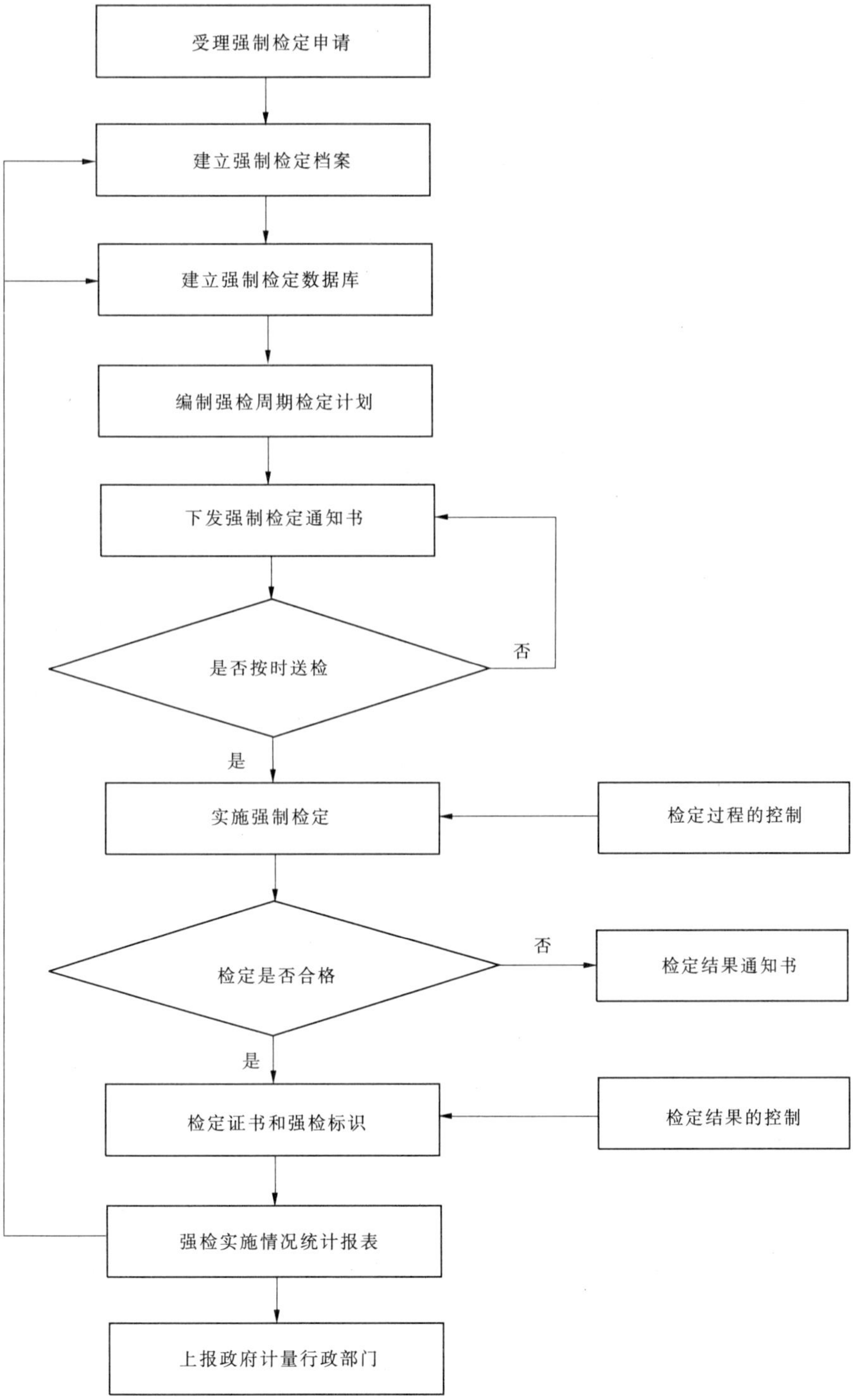

图 6-12　强制检定过程流程图

2．校准过程流程图

校准过程流程图如图 3-4 所示。

3. 合同评审流程图

合同评审流程图如图 3-5 所示。

4. 定量包装商品净含量计量检验过程流程图

定量包装商品净含量计量检验过程流程图如图 3-6 所示。

5. 计量器具型式评价过程流程图

计量器具型式评价过程流程图如图 3-7 所示。

第二节　实施期间核查

为了保证在用计量标准装置、测量设备在两次检定（校准）间隔之间的准确可靠，并保持良好置信度的检定（校准）状态，JJF 1069—2007《法定计量检定机构考核规范》提出了计量标准和测量设备的期间核查要求。为了帮助计量检定机构提高对期间核查重要性的认识，并认真、有效地做好期间核查工作，本章对期间核查的意义、对象和方法作简要介绍，在核查方法中将重点介绍应用核查标准和统计技术开展期间核查的方法。

一、期间核查概述

（一）开展期间核查的意义

1. 测量设备检定（校准）的局限性

在《法定计量检定机构考核规范》中已经明确规定对所有与检定（校准）和检测工作质量有关的测量设备都必须进行检定或校准，并确保其量值能溯源到国家基准，为什么还需要开展对计量标准和测量设备的期间核查呢？

在一般要求的情况下，对计量标准和测量设备进行检定（校准）已经满足保证测量结果准确、可靠的要求。但是，检定（校准）还存在一些不足之处，主要表现为以下几个方面：

（1）在两次检定（校准）的间隔期间不能完全保证测量设备的准确度不变。由于检定（校准）的间隔主要是按照经验确定的，虽然多数测量设备是能够保证其质量的，但不可避免地会发生偶然故障或由于预想不到的因素使测量设备准确度下降，有时这种变化并不明显也不容易被察觉。如果继续使用这样的设备进行测量，将使测量结果的质量失去保证。

（2）实施检定（校准），通常是把测量设备从使用单位送到上一级计量检定机构。通常经检定（校准）的测量设备是正常的，但是不可避免地会因为运输过程中的振动等原因，设备返回后计量性能发生了变化，引起了失准。使用该设备进行测量就会产生错误的结果。

（3）虽然在建立标准或设计测量过程时，对计量检定（校准）或测量过程的各项要素进行了研究和考核，例如计量标准器考核、测量设备必须有检定或校准证书、人员必须培训考核、有检定规程（校准规范）或形成文件的测量程序、对环境条件中的重要影响量实施控制和记录等。但是，在实际检定（校准）或测量过程中由于测量系统的连接不当、人员操作失误、环境条件失控等原因，测量结果的误差产生较大变化。即使使用准确度很高的测量设备也可能得出不准确的测量结果。

2. 开展期间核查的优越性

在对准确度要求比较高、过程比较复杂、结果比较重要的计量标准（测量设备）的管理中，仅仅采取检定（校准）的方法是不能完全满足质量保证的要求的。只有既采用检定（校准）又采用期间核查的控制方法，才能确保计量标准和测量设备产生的测量结果的测量不确定度持续地控制在规定的允许范围之内。

应用核查保证实施测量过程控制的优点在于：

（1）通过经常性的期间核查及时发现计量标准和测量设备的变化，无论这种变化是由于随机误差的增加还是系统误差的增加所引起的，也无论是突然变化还是逐渐出现的缓慢变化。一旦发现问题可随时采取纠正措施，从而实时地控制计量标准和测量设备，使之保持在规定的要求之内，并处于长期连续的质量控制之中。

（2）实施对计量标准和测量设备的期间核查，不仅可以对计量标准和测量设备实施有效控制，更可以对使用计量标准进行的检定或校准过程以及使用测量设备进行的检测过程实施有效的控制，以确保检定、校准和检测结果的准确可靠。

（3）开展期间核查能够定量评价检定、校准和检测结果的测量不确定度，从而可以报告测量结果的总体不确定度，以满足需要确切了解测量结果不确定度的顾客的要求。

（二）期间核查的主要对象

期间核查的优越性是以多次、连续的核查为代价的。这就意味着不仅仅是比较高的技术要求，而且还增加了工作量，提高了运行成本。因此，要根据实际情况决定期间核查的范围以及控制的程度。选择的原则取决于适宜性、经济性、风险与成本的比较等因素。

计量标准装置、测量设备、试验设备以及标准物质一般在下列情况下需要实施期间核查：

（1）新建立的计量标准装置、新购置的测量设备和首次使用的标准物质。

（2）使用时间较长，计量性能的稳定性和可靠性下降的计量标准装置或测量设备。

（3）有较高准确度要求的关键计量标准装置和测量设备。

（4）计量标准稳定性考核结果表明其检定或校准的数据超出其稳定性允许误差范围的。

（5）经常携带到现场进行检定、校准和检测的测量设备。

（6）在运行过程中，有可疑现象发生的计量标准、测量设备。

（三）期间核查可选用的方法

根据被核查的计量标准和测量设备的具体情况和要求一般可选择使用下列方法（但不限于下列方法）：

（1）采用高一级精度等级的计量标准或有证标准物质进行核查。

（2）采用同等精度的计量标准、测量设备进行比对。

（3）采用核查标准和统计技术对计量标准或测量设备实施过程控制等。

其中，采用核查标准和统计技术对计量标准、测量设备和测量过程实施核查是一种比较有效的方法，但也是有一定技术难度的方法，将在下面作重点介绍。

二、核查标准的应用

（一）核查标准的基本概念

1. 核查标准的定义

在《国际通用计量学基本术语》（VIM：1993）中对“核查标准”给出的定义是：用于确保日常测量工作正确进行的工作标准称为核查标准。“工作标准”是指用于日常校准或核查实物量具、测量仪器或参考物质的测量标准。

在 GB/T 19022.2—2000（ISO 10012－2：1997）标准中对“核查标准”给出的定义是：为了对某个测量过程进行控制，通过对该过程的测量来收集数据所使用的测量设备、产品或其他物体。

上述两个“核查标准”的定义在表述上有所不同，但是在本质上是一致的，都强调了“核查标准”的功能是用于对测量过程实施有效控制，其目的是为了确保测量工作的正确进行。两者的区别在于后者与前者相比较，其适用范围更广，内涵更为丰富。

第一个定义把“核查标准”局限在用于核查的“工作标准”范围之内；而后者则把“核查标准”扩展为用于对测量过程实施控制的“测量设备、产品或其他标准物体”。此外第二个定义精确地描述了核查标准的核心作用是“通过对该过程的测量来收集数据”。

核查标准定义的发展变化，充分体现了国际计量界对核查标准在理论研究上从“测量保证”向“测量过程控制”不断深化的过程和在实践应用中从计量校准实验室向工程测量领域不断拓展的过程。

2. 核查标准的概念

通过对上述定义的分析，我们可以得到关于“核查标准”的一个完整的概念：核查标准是与通过受控测量过程进行测量的被测物相似的某种装置。人们通过对预期稳定的核查标准进行定期的测量，并绘制数据控制图来获得一个或多个测量不确定度的 A 类分量。当某个核查标准的测量平均值与先前确认的标准值不同时，人们应该怀疑这个测量过程已经存在明显的偏移，应通过检验来验证这个偏移的严重情况。对这种检验已有有关的统计检验方法。必要时，应消除或补偿这些偏移。此外，核查标准也不一定是单个物体，例如，两个标准之间的差值，在被限定的特殊情况下，可作为核查标准使用。因此，核查标准的定义应建立在尽可能广的范围内。

3. 核查标准的工作原理

应用核查标准控制测量过程的原理类似于生产过程的统计控制原理。在过程控制中必须建立一个反馈控制系统。测量过程控制的反馈控制系统如图 6-13 所示。

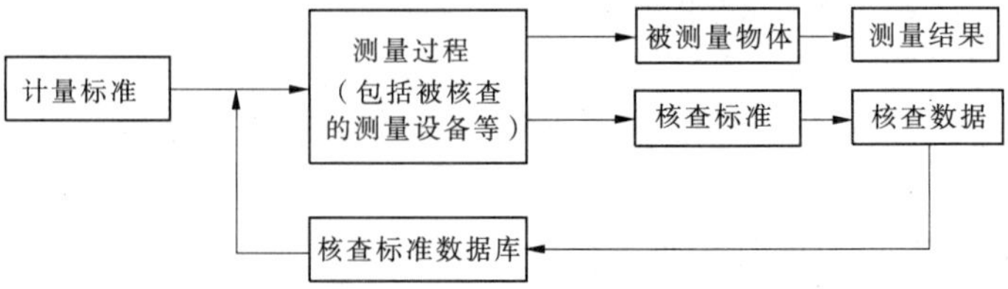

图 6-13　测量过程控制原理图

测量过程控制的基本原理就是测量过程对核查标准的响应完全类似于对被测量对象的响应。用核查标准不断地监测受控的测量过程（包括被核查的测量设备），将核查的数据建成数据库，并采用控制图来分析和检验测量过程是否受控。如果发现超出了规定的控制范围，则应对测量过程采取相应的纠正措施，直至测量过程返回到控制范围之内，从而达到监控测量过程的目的。

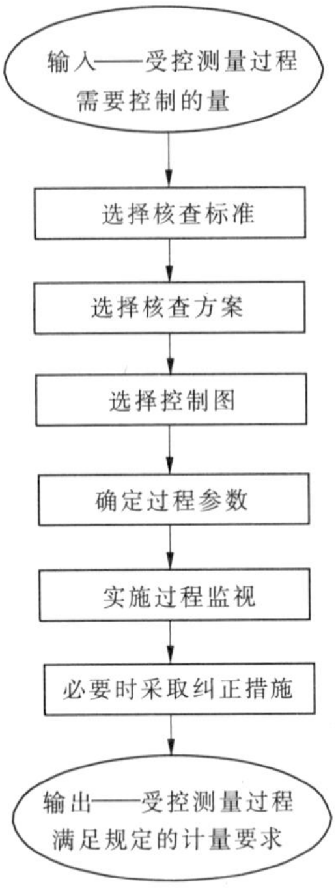

图 6-14　应用核查标准实施过程控制的流程图

（二）核查标准的应用方法

将核查标准应用于测量过程的控制大致包括下列步骤：选择核查标准；选择核查方案；选择控制图；确定过程参数；实施过程监视；必要时采取纠正措施等。图 6-14 反映了核查标准应用的工作流程。

1. 选择核查标准

1）选择原则

（1）核查标准是与通过受控测量过程进行测量的被测物相似的某种装置。因此，核查标准必须根据受控测量过程中需要控制的量的计量要求来选取。核查标准所体现的量及其量程应与测量过程所测的量相一致。

（2）为了能准确地监测测量过程的变化，核查标准必须具有良好的稳定性。如果稳定性不好，虽然监测到了测量过程的变化量，但很难判断是测量过程引起的还是由核查标准引起的，因而达不到监视测量过程变化的目的。

2）溯源要求

核查标准应通过独立于受控测量过程的另一个过程来测量或校准，这个过程比所要控制的过程更精密。如果没有如此的独立性和（或）如此高的精密度，核查标准仍然能够对控制测量过程提供有用的帮助。但是，如果获得的结果是被用于评估受控的测量过程的偏移，并且要评定修正值所引起的不确定度影响，那么核查帮助的独立性或校准的溯源性就极为重要。

2. 选择核查方案

1）选择原则

（1）应考虑通过核查对测量过程所得数据进行全面监测和分析，以便迅速发现存在的问题，并及时采取纠正措施以防止测量过程对要求的偏离。

（2）应考虑使影响测量过程变化的各种随机因素都有机会表现出来，并考虑任何不符合规定要求的风险，这些风险是已经明确的并可接受的。

（3）应考虑以比较少的核查工作量获得最多的信息量，以尽量降低核查的成本。

2）方案的要求

（1）根据测量过程的特点明确数据处理和统计分析方法，建立核查数据库。在检定、校准和检测中，多数的测量过程是直接测量，因此可采用直接测量的特点选择合适的统计方法、核查间隔、核查方法等。

(2)核查方案应形成程序文件,内容可包括测量原理方框图——核查原理、核查条件、核查方法、核查间隔 、核查标准、记录要求、核查结果处理及测量不确定度评定(必要时),以及相关的技术规范或标准等。

3. 选择控制图

1)控制图的概念

控制图是对过程质量加以测定、记录并进行极值管理的一种用统计方法设计的图。图上有中心线(CL)、上控制限(UCL)和下控制限(LCL),并有按时间顺序抽取的样本统计量数值的描点序列,见图6-15。UCL、CL、LCL统称为控制线。若控制图中的描点落在UCL和LCL之外,或描点在UCL和LCL之间的排列不随机,则表示过程出现了异常(见图6-15)。

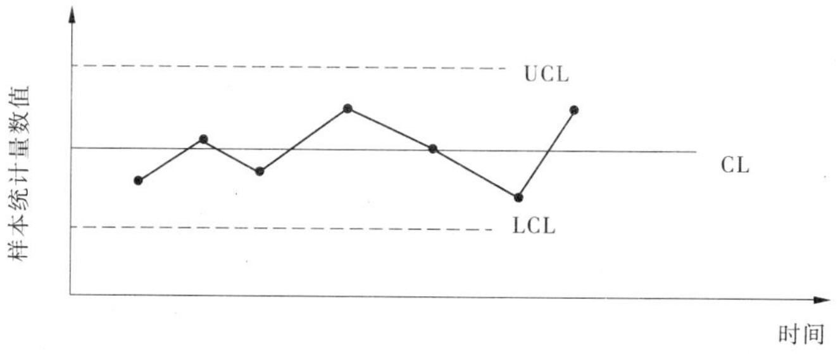

图6-15　控制图示例

在统计过程控制中,控制图是核心工具。选择控制图可参考国家标准GB/T 4091—2001《常规控制图》。

在对测量过程实施控制时,控制图的主要作用是:监测测量数据是否受控;发现失控原因和修正过程参数。

2)控制图的类型

常规控制图主要有两种类型:计量控制图和计数控制图。计量数据是指对考察子组中每一个单位产品的特性值的数值大小进行测量与记录所得到的观察值,例如以米表示的长度、以欧姆表示的电阻等。计量控制图代表了控制图对过程控制的典型应用。在计量控制图中常用的类型包括均值控制图、极差控制图和标准偏差控制图。

(1)均值控制图。均值控制图主要用于观察测量结果的平均值的变化情况。为了最有效地控制测量过程,核查结果的数据应该是几次观察值的平均值,大多数情况下用3~5次观察值进行平均。核查时将每组核查 n 次,以 n 次的平均值画在控制图上。如图6-16所示。从图上可见,测量观察的平均值在 t 时发生了突变,说明测量观察失去控制,引入了新的系统误差。

(2)极差控制图。极差控制图主要用于观察测量结果的分散情况,即测量结果的波动情况。每组测量值的最大值和最小值之差称为极值,用 R 表示。这种控制图又称为 R 控制图(见图6-17)。当每次核查所观察的次数比较少时,用极差控制图比较有效和方便。

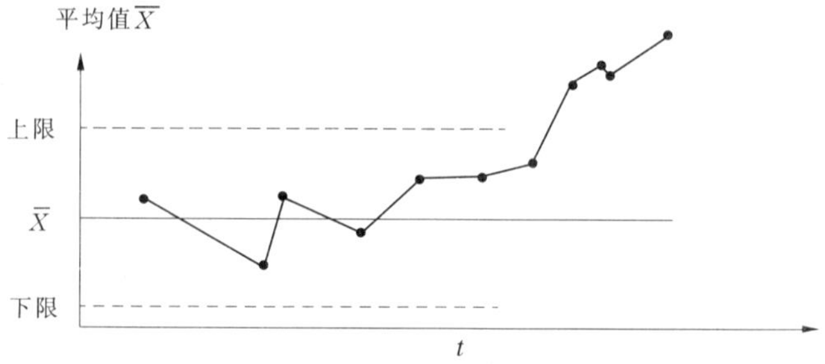

图 6-16　平均值控制图

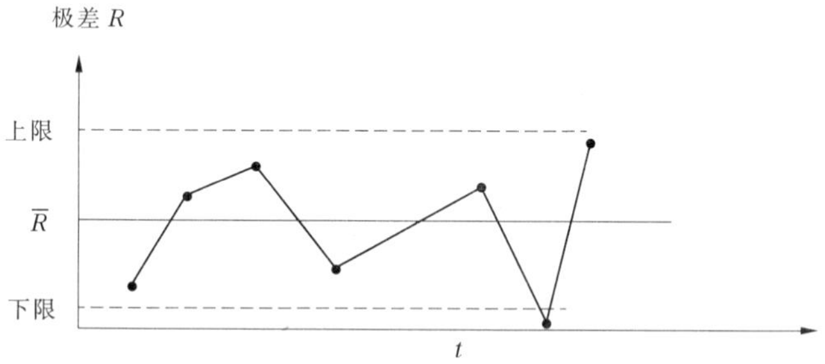

图 6-17　极差控制图

(3)标准偏差控制图。标准偏差控制图主要用于观察测量过程随机误差的分散情况,由每次核查的有限次过程的数据列,可计算得到组内标准偏差,通常用 s 表示,并画在控制图上。该控制图又称为 s 控制图。它适用于过程次数比较多的情况,当过程次数超过 12 次,标准偏差控制图是一种非常有效的方法(见图 6-18)。

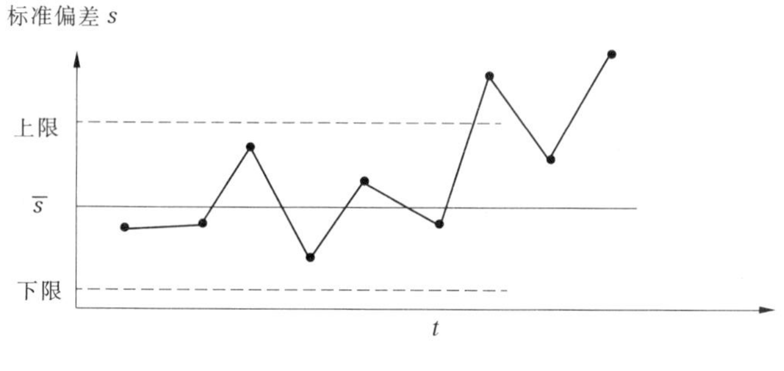

图 6-18　标准偏差控制图

从图 6-18 可见,在 t 时间前,测量过程的标准偏差在控制极限以内,说明测量过程的随机误差没有明显的变化,但是从 t 时起,测量过程的标准偏差明显增大,由于随机误差增大而使测量过程失去控制。当测量次数较少时,计算标准偏差有困难,所以使用 s 控制图就不适用,而选择极差控制图比较适宜。

(4)均值—极差控制图($\overline{X}$—R 控制图)。均值控制图主要用于观察测量结果平均值的变化情况,极差控制图主要用于观察测量结果的分散情况,将二者联合运用,可以观察测量结果的变化。

(5)均值—标准偏差控制图($\overline{X}$—s 控制图)。$\overline{X}$—s 控制图与 $\overline{X}$—R 控制图相似,只是用标准偏差控制图代替极差控制图。因为子组极差 R 的计算比子组标准偏差的计算简单,所以 R 图得到广泛应用。但是,当子组测量次数大于 10 次时,极差对数据的利用效率大为降低,需要应用标准偏差图代替极差图。现在由于计算机的普及,标准偏差的计算已经不成问题,故 $\overline{X}$—s 控制图的应用越来越广泛。

3)控制图的应用方法

(1)确定控制极限。

(2)绘制控制图。以纵坐标为核查值,以横坐标为时间,用虚线表示控制极限,以实线表示测量观察的基线(如上述图 6-7 ~ 图 6-10 所示)。

(3)确定每一个子组核查时对核查标准的测量次数(n)。通常取 $n=3\sim5$。用受控的测量过程对核查标准进行 n 次测量,将测量结果按选定的控制图的要求进行平均值、极差或标准偏差的计算,并将计算结果绘制在相应的控制图上。如果核查数据落在预先规定的控制限之内,表明测量过程处于统计控制状态,否则,就是测量过程失控。通过对测量过程的"组内核查"可以考核测量过程的短期稳定性。

(4)确定核查标准的测量频次。核查标准的测量频次取决于:控制的量值;要求保证的程度和测量不确定度的严格程度,目的是充分暴露测量过程中各种影响量的变化。通过核查标准测量频次,可以确定两次校准间隔(例如 1 年)的核查组(次)数 m,通常 $m=6\sim24$(半个月到 2 个月测量一次)。通过对测量过程按一定频次的"组间核查",可以考核测量过程的长期稳定性和可靠性。

4. 确定过程参数

(1)在建立控制图之前,首先要确定测量过程的过程参数,包括 $\overline{\overline{X}}$、$\overline{R}$ 或 $\overline{s}$ 以及它们的控制限。注意相关字母上应有横画线。

$\overline{X}$、R 或 s 的确定方法如下:在被控制的测量过程中预先对选定的核查标准进行重复测量,要求测量的组数足够多、测量的时间随机选取,以便充分暴露测量过程的各种影响量的变化。由每组的观测值可得到算术平均值、极差 R 或标准偏差 s。由各组的 $\overline{X}$ 取平均得到 $\overline{\overline{X}}$,由各组的极差 R 取平均得到 $\overline{R}$,或由各组的标准偏差的合并求得合并标准偏差,即测量过程的长期的组内标准偏差平均值 $\overline{s}$。

当每组测量次数 n 相同时,

$$\overline{X} = \frac{1}{k}\sum_{i=1}^{k}\overline{X}_i$$

$$\overline{R} = \frac{1}{k}\sum_{i=1}^{k}R_i$$

$$\overline{s} = \sqrt{\frac{1}{k}\sum_{i=1}^{k}s_i^2}$$

(2)控制限的确定。控制限是判断测量过程是否存在异常的准则。在测量过程控制中,上、下控制限与中心线相距 3 倍标准差,在大多数情况下是适宜的。如果有充分资料证明其他控制限更适合,也可以使用其他控制限。

GB/T 4091—2001(ISO 8258:1991)《常规控制图》标准的第5章“计量控制图”给出了常规计量控制图控制限公式和计量控制图计算控制限的系数表。使用者可参照标准选择相应的控制限。

5. 实施过程监测

应用核查标准,建立核查数据库,从而形成控制图。该控制图可用于对测量过程的分析和控制两种场合。当预先没有给出测量过程控制参数的标准值或控制限时,控制图可用于测量过程的分析和设计;当预先给出了测量过程控制参数的标准值或控制限时,控制图可用于对测量过程进行监控,并根据监控的结果对测量过程采取纠正措施。

常规控制图体系规定,若测量过程的组间变异和过程平均在当前水平(分别由 $\overline{R}$、$\overline{\overline{X}}$ 估计得出)下保持不变,则单个的子组极差(R)以及平均值($\overline{X}$)将仅由偶然因素引起变化,极少超出控制限。

$\overline{X}$ 控制图显示过程平均的中心位置,并表明过程的稳定性。$\overline{X}$ 图从平均值的角度揭示组间不希望出现的变差。R 控制图则揭示组内不希望出现的变差,它是所考察过程的变异大小的一种指示器,也是过程一致性或均匀性的一个度量。若组内变差基本不变,则 R 图表明过程保持统计控制状态,这种情况仅当所有子组受到相同处理时才会发生。若 R 图表明过程不保持统计控制状态,或 R 值增大,这表示可能不同的子组受到了不同的处理,或是若干个不同的因素正在对过程起作用。

R 控制图的失控状态也会影响到 $\overline{X}$ 图。由于无论是对子组极差还是对子组平均的解释能力都依赖于组间变异的估计,故应首先分析 R 图。当极差控制图表明过程处于统计控制状态时,则认为过程的离散程度(组内变差)是稳定的。然后就可以对平均值进行分析,以确定过程的位置(测量结果)是否随时间变动。

为了解释常规控制图,在国家标准《常规控制图》中给出了变差的可查明原因的8种模式。为了便于应用这8种模式,控制图的上、下控制限分别位于中心线的上、下 3σ 距离处,并将控制图分为6个区,每个区的宽度为 1σ,如图6-19所示。6个区的标号为A、B、C、C、B、A,两个A区、两个B区、两个C区分别在中心线两侧,关于中心线对称。

这8种模式适用于均值控制图,并假定测量结果特性的 X 的观测值服从正态分布。

图6-19　控制图的分区情况

模式1:有1个点落在A区以外。

说明:在控制图中如有点子出界就判异常。当测量过程处于统计控制状态时控点落在控制限内的概率为99.7%,落在一侧控制限外的概率为0.135%。

模式 2:连续 9 点落在中心线的同一侧。

说明:在控制图中心线同一侧连续出现的点称为链,链可能位于中心线的上侧,也可能位于下侧。需要注意的是:链必须由“连续”出现的点子构成。链中包含的点子数目称为链长。链长大于 9,判断构成出现了异常。

模式 3:连续 6 点递增或递减。

说明:点子逐点上升或下降的状态称为倾向或趋向。需要注意的是:递减的下降倾向,后面的点子一定要低于前面的点子,否则倾向中断,需要重新起算。递增的上升倾向也是同样。

标准规定,出现“连续 6 点递增或递减”时,判断过程出现了异常。

模式 4:连续 14 点中相邻点交替上下,判断过程出现异常。

说明:例如,两台测量设备、两个操作人员,它们交替使用所带来的系统影响就会引发这样的现象。

模式 5:连续 3 点中,有 2 点落在中心线同一侧的 B 区之外。

说明:控制图中连续 3 点中,有 2 点落在中心线同一侧的 B 区之外,判断过程出现异常。

模式 6:连续 5 点中有 4 点落在中心线同一侧的 C 区以外。

说明:控制图中连续 5 点中有 4 点落在中心线同一侧的 C 区以外判断过程出现异常。

模式 7:连续 15 点落在中心线两侧的 C 区之内。

说明:对于这种模式,往往会认为这样的点子形式看上去很不错。然而,这种“看上去不错”的点子形式依赖于所使用的缩放比例。所以,我们并不关心“看上去”的情况,而是关心这种点子形式所隐含的非随机性。出现这种模式,有时并不是点子的变化不大,而是控制限太宽了。因此,应该注意:算法的错误是经常出现的,模式 7 所发出警报的原因是分层问题。

模式 8:连续 8 点落在中心线两侧且无一点在 C 区内。

如果考虑模式 7 的两个分布,假设子组中的数据要么来自分布 A,要么来自分布 B,而不是同时来自这两个分布,那么,就会出现模式 8 所显示的情况。

6. 必要时采取纠正措施

1)分析原因

当发现测量过程出现异常情况时,应重新对核查标准测量,如果产生连续失控的情况,则可预计测量过程中必有一个或几个重要的因素影响了测量而引起测量误差增大。应该立即停止正在运行的测量,分析产生异常情况的原因。例如测量设备性能发生变化、测量系统连接有问题、测量人员操作失误、环境条件超出规定的要求、外界干扰、辅助或配套设备性能下降等。查出原因后应采取必要的纠正措施。

2)采取措施

针对测量过程失控的原因,可采取的纠正措施包括以下几个方面:

(1)缩短核查的间隔。

(2)对测量设备进行调整或修理,消除不稳定和不可靠的原因,重新进行检定(校准)后再投入使用,并重新评价检定(校准)间隔,必要时对检定(校准)间隔进行调整。

(3)提高测量设备的准确度,或者选择更准确的测量设备。

(4)增加被核查的影响量的数量,加强对环境条件的控制。

(5)完善测量方法,对测量过程控制参数作必要的修正。

(6)加强操作人员的培训和考核,确保其具备所要求的技能。

对测量过程失控所采取的纠正措施,以及对这些措施的有效性进行验证的活动都应做详细的记录并成为测量过程控制的证明文件。

三、核查标准应用实例

为了满足经济和科技发展对测量准确度不断提高的要求,我国从1985年起就开始学习国外在量值传递方面的先进经验,着手运用MAP(质量保证方案)的基本原理和核查标准的方法,并结合我国的国情,进行探索研究,以解决我国量值传递工作中的问题,至1993年,我国相继发布了8个计量保证方案技术规范。这些技术规范规定了采用“计量质量保证方案”对有关计量标准的量值进行传递的原理、方法、程序和测量数据的处理等。规范所提供的原理、方法、程序和数据处理的要求,对于计量检定机构如何运用核查标准和统计技术对计量标准和测量设备进行期间核查具有重要的参考价值。这8个技术规范的编号和名称如下:

(1)JJF 1038—1993《直流电阻计量保证方案技术规范(试行)》;

(2)JJF 1039—1993《同轴功率计量保证方案技术规范(试行)》;

(3)JJF 1040—1993《射频衰减计量保证方案技术规范(试行)》;

(4)JJF 1041—1993《磁性材料磁参数计量保证方案技术规范(试行)》;

(5)JJF 1042—1993《直流电动势计量保证方案技术规范(试行)》;

(6)JJF 1043—1993《维氏硬度计计量保证方案技术规范(试行)》;

(7)JJF 1044—1993《放射性核素活度计计量保证方案技术规范(试行)》;

(8)JJF 1045—1993《长度(量块)计量保证方案技术规范(试行)》。

第三节 实施能力验证指南

一、能力验证的基本概念

法定计量检定机构的能力可以通过几种方式来进行评定。其一是由政府计量行政部门组织考评员按照JJF 1033《计量标准考核规范》的要求对机构最高计量标准进行考核,通过考核对合格项目颁发相应的证书;其二是由政府计量行政部门组织考评员按照JJF 1069《法定计量检定机构考核规范》的要求对机构进行现场考核,通过考核对合格项目予以授权;其三是通过能力验证活动来评价机构的运作。三者结合,相互补充,可以确保法定计量检定机构工作的可信性和有效性。

(一)术语和定义

1. 实验室间比对(试验)

根据预定条件,由两个或多个实验室就相同或类似的试验项目开展试验的组织、实施和评估活动。

实验室比对(试验)一般有以下目的:

(1)确定某个实验室对特定试验或测量的能力,并监控实验室的持续能力。

(2)识别实验室的问题并采取纠正措施,这可能与人员的能力或仪器的校准有关。

(3)确定新方法和监控记录已建立方法的有效性和可比性。

(4)向实验室的顾客提供更高的可信度。

(5)鉴别实验室的差异。

(6)确定一种方法的能力特性,通常称为共同试验。

(7)给标准物质赋值,并评价其适用性。

2. 能力验证

利用实验室间比对确定实验室的检测(校准)能力。

可见;能力验证是采用实验室间比对(试验)的方法,来确定实验室的检测(校准)能力的一种主要形式。能力验证运行的结果也可以为实验室比对(试验)的其他应用提供有用的信息。

3. 比对

在规定的条件下,对相同准确度等级或指定不确定度范围的同种测量仪器复现的量值之间比较的过程。

4. 参考实验室

为一个检测物品提供参考值的实验室。

注:例如国家校准实验室。

5. 稳健统计法

在计算统计参量时,将极端值的影响降低到最低的方法。

注:这些技术给予极端值较低的权重,而不是将其从数据集合中删去。

6. 指定值

属某一特定值,并因为具有适合于特定目的的不确定度而被接受(有时是按照惯例)的值。

7. 公议值

从若干个参加者提交的测得值中获得的一个给定值。

注:在检测能力验证试验中,一般将各参加实验室测得的值的平均值或中位值作为给定值。

8. 离群值

一组数值内与其他数值不一致的数值。

9. 测量审核

将实验室对被测物品的实际测试结果与参考值进行比较的活动。

(二)能力验证的作用和要求

1. 能力验证的作用

能力验证的作用主要体现在以下方面:

(1)直接展示机构的技术能力。

(2)有效地补充和支持考评员的考评工作。

(3)证实机构对程序、方法和其他运作的有效控制。

(4)提高机构的可信度,赢得更多的顾客。

(5)为机构提供有效的外部质量控制。

(6)为量值溯源提供相关性证明。

(7)改善机构质量管理水平,提高技术能力。

(8)完善机构考核技术。

2. 能力验证的要求

能力验证的重要性日益显著,在国际、区域性和各国的标准、准则和规范中都提出了能力验证的要求。

在国家标准 GB/T 27011(ISO/IEC 17011)《合格评定　认可机构通用要求》第 7 章"认可程序"的第 15 节"实验室能力验证和其他比对"中明确规定了以下 3 项要求:

(1)认可机构应建立程序,以便在评审和认可决定过程中考虑实验室参加能力验证的情况及其在能力验证中的表现。

(2)认可机构可以自己组织能力验证或其他比对,也可以让其他被认为有能力的机构参与组织,认可机构应保持适当的能力验证计划和其他比对计划的清单。

(3)认可机构应确保其认可的实验室参加可获得的且适当的能力验证或其他比对,必要时应采取纠正措施。认可机构应与利益相关方协商规定参加能力验证的最低数量和频次,且上述规定应与其他监督活动相适应。

此外,在 ISO/IEC 17025:2005 标准的 5.4.5.2 注 2、5.6.2.1.2、5.6.2.2.2 和 5.9(b)等条款中都提出了实验室比对和能力验证的要求。

为此,在 JJF 1069—2007 规范中专门增加了第 12 章"能力验证和其他比对"的要求。

(三)能力验证的类型

能力验证技术根据检测物品的性质、使用的方法和参加实验室的数目而变化。大部分能力验证具有共同的特征,即将一个实验室所得的结果与其他一个或多个实验室所得的结果进行比对。在某些方案中,参加实验室之一可能具有控制、协调或参考的功能。

以下是能力验证方案的一般类型。

1. 量值比对方案

该方案一般将待测或被校物品按照拟定的顺序在各参加实验室间进行传递,各实验室在规定时间内完成测量工作。比对方案的组织者将各测量结果与参考值进行比较来评价各参加实验室的能力。其主要特点如下:

(1)目的在于评价机构达到其考核授权的测量准确度的能力。

(2)参加的实验室数目不限,其中一个实验室可能作为参考实验室。

(3)顺序测量。

(4)不破坏被测量的样品。

(5)以参考值作为指定值,采用 En 值来评定结果。

(6)检测周期比较长。

(7)用于此类能力验证的物品(测量制品)的例子包括参考标准(如标准电阻、量规和仪器)。

2. 检测比对方案

该方案一般由比对方案的组织者从待测物品中随机抽取若干样品，同时分发给各参加实验室进行检测。方案组织者从所有检测结果中获得公议值，再与各检测结果进行比较来评价各参加实验室的能力。其主要特点如下：

(1)目的在于评价实验室对检测项目的测定能力。

(2)要求有一定数量的实验室参加(以保障统计结果的有效性)。

(3)同时测量。

(4)破坏检测样品。

(5)以公议值作为指定值，采用Z比分数来评定结果。

(6)适用于化学、力学、生物等检测项目。

3. 分样比对方案

该方案将某种产品或材料的样品分割成若干份，交由有限数量的实验室进行检测，用于识别较差的复现性和重复性。如可能，其中一个参加实验室可作为参考实验室，其检测结果将作为评价的参考值。

4. 定性方案

这类方案是为了评价实验室对特定物品某一特性的识别能力，可由少数实验室参加。

5. 已知值方案

该方案包括制备已知量值的被测物品或对计量器具赋值，通过对实验室的检测结果或检定、校准结果与指定值的比较来评价实验室的能力。该方案无须多个实验室参加。在计量标准器考核和对机构现场考核中常常采用此方案。

6. 部分过程方案

这类方案用于评价实验室对检测全过程的其中一部分或若干部分的执行能力。该方案无须多个实验室参加。也是在对机构现场考核中常用的方案。

7. 人员比对方案

由不同实验室的检定、校准或检测人员使用同一个装置，在相同条件下对同一个对象轮流进行检定、校准或检测，通过对检定、校准或检测结果与指定值或公议值的比较来评价不同实验室人员的能力。

二、能力验证的组织与实施

为了组织和实施有效的能力验证计划，应按照 GB/T 15483.1—1999(ISO/IEC 导则 43－1)(1997 版)《利用实验室间比对的能力验证　第 1 部分：能力验证计划的建立和运作》和 JJF 1117—2004《测量仪器比对规范》的要求建立和运行能力验证方案和使用能力验证的结果。标准和规范中规定了需要考虑的基本原则及在组织和实施能力验证方案时应予以考虑的因素。现将能力验证的主要程序和要求简要介绍如下，具体内容可见相关标准和规范。

(一) GB/T 15483.1—1999 标准的基本要求

标准的第 5 章“组织和设计”和第 6 章“运作和报告”对能力验证的组织与运作的程序和方法作出了明确的规定。

在第5章“组织和设计”中，对能力验证的架构、工作人员、数据处理设备、统计设计、检测物品的制备、检测物品的管理、方法（程序）的选择，以及能力验证的发展等提出了明确的要求。

在第6章“运作和报告”中，对能力验证的协调和文件化、指导书、包装和运输、数据的分析和记录、能力验证报告、能力评价，以及与参加者的沟通等作出了明确的规定。

此外，在第7章“保密（道德）考虑”中，明确规定了能力验证记录的保密性和能力验证应设计为能确保尽可能少地出现实验室之间串通和伪造行为。

（二）JJF 1117—2004 规范的要求

JJF 1117—2004 是根据上述标准的要求，结合测量仪器比对的特点而制定的用于各级政府计量行政部门组织的测量仪器的比对工作（以下简称比对）的组织、实施和评价，以检查和保证测量仪器量值的准确可靠。测量仪器的比对是机构能力验证的重要方法。在规范中对比对的组织和实施提出了一系列明确的规定和要求。

1. 比对的组织和策划

在第4章“比对的组织和策划”中，首先明确规定了专家组、主导实验室和参比实验室的职责，然后又规定了专家组的组成要求。

2. 比对的实施

在第5章“比对的实施”中，对作业指导书的制定和传递标准的循环和运输提出了明确的要求。作业指导书应由主导实验室选定具备足够资格和经验（包括技术、统计和管理方面）的技术骨干制定比对作业指导书。比对前应征求参比实验室的意见，再经专家组审核确认。指导书应主要包括以下内容。

1）比对目的

简要阐明比对的理由、范围和性质。

2）比对用仪器设备

规定比对用的传递标准及其提供者；要求规定比对用仪器设备、辅助设备及相应的准确度要求。

3）比对实验室及联系方式

分别明确主导实验室、参比实验室及其联系人与有效联系方式。包括单位、姓名、地址、邮编、电话、手机、E－mail 等。

4）比对路线及时间安排的确定

（1）比对路线的确定。比对路线有若干种方式，本规范推荐圆环式、星型式、花瓣式3种典型的路线方式。比对路线的选择，可根据比对所选用的传递标准的特性确定。可以是典型的3种比对路线形式中的任意一种，同时允许采用针对不同性质比对的其他方式。

（2）比对时间的确定。应充分考虑在传递运输过程中由于外因造成的不稳定因素的影响，诸如路程、温差、振动等，据此确定在一个参比实验室所需的最长时间，从而给出比对的具体日程安排表。

5）意外情况处理程序的制定

应在作业指导书的内容中明确：

（1）传递标准在运输过程中出现意外故障的处理程序。

(2)传递标准在某个实验室校准过程中因意外发生延时的处理程序。

6)比对技术方案的设计

比对技术方案由主导实验室负责设计,其主要内容包括:

(1)传递标准的交接规定。针对传递标准的规格,诸如尺寸、重量等相关技术要求,确定接收传递标准时应采取的措施及交接方式。

(2)传递标准运输的规定。针对传递标准的特性提出搬运处理的建议,包括拆包、安装、调试、校准、再包装及必要的搬运条件。

(3)规定参比实验室比对前的准备工作,包括(但不限于)确定参加比对的负责人和技术人员,制定保证比对必需的环境条件及特殊设备的制备等措施。

(4)记录和报告比对结果的指导,包括(但不限于)规定记录和报告的格式、法定计量单位、数据的有效位数、数据处理方式以及首选稳健统计分析技术的要求等。可将规范记录或报告的格式事先分发给参比实验室。

(5)比对方法、程序及比对点的选择。首选国家计量检定规程或技术规范规定的方法和测试程序。在某些情况下,可以要求参比实验室采用特定的方法,比如国家或国际上推荐的标准方法,并已通过适当途径(例如协作试验)确认。

比对参考值通常应由高等级的实验室(国家基、标准实验室)以明确、公认的程序,通过测量给出。

比对点的选择:应考虑能充分反映测量仪器量值准确、稳定的代表点。

(6)列出每个参比实验室所考虑的测量不确定度的主要分量、评定方法的必要说明,并给出相应的自由度以及置信水平。

(7)指明比对用仪器设备溯源到国家基准的途径及其测量不确定度。

(8)将比对结果传送给主导实验室的方式及时间表,传送和比对过程中的注意事项等。

(9)明确规定,在比对报告尚未公布之前,所有参比实验室应对比对结果保密。

(10)关于传递标准的循环和运输,规范中明确要求:由主导实验室组织传递标准及其相关仪器设备的循环和运输,一般应指定有资格的计量人员承担具体工作,必要时应由专人携带。参比实验室按指定的运输方式和循环方案,将传递标准运送到下一个实验室。传递标准运出之前,参比实验室应同时通知下一个实验室和主导实验室,并将运输的详细情况告诉对方。当传递标准到达下一个实验室之后,该参比实验室应立即核查传递标准是否有任何损坏,并填好接收清单。如果运输过程发生任何延误,主导实验室应通知相关的参比实验室,必要时修改比对日程表或采取其他应对措施。

3.比对结果的处理和报告

在第6章“比对结果的处理和报告”对比对结果的处理和比对报告有了明确规定。

在“比对结果的处理”过程,要求:

首先,参比实验室按规定时间提供比对结果。当比对实验完成后,参比实验室应尽早向主导实验室报告比对结果,一般在完成比对工作后的10天内,用恰当和有效的方式将比对结果传送至主导实验室。主导实验室的参比技术负责人在接到各参比实验室的比对结果后,应及时组织并按规定进行数据的统计分析及比对报告的准备。

其次,要做好数据的统计分析。一是,由主导实验室汇总和分析来自参比实验室的结果，应特别注意校核数据输入、传送和统计分析的有效性；二是，数据处理的修约规则、有效位数的取舍以及剔除异常值应按计量检定规程或比对作业指导书规定的方法进行；三是，原始记录、电子备份文件、打印结果和图件等应按规定保存适当的期限。对“比对报告”，规范提出了下列要求。

1）制定报告的原则

比对报告分为中期报告和最终报告，均由主导实验室负责完成。在报告准备的过程中，应掌握如下原则：

（1）在比对期间，主导实验室应对收到参比实验室提交的比对结果保密，直到收到所有的比对结果或超过其规定的结果送达期限。

（2）参比实验室提供的比对结果，如果缺少相关的测量不确定度，则视为没有完成；如果不确定度报告中未包含完整的不确定度分量，则该结果在比对报告中不予考虑。测量不确定度按照比对作业指导书中给出的原则进行评定。

（3）如果在核查完整的比对结果时，主导实验室发现某参比实验室的结果出现异常（即离群），则应及时通知相关参比实验室检查其结果，但不通知所出现的异常情况；如果该参比实验室确认结果无误，则该比对结果有效。

（4）比对参考值及其不确定度通常由主导实验室建议（也可由主导和参比实验室共同协商确定）。在计算比对参考值时，应采用合适而有效的方法，并经专家组确认。

（5）如果参比实验室对比对结果或结果的解释有异议，则应提交专家组研究后，再将结果返回该实验室；若仍有异议，则允许保留意见或保留该实验室退出该次比对的权利。

2）比对报告的主要内容

（1）传递标准的接收、测试及交接记录的原件。

（2）比对概况及相关说明。

（3）比对数据记录及必要的图表。

（4）比对结果及其不确定度分析，一般包括参考值及其不确定度、参比实验室的测量结果及其与参考值之差的不确定度。

（5）专家组审查意见。

3）中期报告

（1）当全部比对试验结束后，主导实验室应尽快完成中期报告并向参比实验室征求意见。在中期报告中，应分别给出每个参比实验室的比对结果及其与比对参考值的比较（即计量标准等效度），并允许参比实验室在规定的日期内就报告中的任何异议向主导实验室提出申辩。

（2）如果主导实验室收到任何争议或异议，应组织专家组评议，并与相关参比实验室继续讨论，直到达成一致意见。

（3）在收到参比实验室的最终反馈意见后，主导实验室应及时完成最终报告。

（4）最终报告至少应包括：比对结果及其统计分析、比对参考值及计量标准等效度、测量不确定度评定及汇总。

（5）最终报告在提交会议评价前应提交专家组审核。

4. 比对结果的评价及利用

在第 7 章“比对结果的评价及利用”中包括了比对结果的评价和比对结果的利用两个方面的内容。

1）比对结果的评价

比对结果的评价方法和依据取决于比对目的，亦可采用国际认同的 En 比对法。

在完成最终比对报告后，由主导实验室召集参比实验室关键人员进行研讨，正式通报并分析比对结果，同时形成会议纪要。应重点分析：

（1）各比对结果及计量标准等效度。

（2）各实验室结果之间的差异及其原因。

（3）必要改进的建议与意见。

（4）比对结论及其评价。

2）比对结果的利用

比对结果可提供给各种认证、认可、考核评审，作为实验室能力的有效证明，经正式公布的比对结果还可以下述方式利用：

（1）以报道形式将比对情况发表在国内相关杂志上。

（2）以论文形式发表在国内外相关技术刊物或会议论文集上。

（3）在相关考核评审中，作为有能力参加重要技术活动的有效证据。

3）比对结果的备案与上报

比对工作全部完成后，主导实验室应将所有的比对资料及其拷贝软件备案，并将比对结果及时上报比对组织者。

三、能力验证结果的统计学评价方法

能力验证的结果会以多种形式出现，并涵盖了很宽范围的数据类型，是统计分布的基础。用以分析结果的统计技术应适用于每种情况，但由于其种类太多而无法给出规定。然而，在评价参加实验室的结果时，对于所有的能力验证，有以下步骤是共同的：

（1）指定值的确定。

（2）能力统计量的计算。

（3）对能力评价。

（4）在某些情况下还有检测物品的均匀性和稳定性的初步确定。

（一）确定指定值及其不确定度

（1）指定值的建立有各种程序，以下按次序列出一些最常用的程序。在大多数情况下，该次序表明指定值的不确定度在逐渐增加。这些程序分别使用下列各值：

①已知值——由专门的检测物品配方（例如用制造或稀释）决定的结果。

②有证参考值——由定义法确定（用于定量检测）。

③参考值——与一个可溯源到一个国家或国际标准的标准物质或计量标准并行进行分析、测量或比对检测物品所确定的值。

④从专家实验室得到公议值——专家实验室利用已知的具有高精密度和高准确度的并可与通常使用的方法相比较的有效方法，确定试验中的被测量时，应具有可证明的能

力。在某些情况下，这些实验室可以是参考实验室。

⑤从参加实验室得到公议值——利用下述(3)中所述的统计量，同时考虑到极端结果的影响。

(2)为了公正地评价参加实验室，以及促进实验室间和检测方法间的一致性，应当确定指定值。可以通过选择共同的比对小组。只要可能，还可以利用共同的指定值来实现。

(3)用公议技术确定指定值时，采用下述统计量可能是合适的：

①定性值——一个预定的多数百分比的公议值(经常表示在标称或次序刻度尺上)；

②定量值——对适当比对组的“平均”，诸如：可以是加权或变换(例如，修剪平均或几何平均)的平均值；中位值、众数或其他稳健度量。

(4)只要可能，应采用 JJF 1059《测量不确定评定与表示》中所述的程序去确定指定值的不确定度。

(5)极端结果处理方法如下：

①当参加者的结果被用于确定指定值时，所用的技术应当使极端结果的影响减至最小。这可以用稳健统计法或在计算之前剔除离群值来实现(见 ISO 5725－2)。

②若结果作为离群值被剔除，那么剔除仅仅是为了计算总统计量。在能力验证计划中对这些结果也应当进行评价，并且给出适当的能力比率。

(6)其他的考虑如下：

①按理想情况，如果用标准公议值或参加者公议值来确定指定值，那么协调者应当有一个程序来确定指定值的真实度和检查数据的分布。

②协调者应有按不确定度接受一个指定值的准则。

(二)能力统计量的计算

(1)能力验证的结果经常需要转换为一个能力统计量，以便于说明并与规定的目标进行比对。其任务是以与能力准则作比对的方式，测量与指定值的偏差。使用的技术可以涉及从无处理要求到复杂的统计变换。

(2)能力评定方法对计划的参加者应有意义。因此，评定方法应与检测的应用需要相关并易于理解，或在一个特定的领域内符合传统惯例。

(3)变动性经常用在计算能力统计量及能力验证计划的总结报告中。对一个适当的比对组，变动性的常用例子包括：

①标准差(SD)；

②变异系数(CV)或相对标准差(RSD)；

③百分位，中位绝对偏差或其他稳健度量。

(4)对定性结果，通常无须计算。对定量结果常用的统计量，按参加者结果变换程度增加的次序列出如下：

①差：$(x-X)$，在此 x 是参加者的结果，X 是指定值；

②百分比差：$\frac{x-X}{X}\times 100\%$；

③比分数：$Z=\frac{x-X}{s}$，在此 s 是满足计划要求的变动性的合适估计值(度量)。该模式

可用于 X 和 s 由参加者推导出的情况,或不是从(所有)参加者结果推导出的情况(例如,规定了指定值和变动性时;参加"(化学)分析实验室能力验证国际协调议定书"中的4.2)。

④En 数(典型地用于测量比对计划):

$$En = \frac{(x - X)}{\sqrt{U_{\mathrm{lab}}^2 + U_{\mathrm{ref}}^2}}$$

其中,U_{lab}是参加者结果的不确定度,U_{ref}是参考实验室指定值的不确定度。

(5)注意事项:

①参加实验室的结果与指定值之间的简单差值可能适用于确定能力。并易于参加者理解。量$(x - X)$在 ISO 5725 -4 中被称为"实验室偏移的估计值";

②百分比差适用于浓度;

③如果利用统计准则(例如 Z 比分数),那么变动性的估计值应是可靠的,即根据足够多的观察降低极端结果的影响,并达到低的不确定度;

④根据检测的性质优先或必须使用变换的结果。例如,以稀释位基础的结果是几何刻度尺的一种形式,可用对数进行变换。

(三)能力评价

1. 初始能力

应在考虑能力度量是否包含某些特点之后,建立评价能力的准则。其特点如下:

(1)专家公议:由顾问组或其他有资格的专家直接确定报告结果是否与目标相一致。专家公议是评估定性检测结果的典型方式。

(2)与目标的一致性。例如,考虑方法的实施规范和参加者的操作水平。

(3)对比分数的统计确定:准则应适合于每一个比分数。应用比分数的一般性例子有:

①对 Z 比分数:

$$|Z| \leqslant 2 = \text{满意}$$
$$2 < |Z| < 3 = \text{有问题}$$
$$|Z| \geqslant 3 = \text{不满意}$$

②对 En 数:

$$|En| \leqslant 1 = \text{满意}$$
$$|En| > 1 = \text{不满意}$$

(4)参加者的公议。从一定比率的参加者使用的百分数或结果的范围内,或一个参考组得到,诸如:满意的中心百分率(80%,90%或95%);满意的单侧百分比率(最低90%)。

只要可能,应采用图表来显示能力(例如直方图、误差条形图、Z 比分数次序图)。这些图表可用于表明:

(1)参加值的分布。

(2)多个检测物品的结果间的关系。

(3)不同分析方法的比对分布。

2. 监控整个时间的能力

(1)一个能力验证计划可以包含监测整个时间的能力的技术。这项统计技术可以使参加者发现其能力的变动性;是否存在整体倾向性或不一致性,以及其能力在什么地方发生了随机性变化。

(2)图表法能够便于更多读者理解。传统的常规控制图表(Shewhart)很有用,尤其对于自我改进的目的。数据列表和总计统计量提供了更详细的复查。用于评价能力的统计量可用于这些图和表。

第四节 持续改进管理体系

一、体系运行

(一)运行前的准备

管理体系文件批准发布后开始体系的运行,在运行之前需要一个准备过程,其主要内容包括两个方面,一方面是体系文件的培训,另一方面是体系所需要资源的配置。这是一个非常重要的过程,也是体系效果的决定因素。

1. 体系文件的培训

1)培训的目的

使全体员工增强质量意识和法制意识,树立以顾客为关注焦点、使顾客满意的思想,以及持续改进和不断提高体系有效性和效率的思想;使全体员工清楚地知道自己要做什么、如何做以及要达到什么目标,什么时间需要填写什么记录或其他客观证据;同时清楚违反规定会造成什么后果,从而提高执行文件的自觉性。

2)培训的内容

培训的内容主要包括:

(1)机构的方针、目标、质量手册的培训。

(2)部门(岗位)职责的培训,包括部门(岗位)涉及的程序文件和技术文件的培训。

(3)适用的法律法规的培训。

(4)为完成岗位职能所需要的其他知识的培训。

(5)填写文件运行过程中发现问题如何处置。

由于不同层次的人员有不同的职能和责任,他们所需要的培训内容不同、侧重点不同。

高层领导重点了解领导的作用、策划和改进的工作,要知道需要自己直接参与哪些工作,以及持续改进和不断提高运行有效性和效率的要求。

管理层重点了解管理的思想、体系自我完善自我改进机制的实施要求,持续改进和不断提高有效性和效率的要求。

执行层重点进行岗位目标、要求以及违反规定会造成什么后果等培训。

检定、校准和检测是一项技术性比较强的工作。在体系文件中包含了大量的技术规范、作业指导书等技术性文件。为此,应组织计量专业人员进行专题教育和培训,通过培训扩大计量专业的知识面,提高计量技术水平,达到正确理解、充分掌握、自觉执行有关的技术要求。

3)培训的时机

往往在体系文件发布之后,实施之前进行。

4)培训的实施

培训可以分层分类进行,具体方法应根据机构的规模、类型确定。机构应做出培训计划,计划应当包括的内容有:培训目标、培训方案、培训所需要的资源、培训所必需的内部支持、应达到的培训效果、测量培训的有效性和对机构的影响等6个方面。

为了取得较好的效果,可以通过面试、笔试、实际操作考试等方式检查培训的效果。

2. 所需资源的配置

在管理体系策划时,已经对每个过程所需要的资源进行了策划,这时,在体系运行之前还要检查和落实资源方面的配备。如:体系文件及其记录表格是否发放到位,人力资源是否满足部门(岗位)要求;设施、测量设备能力和环境条件是否满足检定、校准和检测过程要求等。

如果检查发现资源配置尚有不足之处,应该积极采取措施,限期解决;但也不要等万事俱备才开始运作,对于不足之处,可制定改进措施及完成期限(可分阶段进行)。只有通过运行才能促进不断改进和完善。

(二)运行

管理体系运行过程可划分为两个阶段,包括试运行阶段和运行阶段。

试运行的目的是考验体系文件的有效性和协调性,检查体系所需资源配备的充分性和有效性,并对暴露的问题采取纠正和改进措施,以达到进一步完善体系的目的。

在此阶段中,要重点做好以下工作:

(1)有针对性地宣贯管理体系文件,使全体员工认识到按JJF 1069—2007《法定计量检定机构考核规范》建立管理体系是对过去管理体系的完善,是为了和国际先进的管理模式接轨,而不是对原有的质量管理的否定。要适应这种发展,认真贯彻管理体系文件。

(2)反复实践,磨合调整。全体员工应将体系文件运行中出现的问题和改进的意见如实反映给有关部门,以便采取纠正措施。但是,应该防止因为对文件的不习惯而破坏文件的严肃性。

(3)认真对待体系运行中暴露出的问题。

(4)加强内部沟通,使机构内的所有人员对管理体系运行的有效性达成共识。

(5)运行中要注意体系符合性、有效性证据的收集。

在体系运行阶段,重点是运行控制。机构应按照体系策划的要求设施,并按照P—D—C—A的思想运行。

体系的有效运行是依靠体系的组织机构进行组织协调、质量控制、信息管理等运行机制实现的。因此,在计量检测体系运行中,应做好以下工作。

1. 组织协调

体系是依靠组织机构的组织与协调来运行的。组织与协调的主要任务是组织实施体系文件,协调各项活动,排除运行中的各种问题,使体系正常运行。

2. 质量控制

体系在运行过程中，检定、校准、检测过程和必要的支持过程等各项活动以及结果不可避免地会发生偏离规范或要求的现象，因此必须实施有效的质量监控。质量监控的主要任务是对各项活动的过程和结果进行连续监视、验证、核查和控制，发现偏离管理标准和技术第四篇实施指南规范的问题，及时反馈，以便采取纠正和纠正措施，使各项活动和结果均满足规定的要求。

3. 信息管理

体系管理工作涉及组织的各个部门，渗透在检定、校准和检测工作的全过程。在体系运行过程中，信息反馈系统对异常信息进行反馈和处理，实行动态控制，使各项活动和产生的结果处于有效的受控状态。信息管理与质量控制和组织协调工作是密切相关、有机联系的。异常信息经常来自于质量监控，信息处理要依靠组织协调工作。三者有机结合，是体系有效运行的重要保证。

一个机构在体系的运行过程中应通过以下问题的回答，来检查运行的有效性。

(1)是否确定了如何以及由谁对体系的运行绩效进行评价？

(2)是否选择了对体系绩效进行监控的手段并对有关的人员进行了培训？

(3)是否确定了对绩效进行评价的参数？

(4)是否对数据的收集和分析做了安排？

(5)是否建立了对问题实施管理的手段？

(6)是否对发现的问题进行了原因分析？

(7)分析在确定问题的根本原因方面是否有效？

(8)是否制定了纠正措施，以防止问题的重复发生？

(9)纠正措施计划是否得到了实施？

(10)是否对纠正措施的有效性进行了验证？

(11)是否能确保文件的更改先于实践的更改？

(12)是否得到了有关业务、组织、员工和技术变化的信息，从而采取措施确保体系的持续有效运行？

二、持续改进

持续改进总体业绩应当是组织的一个永恒目标。管理体系是在持续改进中得到完善的，这种改进永无止境。在任何情况下机构的管理体系都存在不足并有待改进，应当通过内部审核、管理评审、自我评定等自我完善机制不断寻找改进的领域，确定并实现新的目标。

(一)内部审核

内部审核是运行过程中的一个重要环节，也是保证体系持续改进的重要手段。所谓“审核”是指“为获得审核证据并对其进行客观的评价，以确定满足审核准则的程度所进行的系统的、独立的并形成文件的过程”。在体系运行的一定阶段，进行体系内部审核，检查体系运行的符合性和有效性，以便及时发现存在的问题，实施纠正、预防措施，完善和改进计量检测体系。

1. 审核的要求

体系是由检定、校准、检测的实施过程和必要的支持过程构成的。因此，审核体系实质上就是对每一个过程进行评价，应对每一个被评价的过程，提出如下 4 个基本问题：

(1)过程是否已被识别并适当规定？

(2)职责是否已被分配？

(3)程序是否得到实施和保持？

(4)在实现所要求的结果方面，过程是否有效？

第(1)和(2)两个问题，一般可以通过文件审核得出答案；第(3)和(4)两个问题则需要通过现场审核和综合评价才能得出答案。对上述 4 个问题的综合回答可以确定评价的结果。

2. 审核的程序

内部审核一般可分为：准备与策划、实施、审核结果评价、制定和确认纠正措施、改进与评价效果等 5 个阶段。

(1)准备与策划。内部体系审核的准备与策划阶段的主要工作有：编制审核计划、任命审核组长、指定审核员、准备检查清单及审核用表等。

(2)实施。审核员到接受审核部门，通过提问、验证、观察进行客观证据的收集，并做好现场审核。

(3)审核结果评价。通过现场调查、取证后，根据结果判断审核内容是否符合规范或文件的规定，判断不符合项，编制不合格报告，并提交审核报告。

(4)制定和确认纠正措施。接受审核部门针对审核中发现的不符合项制定纠正措施，审核员可以参加接受审核部门对纠正措施的讨论和对有效性的评价。这一点与外部组织的考核有较大的区别，考评员在确认时不能参与受确认方咨询性质的活动。

(5)改进与评价效果。这是内部审核的后续工作。受审核的部门要逐项落实纠正措施，并对采取的纠正措施进行评价。内部审核员要检查对前次审核中不合格项的纠正措施是否有效进行审核，并提交报告。内部审核不合格项的纠正措施得到有效跟踪，审核才告结束。

3. 审核的重点

在体系建立的初始阶段，内部审核的重点主要是验证和确认体系文件的适用性、符合性和有效性。其重点包括：

(1)体系文件是否符合 JJF 1069—2007 考核规范的要求。

(2)规定的质量方针和总体目标是否可行。

(3)体系文件是否覆盖了所有的检定、校准和检测过程及必要的支持活动，各文件之间的接口是否清楚。

(4)组织结构能否满足体系运行的需要，各部门、各岗位的职责是否明确。

(5)执行检定、校准和检测过程的各项资源是否满足规定的要求。

(6)所有员工是否养成了按体系文件操作或跟踪的习惯，执行情况如何。

(7)规定的记录是否能起到见证作用。

在体系运行阶段，除关注体系的符合性、适宜性外，重点应评价体系的有效性和组织识别改进的机会。

4. 注意的事项

为了确保内部审核的有效性，在审核的实施过程中应注意以下几点：

(1)选好审核组长。负责内部审核的组长应了解管理体系的实现过程并且具有较高的计量专业知识，熟悉 GB/T 19000(ISO 9000)标准和 JJF 1069 规范及组织的管理体系文件，经过内部审核员培训，有较强的组织领导能力。这样才能使内部审核不仅顺利开展，而且具有一定的深度。

(2)做好内审员培训。通过培训，内部审核员应掌握组织的管理体系文件和有关的技术规范。根据分工，让每一位审核员针对自己承担的任务，熟悉相关文件的具体内容和技术要求，这样才能做到有“法”可依，有章可循，从而对管理活动合格与否的评定做到科学、合理，使受审核方心服口服。

(3)编制好检查表。编制好检查表是做好审核的关键环节。审核前审核员应结合各自的审核任务编制内容详细、操作性强的检查表。

(4)准确判断不合格项。在审核过程中发现的不合格项，可分为体系性不符合、实施性不符合或效果性不符合等几种情况。不合格报告的编制要做到“事实描述清楚，判断依据充分，有利于实施整改，书写整洁规范”。

(5)做好跟踪检查。实施跟踪检查，是不断改进，完善管理体系的保证。为此，对纠正或预防措施的跟踪须严格要求、认真检查、详细记录，确保措施的有效性。

(二)管理评审

1. 管理评审的目的

管理评审是由最高管理者负责实施的。管理评审的目的是为了确保管理体系持续的适宜性、充分性和有效性。其主要作用是通过对现有体系的评审，确定改进的方向和措施。例如，质量方针、质量目标的修订，某些过程或活动的改进，某些资源配置的完善等。

2. 管理评审的时机

对于新建立的管理体系，在运行的初期，可根据运行实施需要召开管理评审，以确保体系能够持续、适宜和有效地满足考核规范的要求。

随着体系的日趋完善，管理评审的次数可减至每年两次，但最少每年必须进行一次。当遇到国家有关计量工作的政策有重大调整、国际有关标准有新的要求、市场需求发生重大变化、组织机构变更、出现重大质量事故、有重大的顾客投诉、体系发生变更等情况时，应根据情况增加评审的频次。

3. 管理评审的策划

对管理评审进行有效的策划可以确保通过评审为组织带来增值，通过评审对建立检定、校准、检测过程和必要的支持过程的业绩进行控制和改进。

实施管理评审前，一般由机构的负责人提出要求，由质量职能管理者或质量主管部门拟定管理评审计划，报机构负责人批准后，由主管部门于评审前分发，通知参加管理评审的部门收集管理评审所需要的信息。

4. 管理评审的输入

作为管理评审输入的信息，一般包括：

(1)审核结果(包括内部和外部的审核)。

(2)顾客反馈(包括对顾客满意程度的测量结果以及顾客的投诉等)。

(3)过程的业绩,即一个过程通过资源的投入和活动的开展将输入转化为输出,从而实现增值或间接增值,并达到预期结果的程度的情况,如果某一过程完全实现了增值并达到了预期的结果,则这一过程的业绩就是令人满意的。

(4)检定、校准和检测结果的符合性(指符合顾客、法律法规或技术规范的要求)。

(5)预防和纠正措施的现状、改进的结果。

(6)以往管理评审所确定的措施的实施情况及效果。

(7)可能影响体系的各种变更(包括外部环境的变化而引起的体系的变更,例如出现了新的测量技术、测量管理理论、相关法律法规的变化,从而导致组织相应的体系变更;也包括组织自身的变化,例如检定、校准和检测项目的变化,组织结构等的变更而导致的体系的重大变更)。

(8)由于各种原因而引起的有关组织的服务、过程和体系改进的建议。

5. 管理评审的实施

机构负责人主持管理评审,各职能部门领导参加,针对所列评审议题及各部门提交的管理评审资料进行评审,并就重点问题进行充分讨论,对体系持续的适宜性、充分性和有效性进行评价。识别出机构管理体系改进的机会及变更的需要并形成决议。由主管部门对管理评审的主要内容及形成的决议进行记录。

6. 管理评审的输出

(1)体系及其过程有效性方面的决定和措施。机构对现有体系及其过程的有效性提出改进的决定和措施。例如,明确过程监控职责的界定,需要修改现有的质量目标、程序文件等。

(2)与顾客要求有关的过程的改进决定和措施。包括顾客规定的要求(不仅是对检定、校准和检测工作本身的,也包括对服务过程的要求)。顾客虽然未明示,但是已知预期用途所必需的要求,也包括法律法规的要求。管理评审的输出应包含有对有关要求的过程的改进。

(3)资源需求的决定和措施。机构应针对内外部环境的变化考虑自身资源的适宜性、充分性,以及改进所引起的资源需求。例如:测量设备的计量性能不能满足检定、校准或检测过程的要求;测量的环境条件不满足技术规范的要求;使用新的测量设备和测量方法的人员需要进行技术培训等。

7. 管理评审的报告

管理评审的输出应形成记录,如《管理评审纪要》或《管理评审报告》,报告一般应包括以下内容:

(1)评审的目的、依据、内容和范围。

(2)参加评审的人员。

(3)评审日期。

(4)评审的主要内容、存在的问题及整改要求。

(5)评审的结论。

(6)需要持续改进的主要方面及改进措施。

8. 管理评审的后续工作

(1)责任部门和责任人负责对管理评审提出的问题及整改要求进行整改。

(2)主管部门组织对整改结果进行跟踪验证,并记录验证结果。

对具有成效的改进,涉及体系文件的更改时,应更改原有的文件。

(三)自我评定

自我评定是一种仔细认真的评价,它最终得出机构有效性和效率以及管理体系成熟水平方面的意见或判断。自我评定通常由机构自己的管理者来实施,其目的是为组织用于改进的资源投向提供以实事为依据的指南。

自我评定也可以用于测量机构实现其目标的进展情况,并可重新评价这些目标是否持续适宜。

目前,依据管理体系准则进行自我评定的模式有很多种。GB/T 19004—2000(ISO 9004:2000)《管理体系　业绩改进指南》附录A《自我评定指南》所表述的自我评定方法旨在提供一个简单易行的方法,以确定组织管理体系的相对成熟程度并识别改进的主要区域。

该评定方法的主要特点是:

(1)它能用于整个管理体系,或其中的一部分或任何过程。

(2)它能用于整个组织或组织的一部分。

(3)它能使用内部资源在很短的时间内完成评价。

(4)由跨职能小组完成评价,或由组织中得到最高管理者支持的一个人来完成评价。

(5)能作为更全面的管理体系自我评定过程的输入。

(6)易于识别改进机会的优先次序。

(7)能促进管理体系向国家或世界级业绩水平发展。

采用该方法的另一个优点是可用一段时间内的监视结果评价组织的成熟程度。自我评定方法既不能代替管理体系的内部审核,也不能代替现有的质量管理模式。自我评定方法的具体内容和要求可参考GB/T 19004—2000(ISO 9004:2000)《管理体系　业绩改进指南》附录A《自我评定指南》,并根据JJF 1069—2007《法定计量检定机构考核规范》的要求加以实施。

(四)持续改进的过程

法定计量检定机构的战略目标应当是对过程进行持续改进,从而提高机构的业绩,使相关方受益。

对过程进行持续改进有两个基本途径:一是突破性项目,或实施新过程(它们通常由日常运作之外的跨职能的小组来实施);二是由机构内人员对现有过程进行渐进的持续改进活动。

(1)突破性项目通常包含对现有过程进行重大的再设计,并应当包括:

①确定改进项目的目标和框架;

②对现有的过程进行分析并认清变更的机会;

③确定并策划过程改进;

④实施改进；

⑤对过程的改进进行验证和确认；

⑥对已完成的改进做出评价，包括吸取教训。

突破性项目应当以有效和高效的方式按照项目管理方法来管理。更改完成之后，新的项目计划应当为过程的持续管理奠定基础。

(2)机构内人员是提供渐进的持续改进信息的最佳来源，并通常参加工作组。组织应当对渐进的、持续的过程改进活动进行控制，以便了解它们的效果。参与改进的组织内人员应当被授予相应的权限，并应当得到与改进有关的技术支持和必需的资源。

(3)通过上述方法之一进行的持续改进应当包括：

①改进的原因：识别改进中存在的问题，选择改进的区域，并记录改进的原因。

②目前的状况：评价现有过程的有效性和效率。收集数据并进行分析，以便发现哪类问题最常发生，选择特定问题并确立改进目标。

③分析：识别并验证产生问题的根本原因。

④确定可以解决问题的办法：寻求解决问题的可替代办法。选择并实施最佳的解决问题的办法，即选择并实施能消除产生问题的根本原因以及防止其再发生的解决办法。

⑤评价效果：确认问题及其产生根源已经消除或其影响已经减少，解决办法已产生了作用，并实现了改进的目标。

⑥实施新的解决办法并规范化：用改进的过程代替老过程，防止问题及其根本原因的再次发生。

⑦针对已完成的改进措施，评价过程的有效性和效率：对改进项目的有效性和效率做出评价，并考虑在组织其他地方使用这种解决办法。

(4)改进过程应当重复用于遗留问题，以及用于为进一步改进过程制定目标和解决办法。

(5)为使组织内人员积极参与改进活动并提高他们的意识，管理者应当考虑以下活动：

①成立小组并由组员选出组长；

②允许组长和组员对他们的工作场所进行控制和改进；

③将培养组织内人员的知识、经验和技能作为整个组织质量管理活动的组成部分。

附录一:法定计量检定机构监督管理办法

(2001年1月21日　国家质量技术监督局令第15号发布施行)

第一条　为加强法定计量检定机构的监督管理,保障国家计量单位制的统一和量值的准确可靠,根据《中华人民共和国计量法》和《中华人民共和国计量法实施细则》的有关规定,制定本办法。

第二条　法定计量检定机构的监督管理必须遵守本办法。

本办法所称法定计量检定机构是指各级质量技术监督部门依法设置或者授权建立并经质量技术监督部门组织考核合格的计量检定机构。

第三条　国家质量技术监督局对全国法定计量检定机构实施统一监督管理。

省级质量技术监督部门对本行政区域内的法定计量检定机构实施监督管理。

第四条　法定计量检定机构应当认真贯彻执行国家计量法律、法规,保障国家计量单位制的统一和量值的准确可靠,为质量技术监督部门依法实施计量监督提供技术保证。

第五条　申请作为法定计量检定机构应当具备以下条件:

(一)具有法人资格;或者有独立建制,其负责人应当是法人代表的委托人,能独立公正地开展工作;

(二)在申请开展的项目上有相应的技术水平和计量管理能力;

(三)有与其申请开展的项目相适应的计量基、标准装置和配套设备;

(四)有与其申请开展的项目相适应的计量检定人员和计量管理人员;

(五)有能保证申请开展的项目正常进行的工作环境和设施;

(六)有相应的质量保证体系。

第六条　国家质量技术监督局负责受理下列计量检定机构的考核申请并组织考核:

(一)国家质量技术监督局依法设置或者授权建立的国家级计量检定机构;

(二)省级质量技术监督部门依法设置的省级计量检定机构。

第七条　省级质量技术监督部门负责受理本行政区域内下列计量检定机构的考核申请并组织考核:

(一)省级质量技术监督部门依法设置的省级以下(不含省级,下同)计量检定机构;

(二)省级质量技术监督部门授权建立的计量检定机构。

省级以下质量技术监督部门授权建立的计量检定机构,由当地省级质量技术监督部门根据实际情况确定受理考核申请和组织考核的质量技术监督部门。

第八条　计量检定机构的考核或者法定计量检定机构的复查考核按照国家计量技术规范《法定计量检定机构考核规范》的规定执行。

第九条　计量检定机构的考核或者法定计量检定机构的复查考核由组织考核的质量技术监督部门指派法定计量检定机构考评员和特邀专家承担。

第十条　经考核合格的计量检定机构由组织考核的质量技术监督部门批准并颁发计量授权证书。

经考核不合格的，应当进行整改，整改期为 3 个月；整改后考核仍不合格的，不得开展申请授权项目的工作。

第十一条　计量授权证书的有效期由授权部门决定，最长不得超过 5 年。法定计量检定机构在有效期满前 6 个月应当向授权的质量技术监督部门提出复查考核申请，经复查合格的，换发计量授权证书。

经复查不合格的，应当限期 3 个月整改；整改后考核仍不合格的，不得换发计量授权证书。

第十二条　法定计量检定机构需要新增授权项目，应当向授权的质量技术监督部门提出新增授权项目申请，经考核合格并获得授权证书后，方可开展新增授权项目的工作。

法定计量检定机构需要终止所承担的授权项目的工作，应当提前 6 个月向授权的质量技术监督部门提出书面申请；未经批准，法定计量检定机构不得擅自终止工作。

第十三条　法定计量检定机构根据质量技术监督部门授权履行下列职责：

（一）研究、建立计量基准、社会公用计量标准或者本专业项目的计量标准；

（二）承担授权范围内的量值传递，执行强制检定和法律规定的其他检定、测试任务；

（三）开展校准工作；

（四）研究起草计量检定规程、计量技术规范；

（五）承办有关计量监督中的技术性工作。

第十四条　法定计量检定机构不得从事下列行为：

（一）伪造数据；

（二）违反计量检定规程进行计量检定；

（三）使用未经考核合格或者超过有效期的计量基、标准开展计量检定工作；

（四）指派未取得计量检定证件的人员开展计量检定工作；

（五）伪造、盗用、倒卖强制检定印、证。

第十五条　省级以上质量技术监督部门应当加强对法定计量检定机构的监督，主要内容包括：

（一）本办法规定内容的执行情况；

（二）《法定计量检定机构考核规范》规定内容的执行情况；

（三）定期或者不定期对所建计量基、标准状况进行赋值比对；

（四）用户投诉举报问题的查处。

第十六条　对质量技术监督部门监督中发现的问题，法定计量检定机构应当认真进行整改，并报请组织实施监督的质量技术监督部门进行复查。对经复查仍不合格的，暂停其有关工作；情节严重的，吊销其计量授权证书。

第十七条　法定计量检定机构有下列行为之一的，予以警告，并处 1 千元以下的罚款：

（一）未经质量技术监督部门授权开展须经授权方可开展的工作的；

（二）超过授权期限继续开展被授权项目的工作的。

第十八条 法定计量检定机构有下列行为之一的,予以警告,并处1千元以下的罚款;情节严重的,吊销其计量授权证书:

(一)违反本办法第十二条规定,未经质量技术监督部门授权或者批准,擅自变更授权项目的;

(二)违反本办法第十四条第(一)、(二)、(三)、(四)项规定之一的。

第十九条 违反本办法第十四条第五项规定,伪造、盗用、倒卖强制检定印、证的,没收其非法检定印、证和全部违法所得,并处2千元以下的罚款;构成犯罪的,依法追究刑事责任。

第二十条 本办法规定的行政处罚,由省级质量技术监督部门决定。吊销计量授权证书,由发证部门决定。

第二十一条 从事法定计量检定机构监督管理的国家工作人员违法失职、徇私舞弊,情节轻微的,给予行政处分;构成犯罪的,依法追究刑事责任。

第二十二条 计量检定机构或者法定计量检定机构接受考核应当按照国家有关规定承担考核工本费。组织考核的质量技术监督部门不得收取其他费用。

第二十三条 与本办法有关的计量检定机构考核申请书、法定计量检定机构复查考核申请书、变更授权项目申请书以及计量授权证书的式样由国家质量技术监督局统一制定。

第二十四条 本办法由国家质量技术监督局负责解释。

第二十五条 本办法自发布之日起施行。

附录二：法定计量检定机构考评员管理规范

（2000 年 8 月 31 日国家质量技术监督局　量发[2000]143 号）

第一条　为了加强法定计量检定机构考评员的管理，保证法定计量检定机构考核质量，制定本规范。

第二条　本规范所称法定计量检定机构考评员，是指经省级以上质量技术监督部门培训、考核合格并注册，持有考评员证件，从事法定计量检定机构考核的人员。

法定计量检定机构考评员为二级：即法定计量检定机构国家级考评员（以下简称“国家级考评员”）和省级法定计量检定机构考评员（以下简称“省级考评员”）。

国家级考评员有资格参加国家质量技术监督局或省级质量技术监督部门组织的对法定计量检定机构的考核；省级考评员有资格参加省级质量技术监督部门组织的对法定计量检定机构考核。

第三条　法定计量检定机构考评员的培训、考核及监督管理，必须遵守本规范。

第四条　国家级考评员应具备下列条件：

（一）具有高级工程师以上技术职称；

（二）熟悉计量法律、法规、规章及法定计量检定机构考核规范；

（三）有较强的组织管理能力、综合评价能力、文字语言表达能力和政策水平；

（四）从事有关专业计量技术或计量管理工作八年以上，有较高的计量技术水平和较丰富的实践经验。

第五条　省级考评员应具备下列条件：

（一）具有工程师以上技术职称；

（二）熟悉计量法律、法规、规章及法定计量检定机构考核规范；

（三）有一定的组织管理能力、综合评价能力、文字语言表达能力和政策水平；

（四）从事有关专业计量技术或计量管理工作五年以上，有一定的计量技术水平和实践经验。

第六条　法定计量检定机构考评员的职责：

（一）尊重客观事实，确保考核工作的真实性、公正性；

（二）坚持原则，正确执行计量法律、法规，认真填写考核报告，对考核结果负责；

（三）保守被考核单位的技术秘密；

（四）接受发证单位和聘用单位的监督。

第七条　国家质量技术监督局负责受理国家级考评员的申请，并组织培训、考核、发证和注册工作；省级质量技术监督部门负责受理省级考评员的申请，并组织培训、考核、发证和注册工作。

第八条　申请法定计量检定机构考评员资格，由本人申请，填写“法定计量检定机构考评员资格申请表”，并经所在单位同意后，向有关质量技术监督部门申请考核。其中，申请国家级考评员资格的，向国家质量技术监督局提出审请；申请省级考评员资格的，向所在地省级质量技术监督部门提出申请。

第九条 申请法定计量检定机构考评员资格，必须参加省级以上质量技术监督部门组织的培训。法定计量检定机构考评员的培训，使用国家质量技术监督局编写的统一培训教材。其培训内容包括：

（一）计量法律、法规、规章及计量基础知识；

（二）法定计量检定机构考核规范；

（三）考核所需要的技能：如检查、评定、组织、交流等；

（四）法定计量检定机构监督管理工作相关的知识。

第十条 法定计量检定机构考评员的考核由国家质量技术监督局统一命题，经考核合格的，属国家级的由国家质量技术监督局批准颁发考评员证书，并注册；属省级的，由受理申请的省级质量技术监督部门批准颁发考评员证书，并注册。

第十一条 取得考评员资格的人员，每三年由发证单位注册一次，对符合要求的，可延长有效期三年；对因工作或身体状况不能尽职的人员，由发证的质量技术监督部门注销其考评员资格，并收回考评员证件。各省级质量技术监督部门应将每次注册的省级考评员报国家质量技术监督局计量司备案。

第十二条 法定计量检定机构考评员有下列情形之一的，取消其考评员资格，并注销考评员证书：

（一）对考核工作不负责，不认真执行考核规范；

（二）在考核工作中违反廉政建设规定；

（三）所在单位要求取消其考评员资格。

第十三条 各有关质量技术监督部门组织对法定计量检定机构的考核，应按本规范第二条第三款聘请法定计量检定机构考评员组成考核组执行考核任务。

第十四条 法定计量检定机构考评员证书由国家质量技术监督局统一制作。

第十五条 本规范自发布之日起施行。

附录三：法定计量检定机构考核规范

引　言

法定计量检定机构是政府计量行政部门依法设置或者授权建立并经政府计量行政部门组织考核合格的，为政府计量行政部门实施计量监督提供技术保证，并为国民经济和社会生活提供技术服务的计量技术机构。为加强对法定计量检定机构的管理，确保其为国民经济和计量监督依法提供准确可靠的计量检定、校准和检测结果，根据《中华人民共和国计量法》和2001年1月21日颁布的国家质量技术监督局令第15号《法定计量检定机构监督管理办法》等相关规章的规定制定本规范。

本规范包括了考核内容和考核方法两个部分。

本规范第4章至第8章规定了考核内容。考核内容是以我国计量法律、法规、国际法制计量组织（OIML）对法制计量实验室的要求以及国际标准ISO/IEC 17025:2005《检测和校准实验室能力的通用要求》为依据，并参考了国家标准GB/T 19000—2000《质量管理体系　基础和术语》和GB/T 19001—2000《质量管理体系　要求》中关于质量管理原则、质量管理体系模式和质量管理体系要求等内容。

本规范的考核内容也符合国际计量委员会（CIPM）为实现国家计量基（标）准与国家计量院签发的校准（测量）证书的互认以及国际法制计量组织（OIML）为实现计量器具型式批准证书的互认，而对法制计量实验室提出的要求。

本规范第9章至第12章规定了考核方法。考核方法是以国家标准GB/T 27011—2005《合格评定　认可机构通用要求》为依据，并吸收了近年来政府计量行政部门对法定计量检定机构考核的成功经验。

本规范2007年版与2003年版相比较，主要有以下变化：

一是根据国际标准ISO/IEC 17025:2005《检测和校准实验室能力的通用要求》，增加了4.1.3、4.3.2 k)、4.3.3、5.2 f)、5.6.2 j)、7.9.3和8.1等条款，修改了4.3.2 a)、5.3.2 c)、5.3.2 e)和6.2.3等条款（见附录M《JJF 1069—2007与ISO/IEC17025:2005的条款对照》）；

二是根据国家标准GB/T 27011—2005《合格评定　认可机构通用要求》，增加了第12章；

三是为了进一步明确"过程方法"在检定、校准和检测实施过程中的应用，增加了7.1条款；

四是为了加强对证书报告签发人员的考核，增加了9.3.5条款和附录D《证书报告签发人员考核表》；

五是根据2005年5月20日颁布的国家质量监督检验检疫总局令第74号《计量器具

新产品管理办法》,删除了"样机试验"术语和有关样机试验的内容;

六是为了便于型式评价项目的考核,将附录 B 中《B2—校准/检测项目》更改为《B2—校准项目》,增加《B4—型式评价项目》,并增加附录 K《经确认的型式评价项目表》;

七是为了便于对规范的理解,在部分条款后面增加了注,注是对正文的说明、举例和指导。它既不包含要求,也不构成本规范的主体部分。

具体变化情况见附录 L《JJF 1069—2007 与 JJF 1069—2003 的条款对照》。

1 范围

本规范规定了法定计量检定机构取得政府计量行政部门授权进行量值传递、量值溯源、商品量检测和计量器具型式评价等任务所必须满足的要求,以及对法定计量检定机构考核的程序和考核结果评价的方法。

本规范适用于政府计量行政部门对法定计量检定机构的考核和监督检查,并适用于对申请承担检定、商品量检测和计量器具型式评价等工作任务的其他计量技术机构的授权考核和监督检查。(本规范所称的法定计量检定机构和其他计量技术机构以下统一简称"机构")

本规范适用于机构建立和运行管理体系,但并不要求机构按本规范的结构更改其管理体系的结构或文件。机构的管理体系文件的组成应适合于其特有的活动方式。

当一个机构不从事计量校准、型式评价和商品量检测等工作时,可以对要求进行裁剪,但裁剪仅限于本规范第 7 章中那些不影响机构提供满足顾客和适于法律法规要求的服务能力或责任的条款。

2 引用文献

下列文献中的条款通过本规范的引用而成为本规范的条款。凡是注明日期的引用文献,其随后所有的修改单(不包括勘误的内容)或修订版均不适用于本规范,然而,鼓励根据本规范达成协议的各方研究是否可使用这些文献的最新版本。凡是不注明日期的引用文献,其最新版本适用于本规范。

JJF 1001《通用计量术语及定义》

JJF 1015《计量器具型式评价和型式批准通用规范》

JJF 1016《计量器具型式评价大纲编写导则》

JJF 1033《计量标准考核规范》

JJF 1059《测量不确定度评定与表示》

JJF 1070《定量包装商品净含量计量检验规则》

JJF 1071《国家计量校准规范编写规则》

JJF 1117《测量仪器比对规范》

CIPM/MRA:1999 国际计量委员会"国家计量基(标)准互认与国家计量院签发的校准(测量)证书互认"协议》

GB/T 19000—2000《质量管理体系　基础和术语》

GB/T 19001—2000《质量管理体系　要求》

GB/T 19022—2003《测量管理体系　测量过程和测量设备要求》

GB/T 15483—1999《利用实验室间比对的能力验证试验》

GB/T 27000—2006《 合格评定 - 词汇和通用原则》

GB/T 27011—2005《 合格评定 - 认可机构通用要求 》

ISO/IEC 17025—2005《 检测和校准实验室能力的通用要求》

3　术语和定义

JJF 1001《通用计量术语及定义》、GB/T 19000—2000《质量管理体系　基础和术语》和 GB/T 27000—2006《合格评定 - 词汇和通用原则》中的有关定义适用于本规范。下面引用了一些最相关的术语和定义并列出一些适用于本规范的其他术语和定义。

3.1　法定计量检定机构

政府计量行政部门依法设置的计量检定机构以及由其授权的计量检定机构。

3.2　管理体系

建立方针和目标并实现这些目标的体系。

注:一个组织的管理体系可包括诸如质量管理体系、财务管理体系或环境管理体系等。本规范中管理体系是指控制机构运作的质量、管理和技术体系。

3.3　计量器具的检定

查明和确认计量器具是否符合法定要求的程序,它包括检查、加标记和(或)出具检定证书。

3.4　检定证书

证明计量器具已经过检定,并获得满意结果的文件。

3.5　检定结果通知书

声明计量器具不符合有关法定要求的文件。

3.6　校准

在规定条件下,为确定测量仪器或测量系统所指示的量值,或实物量具或参考物质所代表的量值,与对应的由标准所复现的量值之间关系的一组操作。

注 1:校准结果既可给出被测量的示值,又可确定示值的修正值。

注 2:校准也可以确定其他计量特性,如影响量的作用。

注 3:校准结果可以记录在校准证书或校准报告中。

3.7　检测

对给定的产品,按照规定的程序确定某一种或多种特性、进行处理或提供服务所组成的技术操作。

注 1:检测结果和与检测有关的其他信息通常被记录在称之为检测报告的文件中。

注 2:本规范中所指的检测,主要是指测量仪器(计量器具)的型式评价和商品量检测等。

3.8　实验室能力验证

利用实验室之间的比对确定实验室的检定、校准或检测能力。

注:"实验室能力验证"一词的含义包括了以下内容:

(1)定性计划——例如要求实验室识别被测物品的某个组分。

(2)数据转换演练——例如提供给实验室多组数据要求进行处理,以获得进一步的信息。

(3)单件物品检测(或检定、校准)——一件物品按顺序送若干个实验室,并按时返还组织者。

(4)单项演练——就单一事件,向实验室发送一个被测物品。

(5)连续计划——按规定的时间间隔,连续地向实验室发送被测物品。

(6)抽样——例如要求个人或组织抽取样品,以进行后续分析。

3.9 比对

在规定的条件下,对相同准确度等级或指定不确定度范围的同种测量仪器复现的量值之间比较的过程。

3.10 校准测量能力

通常提供给顾客的最高校准和测量水平,它用包含因子 k 为 2 或置信概率 p 为 0.95 的扩展不确定度表示。

注:有时称为最佳测量能力。

3.11 型式评价

为确定计量器具型式可否予以批准,或是否应当签发拒绝批准文件,而对该计量器具的型式进行的一种检查。

3.12 商品量

使用计量器具,对商品进行计量所得出的商品的量值(或者数量)。

4 组织和管理

4.1 法律地位

4.1.1 依法设置的机构,必须是一个能独立承担法律责任的实体,具有政府主管部门依法设置的文件,其负责人应具有法定代表人资格证明和相应的主管部门的聘任文件。

4.1.2 被授权建立的机构,具有政府主管部门同意授权的文件,其负责人应具有法定代表人资格证明和其主管部门的聘任文件。如授权建立的机构是某个组织的一部分,则应当有独立的建制,其负责人应当有法定代表人的委托书。

4.1.3 如果被授权建立的机构所在的组织还从事授权项目以外的活动,为了鉴别潜在的利益冲突,应界定该组织中涉及授权项目或对授权项目有影响的关键人员的职责。

注 1:如果被授权建立的机构是某个较大组织的一部分,该组织应使其有利益冲突的部分,如生产、商贸营销或财务部门,不对机构满足本规范的要求产生不良影响。

注 2:被授权建立的机构应能证明其公正性,并且机构及其员工能够抵御任何可能影响其技术判断的、不正当的商业、财务或其他方面的压力。机构不应参与任何损害其判断独立性和检定、校准或检测诚信度的活动。

4.2 法律责任

4.2.1 机构必须遵守国家有关的计量法律、法规,履行计量法律、法规所赋予的职责,以符合本规范要求的方式从事计量检定、校准和检测活动,并能满足顾客的需要。

4.2.2　机构必须完成政府计量行政部门下达的为实施计量法提供技术保证的各项任务,并接受政府计量行政部门的监督和管理。

4.3　基本条件

4.3.1　机构的管理体系应覆盖机构在固定的设施内、离开固定设施的场所或在相关的临时或移动的设施中进行的全部计量检定、校准和检测工作。

4.3.2　机构应:

a)有相应的管理人员和技术人员,不考虑他们的其他职责,他们应具有所需要的权力和资源来履行包括实施、保持和改进管理体系的职责,识别对管理体系或检定、校准和(或)检测程序的偏离,以及采取预防或减少这些偏离的措施;

b)有相应的措施,以保证机构负责人和员工的工作质量不受任何内部和外部的不正当的商业、财务和其他方面的压力和影响;

c)有文件化的政策和程序,以保护顾客的机密信息和所有权,包括保护电子存储和传输结果的程序;

d)有文件化的政策,以避免参与任何可能降低其能力、公正性、诚实性、独立判断力或影响其职业道德的活动;

e)规定机构的组织和管理结构,以及质量管理、技术运作和支持服务之间的关系;

f)规定对检定、校准和检测质量有影响的所有管理、操作、验证和核查人员的职责、权力及相互关系;

g)由熟悉检定、校准或检测的方法、程序、目的和结果评价的监督人员对从事检定、校准和检测的人员(包括在培员工)实施有效的监督;

h)有技术负责人,全面负责技术运作和确保机构运作质量所需的资源;

i)指定一名人员作为质量负责人,不管现有的其他职责,应赋予其在任何时候都能保证与质量相关的管理体系得到实施和遵循的责任和权力。质量负责人应有直接渠道接触决定政策和资源的机构负责人;

j)指定关键管理人员(如技术负责人和质量负责人)的代理人。

k)确保机构人员理解他们活动的相互关系和重要性,以及如何为管理体系质量目标的实现做出贡献。

4.3.3　机构负责人应确保在机构内部建立适宜的沟通机制,并就与管理体系有效性有关的事宜进行沟通。

5　管理体系

5.1　总要求

机构应按照本规范的要求建立与其活动范围相适应的管理体系。形成文件,加以实施和保持,并持续改进其有效性。机构应:

a)识别管理体系以及检定、校准和检测的实施所需的过程及其在组织中的应用;

b)确定这些过程的顺序和相互作用;

c)确定为确保这些过程的有效运行和控制所需的准则和方法;

d)确保可以获得必要的资源和信息,以支持这些过程的运行和对这些过程的监督;

e)监督和分析这些过程;

f)实施必要的措施,以实现对这些过程策划的结果和对这些过程的持续改进。

机构应按本规范的要求管理这些过程。

针对机构所选择的任何影响校准和检测的分包过程,机构应确保对其实施控制。对这类分包过程的控制应在管理体系中加以识别。

注:上述管理体系所需要的过程应当包括与管理活动,资源提供,检定、校准和检测实施及体系改进有关的过程。

5.2 管理职责

机构负责人应通过以下活动,对其建立、实施管理体系并持续改进其有效性的承诺提供证据:

a)向机构传达满足法律、法规、规范和顾客要求的重要性;

b)制定质量方针;

c)确保质量目标的制定;

d)进行管理评审;

e)确保资源的获得;

f)当策划和实施管理体系的变更时,应确保维持管理体系的完整性。

5.3 体系文件

5.3.1 总则

机构应将其政策、制度、计划、程序和作业指导书制定成文件,并达到确保机构的检定、校准和检测结果质量所需要的程度。体系文件应传达至有关人员,并被其理解、获取和执行。

5.3.2 质量方针

机构管理体系中与质量有关的政策,包括质量方针声明,应在质量手册(不论如何称谓)中阐明。应制定总体目标并在管理评审时加以评审。质量方针声明由机构负责人授权发布,至少包括下列内容:

a)机构管理层对良好职业行为和为顾客提供检定、校准和检测服务质量的承诺;

b)管理层关于机构服务标准的声明;

c)与质量有关的管理体系的目的;

d)要求机构所有与检定、校准和检测活动有关的人员熟悉与之相关的质量文件,并在工作中执行这些政策和程序;

e)机构管理层对遵守本规范及持续改进管理体系有效性的承诺。

注1:质量方针声明宜简明,可包括应始终按照规定的方法和顾客的需要来进行检定、校准和检测的要求。

注2:总体目标应是可以分解和考核的,并且应与质量方针保持一致。

5.3.3 质量手册

5.3.3.1 机构应编制和保持质量手册。质量手册应包括或注明含技术程序在内的支持性程序,并概述管理体系中所用文件的架构。

5.3.3.2　质量手册中应确定技术负责人和质量负责人的作用和责任,包括确保遵循本规范的责任。

5.3.4　程序文件

机构应编制程序文件。程序文件与质量手册一起共同构成对整个管理体系的描述。程序文件的范围应覆盖本规范的要求,其详略程度应取决于工作的复杂程度、使用的方法以及开展相应工作所涉及的人员技能和培训。

5.4　文件控制

机构应建立和维持程序来控制构成其管理体系的所有文件(内部制定或来自外部的),诸如法律法规、规章、其他规范性文件、检定规程、校准规范、检测方法、检验规则、标准以及图纸、软件、规范、指导书和手册等。记录是一种特殊类型的文件,应依据5.5的要求进行控制;计量检定、校准和检测数据应依据7.3.8的要求进行控制。

应编制形成文件的程序,以规定以下方面所需的控制:

a)文件发布前得到批准,以确保文件是充分与适宜的;

b)必要时对文件进行评审与更新,并再次批准;

c)确保文件的更改和现行修订状态得到识别。修订应予以控制,除非有别的特殊决定,应由原审查和批准人员审查和批准方可。这种人员须能利用适当的背景信息作为其审查和批准的依据;

d)确保在使用处可获得适用文件的有效版本;

e)确保文件保持清晰、易于识别;

f)确保外来文件得到识别,并控制其分发;

g)防止作废文件的非预期使用,若因任何原因而保留作废文件时,对这些文件进行适当的标识。

注:本规范中的"文件"可以是方针声明、程序、规范、规程、校准表格、图表、教科书、张贴品、通知、备忘录、软件、图纸、计划等。这些文件可以在能有效控制的各种载体上,可以是硬拷贝也可以是电子媒体,并且可以是数字的、模拟的、影像的或书面的。

5.5　记录控制

5.5.1　机构应建立并保持记录,以提供符合要求和管理体系有效运行的证据。应制定和维持识别、收集、索引、存取、存档、存放、维护和清理质量记录及技术记录的程序。质量记录应包括来自内部审核和管理评审的报告及纠正和预防措施的记录。

注:技术记录是进行检定、校准和检测所得数据和信息的积累,它们表明检定、校准和检测是否达到了规定的质量或规定的过程参数。技术记录可包括表格、合同、工作单、工作手册、核查表、工作笔记、控制图、外部和内部的检定证书、校准证书和检测报告、顾客信函和反馈意见。

5.5.2　所有的记录应真实可信、清晰明了,并以便于存取的方式存放和保存在具有防止损坏、变质、丢失等适宜环境的设施中。应规定记录的保存期。

5.5.3　所有记录应予以安全保护和保密。

5.5.4　机构应有程序来保护和备份以电子形式存储的记录,并防止未经授权的侵入或修改。

5.6 管理评审

5.6.1 总则

机构负责人应根据预定的计划和程序,定期对机构的管理体系以及检定、校准和检测活动进行评审,以确保其持续的适宜性、充分性和有效性。

应保持管理评审的记录。

5.6.2 评审输入

管理评审的输入应包括以下方面的信息:

a)政策和程序的适宜性;

b)管理和监督人员的报告;

c)近期内部审核的结果;

d)纠正和预防措施;

e)由外部机构进行的评审;

f)能力验证或实验室间比对的结果;

g)工作量和工作类型的变化;

h)顾客的反馈;

i)投诉;

j)改进的建议;

k)其他相关因素,如质量控制活动、资源以及员工培训等。

5.6.3 评审输出

管理评审的输出应包括与以下方面有关的任何决定和措施:

a)管理体系及其过程有效性的改进;

b)与顾客要求有关的检定、校准和检测的改进;

c)资源需求。

机构负责人应确保上述决定和措施在适当和约定的日程内得到实施。

注1:管理评审的间隔通常为一年,一般在内部审核(见8.4)后进行。

注2:评审结果应当输入机构策划系统,并包括下年度的目的、目标和活动计划。

6 资源配置和管理

6.1 总则

决定机构检定、校准和检测的正确性和可靠性的资源有人员、设施和环境条件,测量设备以及检定、校准和检测方法等。机构应提供所开展的检定、校准和检测项目一览表(包括诸如项目名称、量程或测量范围、测量不确定度或准确度等级或最大允许误差以及执行的规程、标准、规范或规则等),确定并提供履行其检定、校准和检测任务以及建立和改进管理体系所需要的资源。

6.2 人员

6.2.1 机构应根据工作的需要配备足够的管理、监督、检定、校准和检测人员。机构应使用长期正式职工或合同制职工。在使用合同制职工和编外技术人员及关键的支持人员时,机构应确保这些人员是胜任的且受到监督,并依据机构的管理体系要求工作。

6.2.2　与计量检定、校准和检测等服务项目直接相关的人员，应经过必要的培训，具备相关的技术知识、法律知识和实际操作经验。检定、校准和检测人员应按有关的规定经考核合格，并被授权后持证上岗。

注：对检测报告所含意见和解释负责的人员，除了具备相应的资格、培训、经验以及所进行的检测方面的足够知识外，还需具有：

a）制造被检测的计量器具等所用的相应技术知识、已使用或拟使用方法的知识，以及在使用过程中可能出现的缺陷或降级等方面的知识；

b）法规、规程和标准中阐明的通用要求的知识；

c）对所发现的与计量器具、定量包装商品等正常使用的偏离所产生影响程度的了解。

6.2.3　机构应制定对人员的教育、培训和技能目标。应有确定培训需求和提供人员培训的政策和程序。培训计划应与机构当前和预期的任务相适应。应评价这些活动的有效性。

6.2.4　对与检定、校准和检测有关的管理人员、技术人员和关键支持人员，机构应保留其当前工作的描述。描述至少应规定以下内容：

a）执行检定、校准或检测人员的职责；

b）检定、校准或检测计划和结果评价人员的职责；

c）在报告中提供意见和解释人员的职责；

d）证书、报告签发人员的职责；

e）方法改进、新方法制定和确认方面人员的职责；

f）各岗位所需的专业知识和经验；

g）各岗位所必需的资格和培训计划；

h）各管理岗位的职责。

6.2.5　机构应授权专门人员进行：特殊类型的抽样、检定、校准和检测；签发检定证书、校准证书和检测报告；提出意见和解释以及操作特殊类型的设备。机构应保留所有技术人员的有关授权、能力、教育和专业资格、培训、技能和经验的记录，并包括授权和能力确认的日期。这些信息应易于获取。

6.3　设施和环境条件

6.3.1　用于检定、校准和检测的设施，包括但不限于能源、照明和环境条件，应符合所开展项目的技术规范或规则所规定的要求，并应有助于检定、校准和检测工作的正确实施。

机构应确保其环境条件不会影响检定、校准和检测结果的有效性，或对所要求的测量质量产生不良影响。在机构固定设施以外的场所进行抽样、检定、校准和检测时，应予以特别注意。对影响检定、校准和检测结果的设施和环境条件的技术要求应制定成文件。

6.3.2　相关的规范、方法和程序有要求，或者对结果的质量有影响时，机构应监测、控制和记录环境条件。对诸如生物消毒、灰尘、电磁干扰、辐射、湿度、供电、温度、声级和振动等应予以重视，使其适应于相关的技术活动。当环境条件危及到检定、校准和检测的结果时，应停止工作。

6.3.3 应将不相容活动的相邻区域进行有效隔离。应采取措施以防止交叉污染。

6.3.4 对影响检定、校准和检测质量的区域的进入和使用，应加以控制。机构应根据其特定情况确定控制的范围。

6.3.5 应制定程序并采取有效措施，以确保实验室的良好内务，并符合有关人身健康和环境保护的要求。

6.4 测量设备

6.4.1 机构必须配备为正确进行检定、校准和检测（包括抽样、物品制备、数据处理与分析）所要求的所有抽样、测量和检测设备。应列出所建立的计量基（标）准名称及设备一览表，并注明设备名称、型号、测量范围（或量程）、测量不确定度（或准确度等级、最大允许误差）、量值传递或溯源关系等。当机构需要使用固定控制之外的设备时，应确保满足本规范的要求。

注：测量设备包括标准物质。

6.4.2 用于检定、校准和检测的设备（包括软件）应达到要求的准确度，并符合相应的规范要求。用于开展检定、校准的计量基、标准必须按规定经考核合格，并取得相应的有效证书和溯源证明；开展检测的测量仪器（计量器具）应持有有效期内的计量检定证书或校准证书。设备在使用前应进行检查和（或）校准。

6.4.3 设备应由经过授权的人员操作。设备使用和维护的最新版说明书（包括设备的制造商提供的有关手册），应便于有关人员取用。

6.4.4 用于检定、校准或检测并对结果有影响的每一设备（包括软件），如可能均应加以唯一性标识。

6.4.5 应保存对检定、校准或检测具有重要影响的每一设备（或每套装置）及其软件的记录。该记录至少应包括：

a）设备及其软件的识别；

b）制造商名称、型式标识、系列号或其他唯一性标识；

c）对设备是否符合规范的核查（见6.4.2）；

d）当前的处所（如适用）；

e）制造商的说明书（如果有），或其存放的地点；

f）所有检定或校准证书的日期、结果及其复印件，设备调整、验收准则和下次检定或校准的预定日期；

g）设备维修计划，以及已进行的维护（适当时）；

h）设备的任何损坏、故障、改装或修理。

6.4.6 机构应具有安全处置、运输、储存、使用和有计划维护测量设备的程序，以确保其功能正常并防止污染或性能退化。

注：在机构固定场所外使用测量设备进行检定、校准或检测时，可能需要附加的程序。

6.4.7 设备出现过载或处置不当、给出可疑结果或已显示缺陷、超出规定限度等情况，均应停止使用。这些设备应予撤离以防误用，或加贴标签、标记以清晰表明该设备已停止使用，直至修复并通过检定或校准表明能正常工作为止。机构应核查这些缺陷或偏离规定极限对先前的检定、校准和（或）检测的影响，并执行“不合格工作的控制”程序（见

8.2)。

6.4.8　机构控制下的需检定或校准的所有测量设备,应使用标签、编码或其他标识表明其检定或校准状态,包括上次检定或校准的日期和再检定、校准或失效的日期。

6.4.9　无论什么原因,若设备脱离了机构的直接控制,机构应确保该设备返回后,在使用前对其功能和检定或校准状态进行检查并能显示满意结果。

6.4.10　当需要利用期间核查以维持设备检定或校准状态的可信度时,应按照规定的程序进行。

6.4.11　当检定或校准产生了一组修正因子时,机构应有程序确保其所有备份(例如计算机软件中的备份)得到正确更新。

6.4.12　用于检定、校准和检测的设备,包括硬件和软件应得到保护,以防止发生致使检定、校准和检测结果失效的调整。

7　检定、校准和检测的实施

7.1　检定、校准和检测实施的策划

机构应策划检定、校准和检测实施所需要的过程。检定、校准和检测实施的策划应与管理体系其他过程的要求相一致。(见5.1)

在对检定、校准和检测实施进行策划时,机构应确定以下方面的适当内容:

a)检定、校准和检测的质量目标和要求;

b)针对检定、校准和检测确定过程、文件和资源的需求;

c)检定、校准和检测所要求的验证、比对、监视和控制活动;

d)为实现过程及其结果满足要求提供证据所需的记录(见5.5和7.10)。

7.2　与顾客有关的过程

7.2.1　要求、标书和合同的评审

7.2.1.1　机构应建立和维持评审顾客要求、标书和合同的程序。这些为签订检定、校准或检测合同而进行评审的政策和程序应确保:

a)对包括所用方法在内的要求应予以适当规定,形成文件,并易于理解;

b)机构具有满足顾客要求的资格、能力和资源;

c)选择适当的、能满足顾客要求的检定、校准和检测方法。

顾客要求或标书与合同之间的任何差异,应在工作开始之前得到解决。每项合同应符合法律、法规的要求,并得到机构和顾客双方的接受。

注1:对要求、标书和合同的评审需以可行和有效的方式进行,并考虑财务、法律和时间安排等方面的影响,对内部顾客的要求、标书和合同的审查可以简化方式进行。

注2:对机构能力的评审,应证实机构具备了必要的物力、人力和信息资源,且机构的人员对所从事的检定、校准和检测有必要的技能和专业技术。该评审也可包括以前参加的实验室间比对或能力验证的结果和(或)为确定测量不确定度、检出限、置信限等而使用的已知值样品或物品所做的试验性检测或校准计划的结果。

注3:合同可以是为顾客提供检定、校准和检测的任何书面的或口头的协议。

7.2.1.2　应保存包括任何重大变化在内的评审的记录。在合同执行期间,就顾客的

要求或工作结果与顾客进行讨论的有关记录,也应予以保存。

注:对例行和其他简单任务的评审,由机构中负责合同工作的人员注明日期并加以标识(如签名)即可。对于重复性的例行工作,如果顾客要求不变,仅需在初期调查阶段,或在与顾客的总协议下对持续进行的例行工作合同批准时进行评审。对于新的、复杂的或先进的检定、校准或检测任务,则需保存较全面的记录。

7.2.1.3 评审的内容应包括机构分包出去的所有工作。

7.2.1.4 对合同的任何偏离均应通知顾客。

7.2.1.5 如果在工作开始后需要修改合同,应重新进行同样的评审过程,并将所有修改内容通知所有受到影响的人员。

7.2.2 服务顾客

7.2.2.1 机构对顾客开展检定、校准和检测等服务时,必须遵守政府计量行政部门或相关法律法规对有关工作质量、完成时间和收取费用等方面的规定。

7.2.2.2 机构应与顾客或其代表保持沟通与合作,以便明确顾客的要求与反馈,并在确保其他顾客机密的前提下,允许顾客到实验室监视与其工作有关的操作。

注1:这种合作可包括:

a)允许顾客或其代表合理进入机构的相关区域直接观察为其进行的检定、校准或检测;

b)顾客为验证目的所需的检定、校准或检测物品的准备、包装和发送;

注2:顾客非常重视与机构保持技术方面的良好沟通并获得建议和指导,以及根据结果得出的意见和解释。机构在整个工作过程中,宜与顾客,尤其是大宗业务的顾客保持联系。机构应将检定、校准和(或)检测过程中的任何延误和主要偏离通知顾客。

7.3 检定、校准和检测方法

7.3.1 总则

机构在其授权的范围内进行的所有检定、校准和检测应采用适当的方法和程序,包括抽样、处置、运输、储存和被检物品的准备,适合时还应包括测量不确定度的评定以及分析检定、校准或检测数据的统计技术。

机构人员在使用和操作所有相关的设备及在处置和准备被检物品时,应有使用说明书或必要的操作规程。所有与实验室工作有关的说明书、标准、手册和参考数据应保持现行有效版本并易于员工取阅。对校准或检测方法的偏离只有在该偏离已有文件规定、技术上认为合理的、经授权并取得计量行政部门或顾客同意的情况下才允许发生。

注:如果国际的、区域的或国家的标准、规程或规范,或其他公认的规范已包含了如何进行检定、校准和检测的简明和足够的信息,并且这些标准或规范是以可被机构操作人员作为公开文件使用的方式书写时,则不需要再进行补充或改写为内部程序,对方法中的可选择步骤,可能有必要制定附加细则或补充文件。

7.3.2 方法的选择

7.3.2.1 开展计量检定时,机构必须使用国家计量检定规程,如无国家计量检定规程,则可使用部门或地方计量检定规程。计量检定规程必须是现行有效版本。

7.3.2.2 开展校准时,机构应使用满足顾客需要的,对所进行的校准适宜的国家制定的校准规范。如无国家校准规范应尽可能使用公开发布的,如国际的、地区的或国家的标准或技术规范,或参考相应的计量检定规程。机构应确保其使用的标准或技术规范是现行有效的版本。必要时,应采用附加细则对标准或技术规范加以补充,以确保应用的一致性。

当顾客未指定所用的校准方法时,机构应选择由国际、区域或国家标准规定的,或由知名的技术组织或有关科学书籍和期刊最新公布的,或由设备制造商指定的方法。机构依据 JJF 1071《国家计量校准规范编写规则》制定的或采用的方法如能满足机构的预期用途并经过验证,也可使用。所选用的方法应通知顾客。校准前,机构应确认能够正确地运用标准方法。如标准方法发生了变化,应重新进行确认。

当认为顾客所提出的方法不合适或已过期时,机构应通知顾客。

7.3.2.3 开展计量器具新产品型式评价时,应使用国家统一的型式评价大纲。如无国家统一制定的大纲,机构可根据国家计量技术规范 JJF 1015《计量器具型式评价和型式批准通用规范》和 JJF 1016《计量器具型式评价大纲编写导则》的要求拟定型式评价大纲。大纲应经科学论证,并由机构主管领导批准。

7.3.2.4 开展商品量检测时,应使用国家统一的商品量检测技术规范,如无国家统一制定的技术规范,应执行由省以上政府计量行政部门规定的检测方法。

7.3.3 机构制定的方法

机构受政府计量行政部门的委托制定计量检定规程、校准规范或检测方法,或为其应用而制定校准或检测方法的工作应是一项有计划的活动,应指定有足够资源的有资格的人员进行。

计划应随制定的进度加以更新,并确保所有有关人员之间的有效沟通。

7.3.4 非标准的方法

如必须使用在校准规范、检测技术规范或标准中未包含的非标准方法时,应征得顾客的同意,包括对顾客要求的明确说明以及校准或检测的目的。所制定的方法在使用前应经适当的确认。

注:对新的校准、检测方法,在进行校准、检测之前需制定成程序。程序应符合相应的计量技术规范规定的要求。

7.3.5 方法的确认

7.3.5.1 确认是通过核查并提供客观证据,以证实某一特定预期用途的特殊要求得到满足。

7.3.5.2 机构应对标准方法中未包含的方法、机构自行设计(制定)的方法、超出其预定范围使用的标准方法、扩充和修改过的标准方法进行确认,以证实该方法适用于预期的用途。确认应尽可能全面,以满足预定用途或应用领域的需要。机构应记录所获得的结果、使用的确认程序以及该方法是否适合预期用途的声明。

注 1:可包括对抽样、处置和运输程序的确认。

注 2:用于确定某方法性能的技术宜是下列情况之一或是其组合:

a)使用参考标准或标准物质进行校准;

b)与其他方法所得的结果进行比较;

c）实验室间比对；

d）对影响结果的因素作系统性评审；

e）根据对方法的理论原理和实践经验的科学理解，对所得结果不确定度进行的评定。

注3：当对已确认的非标准方法作某些改动时，需将这些改动的影响制定成文件，适当时需重新进行确认。

7.3.5.3 按预期用途进行评价所确认的方法得到的值，诸如范围和准确度，应适应顾客的需求。这些值诸如：结果的不确定度、检出限、方法的选择性、线性、重复性限和（或）复现性限、抵御外来影响的稳健度和（或）抵御来自样品（或检测物）母体干扰的交互灵敏度。

注1：确认包括对要求的详细说明、方法特性的测定、利用该方法能满足要求的核实以及有关确认的有效性的声明。

注2：在方法制定过程中，需进行定期的评定，以证实顾客的需要仍能得到满足。对修订编制计划所需的要求中的任何变更，均需得到批准和授权。

注3：确认通常是成本、风险和技术可行性之间的一种平衡。许多情况下，由于缺乏信息，数值（如：准确度、检出限、选择性、线性、重复性、复现性、稳健度和交互灵敏度）的范围和不确定度只能以简化的方式给出。

7.3.6 校准测量能力

机构应具有评价其校准测量能力的程序。评价应适应机构所开展项目的参数和量程。评价可采用 JJF 1033《计量标准考核规范》所推荐的方法。

7.3.7 测量不确定度的评定

7.3.7.1 机构应有评定测量不确定度的程序，并对开展的各种类型的检定、校准和检测都应按有关法规、规范所规定的要求进行测量不确定度的评定。

7.3.7.2 评定测量不确定度时，对给定条件下的所有重要不确定度分量，均应采用国家计量技术规范 JJF 1059《测量不确定度评定与表示》所推荐的方法或其他法规、规范规定的方法进行评定和表示。

7.3.8 数据控制

7.3.8.1 应对计算和数据传送进行系统和适当的检查。

7.3.8.2 当使用计算机或自动化设备对检定、校准和检测的数据进行采集、处理、记录、报告、存储或检索时，机构应确保：

a）由使用者开发的计算机软件应被制订成足够详细的文件，并对其适用性进行适当验证；

b）建立和实施数据保护的程序，这些程序应包括（但不限于）数据输入或采集、数据存储、数据传输和数据处理的完整性和保密性；

c）维护计算机和自动设备以确保其功能正常，并提供保护检定、校准和检测数据完整性所必需的环境和运行条件。

注：通用的商业现成软件（如文字处理、数据库和统计程序），在其设计的应用范围内可认为是充分有效的。但机构对软件的配置（或调整）需按 7.3.8.2 a）进行确认。

7.4　服务和供应品的采购

7.4.1　机构应有选择和购买对检定、校准和检测质量有影响的服务和供应品的政策和程序。还应有与检定、校准和检测有关的试剂和消耗材料的购买、验收和存储的程序。

7.4.2　机构应确保所购买的，影响检定、校准和检测质量的供应品、试剂和消耗材料，只有在经检查或证实符合有关检定、校准和检测方法中规定的标准规范或要求之后才投入使用。所使用的服务和供应品应符合规定的要求。应保存所采取的符合性检查活动的记录。

7.4.3　影响机构输出质量的物品采购文件中，应包含描述所购服务和供应品的资料，如型式、类别、规格、等级、图纸、检查说明等技术资料以及质量要求和进行这些工作所依据的质量体系标准。这些采购文件在发出之前，其技术内容应经过审查和批准。

注：该描述可包括型式、类别、等级、精确的标识、规格、图纸、检查说明、包括检测结果批准在内的其他技术资料、质量要求和进行这些工作所依据的管理体系标准。

7.4.4　机构应对影响检定、校准和检测质量的重要消耗品、供应品和服务的供应商进行评价，并保存这些评价的记录和获批准的供应商名单。

7.5　校准和检测工作的分包

7.5.1　机构必须在授权的范围内开展计量检定工作，不得将检定工作的一部分进行分包。

7.5.2　机构由于未预料的原因（如工作量、需要更多专业技术或暂时不具备能力）或持续性的原因（如通过长期分包、代理或特殊协议）需要将校准或检测工作分包时，应分包给符合本规范要求并经授权的法定计量检定机构或其他有资格的实验室。

7.5.3　机构应将分包安排以书面形式通知委托方，并应得到下达任务的计量行政部门的批准和委托方的书面准许。

7.5.4　机构应就其分包的工作对顾客负责，由顾客或政府计量行政部门指定的分包方除外。

7.5.5　机构应保存校准和（或）检测中使用的所有分包方的名录，并保存其工作符合本规范的证明记录。

7.6　量值溯源

7.6.1　总则

用于检定、校准和检测的所有设备，包括对检定、校准、检测和抽样结果的准确性或有效性有显著影响的辅助测量设备（例如用于测量环境条件的设备），均应有有效的检定或校准证书。机构应制定设备检定（或校准）的程序和计划。

注：该计划应当包含一个对计量标准，用做计量标准的标准物质以及用于检定、校准和检测的测量设备进行选择、使用、检定（校准）、核查和维护的系统。

7.6.2　设备的检定（或校准）

7.6.2.1　机构应编制和执行设备的周期检定或校准计划，以确保由本机构进行的检定、校准和检测可溯源到国家基准或社会公用计量标准。

测量的溯源性是由能出示其资格、测量能力和溯源性证明的法定计量检定机构的（或授权的社会公用计量标准的）检定或校准服务来保证的。由这些机构出具的检定（校准）证书应表明通过一个不间断的校准链与国家基准相联系。检定证书和校准证书应包含包括了测量结果及其不确定度和（或）一个是否符合检定规程或校准规范中规定要求的结论。

7.6.2.2　当某些校准或检测目前尚不能严格溯源到国家基准或社会公用计量标准时，应通过建立对相应计量标准或测量设备的溯源来提供测量的可信度，例如：

a）使用有资格的供应者提供的有证标准物质来给出材料可靠的物理或化学特性；

b）使用规定的方法和（或）被有关各方接受并且描述清晰的协议标准。

可能时，要求参加适当的实验室间比对计划。

7.6.3　计量标准和标准物质

7.6.3.1　计量标准

机构应具有计量标准量值传递和溯源框图、周期检定的程序和计划。计量标准应由能提供如7.6.2条所述的溯源性的机构检定。机构所持有的计量标准器具应仅用于检定和（或）校准，不能用于其他目的，除非能表明其作为计量标准的性能不会失效。计量标准在任何调整之前或之后均应检定或校准。

7.6.3.2　标准物质

可能时，标准物质应溯源到国际单位制单位或有证标准物质。只要技术和经济条件允许，应对内部标准物质进行核查。

7.6.3.3　期间核查

应根据规定的程序和日程对计量基（标）准、传递标准或工作标准以及标准物质进行核查，以保持其检定或校准状态的可信度。

7.6.3.4　运输和储存

机构应有程序来安全处置、运输、存储和使用计量基（标）准和标准物质，以防止污染或损坏，确保其完整性。

注：当计量标准和标准物质用于机构固定场所以外的检定、校准和检测时，有必要制定附加的程序。

7.7　抽样

7.7.1　机构为检定、校准或检测而涉及对物质、材料或产品进行抽样时，应有用于抽样的抽样计划和程序。抽样计划和程序在抽样的地点应能够得到。只要合理，抽样计划应根据适当的统计方法制定。商品量检测的抽样方法国家有规定的按其规定执行。抽样过程应注意需要控制的因素，以确保检定、校准和检测结果的有效性。

7.7.2　当顾客对文件规定的抽样程序有偏离、增加或删节的要求时，应详细记录这些要求和相关的抽样资料，并记入包括检定、校准和检测结果的所有文件中，同时告知相关人员。

7.7.3　当抽样作为检定、校准和检测工作的一部分时，机构应有程序记录与抽样有关的资料和操作。这些记录应包括所用的抽样程序、抽样人员的识别、环境条件（如果相关）、必要时有抽样地点的图示或其他等效方法，如果合适，还应包括抽样程序所依据的统计方法。

7.8　检定、校准和检测物品的处置

7.8.1　机构应有用于检定、校准和检测物品的运输、接受、处置、保护、存储、保留和(或)清理的程序,包括为保护检定、校准和检测物品完整性以及机构与顾客利益所需的全部条款。

7.8.2　机构应有检定、校准和检测物品的标识系统。物品在机构运转的全过程应保留该标识。标识系统的设计和使用应确保物品不会在实物上或在涉及的记录和其他文件中混淆。如果合适,标识系统应包含物品群组的细分和物品在实验室内外部的传递。

7.8.3　在接受检定、校准和检测物品时,应记录异常情况或对检定、校准或检测方法中所述的正常(或规定)条件的偏离。当对物品是否适合检定、校准或检测有疑问,或当物品不符合所提供的描述,或对所要求的检定、校准和检测规定不够详尽时,机构应在工作前询问顾客,以得到进一步的说明,并记录下讨论的内容。

7.8.4　机构应有程序和适当的设施避免检定、校准和检测物品在存储、处置和准备过程中发生性能退化、丢失或损坏。应遵守随物品提供的处理说明。当物品需要被存放在规定的环境条件下时,机构应对存放和安全做出安排,以保护该物品或其有关部分的状态和完整性。

注1:在检测之后要重新投入使用的检测物品,需特别注意确保物品的处置、检测或储存(或待检)过程中不被破坏或损伤。

注2:需向负责抽样和运输样品的人员提供有关样品的存储和运输的信息,包括影响检定、校准和检测结果的抽样要求的信息。

注3:维护检定、校准和检测样品安全的缘由可能出自记录、安全或价值的原因,或者是为了日后进行补充的检定、校准和检测。

7.9　检定、校准和检测质量的保证

7.9.1　检定、校准和检测过程的控制

7.9.1.1　检定必须以检定规程为依据,必要时应编制操作规程。应有检定前后的检查记录。

7.9.1.2　校准应执行有关规范和要求,并编制必要的操作规程。

7.9.1.3　检测应执行国家或行业技术规范(标准)、型式评价大纲或有关的技术标准。

7.9.1.4　应有实验过程中出现异常现象或突然的外界干扰时的处理办法(如设备故障、损坏、人身安全等)。

7.9.2　检定、校准和检测结果的控制

机构应有质量控制程序以监控检定、校准和检测结果的有效性。所得数据的记录方式应便于发现其发展趋势,如可行,应采用统计技术对结果进行审查。这种监控应有计划并加以评审,可包括(但不限于)下列内容:

a)定期使用一级或二级有证标准物质进行内部质量控制;

b)参加实验室间的比对或能力验证计划;

c)利用相同或不相同方法进行重复检定、校准或检测;

d)对保留的物品进行再检定、校准或检测;

e)分析一个物品不同特性结果的相关性。

注:选用的方法需与所进行工作的类型和工作量相适应。

7.9.3 应分析质量控制的数据,当发现质量控制数据将超出预定的判据时,应采取有计划的措施来纠正出现的问题,并防止报告错误的结果。

7.10 原始记录和数据处理

7.10.1 机构应按规定的期限保存原始观测数据、导出数据,开展跟踪审核的足够信息,检定、校准和检测记录、人员记录,并按规定的要求保留出具的检定证书、校准证书和检测报告的副本。每份检定、校准或检测记录应包含足够的信息,以便于在可能时识别不确定度的影响因素,并保证该检定、校准或检测在尽可能与原来条件接近的条件下能够复现。记录应包括负责抽样的人员、各项检定、校准和检测的执行人员和结果核验人员的签名。

7.10.2 观测结果、数据和计算应在工作时予以记录,并能按照特定的任务分类识别。

7.10.3 当在记录中发生错误时,对每一错误应划改,不可擦涂掉,以免字迹模糊或消失,并将正确值填写在其旁边。对记录的所有改动应有改动人的签名或盖章。对电子存储的记录也应采取同等措施,以避免原始数据的丢失或更改。

7.11 结果报告

7.11.1 总则

机构应准确、清晰和客观地报告每一项检定、校准和检测的结果,并符合检定、校准和检测方法中规定的要求。

结果通常是以检定证书(或检定结果通知书)、校准证书或检测报告的形式出具,并应包括顾客要求的,说明检定、校准和检测结果所必需的和所用方法要求的全部信息。这些信息通常是7.11.2、7.11.3、7.11.4和7.11.5中要求的内容。

在为内部的顾客进行检定、校准和检测或与顾客签订书面协议的情况下,可用简化的方式报告结果。但7.11.2、7.11.3、7.11.4和7.11.5条所列却未向顾客报告的信息,应能方便地从进行检定、校准和检测的实验室中获得。

7.11.2 检定证书

机构进行检定工作,必须按《计量检定印、证管理办法》的规定,出具检定证书或加盖检定合格印。当被检定的仪器已被调整或修理时,如果可获得,应保留调整或修理前后的检定记录,并报告调整或修理前后的检定结果。

7.11.3 校准证书

7.11.3.1 机构进行校准工作,应出具校准证书,并应符合相关的技术规范的规定。

7.11.3.2 校准证书应仅与量和功能性检测的结果有关,如欲做出符合某规范的说明时,应指明符合或不符合该规范的那些条款。

如符合某规范的声明中略去了测量结果和相关的不确定度时,机构应记录并保持这些结果,以备日后查阅。

做出符合性声明时,应考虑测量不确定度。

7.11.3.3 当被校准的仪器已被调整或修理时,如果可获得,应报告调整或修理前后的校准结果。

7.11.3.4　校准证书不应包含对校准时间间隔的建议,除非已与顾客达成协议。该要求可能被法规的要求所取代。

7.11.4　检测报告

机构进行商品量检测和计量器具型式评价等计量检测工作,必须按政府计量部门规定的要求出具相应检测报告。

7.11.5　意见和解释

当证书中包含意见和解释时,机构应把意见和解释的依据制订成文件。意见和解释应被清晰标注。

注 1:检测报告中包含的意见和解释可以包括(但不限于)下列内容:

a)关于结果符合(不符合)要求声明的意见;

b)合同要求的履行;

c)如何使用结果的建议;

d)用于改进的指导。

注 2:许多情况下,通过与顾客直接对话来传达意见和建议或许更加恰当,但这些对话需有文字记录。

7.11.6　从分包方获得的校准和检测结果

当校准工作被分包时,执行该工作的实验室应向分包给其工作的机构出具校准证书或校准报告。

当检测报告包含了由分包方所出具的检测结果时,这些结果应予以清晰标明。分包方应以书面或电子方式报告结果。

7.11.7　结果的电子传输

当用电话、电传、传真或其他电子或电磁方法传送检定、校准或检测结果时,应满足本规范的要求(见 7.3.8)。

7.11.8　证书和报告的格式

证书和报告的格式应设计成适用于所进行的各种检定、校准或检测类型,并尽量减小产生误解或误用的可能性。检定证书的格式应按《计量检定印、证管理办法》和计量检定规程的要求设计。校准证书和检测报告的格式应按照有关的规定执行。

7.11.9　证书和报告的修改

检定证书、校准证书和检测报告在发布后要作内容的修改时,只能以追加文件或资料调换的形式进行,并应包括"对序号为……(或其他标识)的检定证书(或校准证书、检测报告)的补充文件"的声明,或其他等效的文字形式。这样的修改应符合本规范的相关要求。

如必须出具一份完整的新的检定证书、校准证书或检测报告时,应对新的证书重新给予编号,并声明本证书代替"检定证书 × × ×号"或"校准证书 × × ×号",或"检测报告 × × ×号",原证书(报告)作废。

7.11.10　证书和报告的管理

计量检定证书、校准证书和检测报告,以及证书专用印章应有专人保管,并建立使用管理程序。

8 管理体系改进

8.1 总则

机构应通过实施质量方针和目标、应用审核结果、来自顾客的信息、数据分析、纠正措施和预防措施以及管理评审来持续改进管理体系的有效性。

8.2 不合格工作的控制

8.2.1 机构应具有当检定、校准和检测工作或工作结果不符合管理体系的要求或顾客同意的要求时应执行的政策和程序。该政策和程序应保证:

a)确定对不合格工作进行管理的责任和权限,规定当不合格工作被确定时所采取的措施(包括必要时暂停工作,扣发检定证书、校准证书和检测报告);

b)对不合格工作的严重性进行评价;

c)立即进行纠正,同时对不合格工作的可接受性做出决定;

d)必要时,通知顾客并取消工作;

e)确定批准恢复工作的职责。

8.2.2 当评价表明不合格工作可能再度发生,或对机构的运作、对其政策和程序的符合性产生怀疑时,应立即执行8.5中规定的纠正措施程序。

注:对管理体系,检定、校准或检测活动的不合格工作或问题的鉴别,可能在管理体系和技术运作的各个环节进行,例如顾客投诉、质量控制、仪器校准、消耗材料的核查、对员工的考察或监督、检定证书、校准证书和检测报告的核查、管理评审、内部审核和外部考核。

8.3 顾客满意和投诉

8.3.1 作为对管理体系业绩的一种测量,机构应对顾客有关机构是否已满足其要求的感受的信息进行监视,并确定获取和利用这种信息的方法。应使用和分析这些信息并应用于改进管理体系、检定、校准和检测活动及对顾客的服务。

注:顾客反馈意见的类型,例如顾客满意度调查或与顾客一起评价检定、校准或检测报告。

8.3.2 机构应有政策和程序处理来自顾客或其他方面的投诉。应保存所有投诉的记录,以及机构针对投诉所展开的调查和纠正措施的记录(见8.5)。

8.4 内部审核

8.4.1 机构应根据预先制定的日程表和程序定期对其活动进行内部审核,以验证其运行持续符合管理体系和本规范的要求。内部审核计划应涉及管理体系的全部要素,包括检定、校准和检测活动。质量负责人应按照日程表的要求和管理层的需要策划和组织内部审核。审核应由经过培训和具备资格的人员执行,只要资源允许,审核人员应独立于被审核的活动。

注:内部审核的间隔通常为1年。

8.4.2 当审核中发现的问题导致对运作的有效性,或对机构检定、校准和(或)检测结果的正确性或有效性产生怀疑时,机构应及时采取纠正措施。如果调查表明机构给出的结果可能已受影响,应书面通知顾客。

8.4.3　应记录审核活动的领域、审核发现的情况和因此而采取的纠正措施。

8.4.4　应对审核活动进行跟踪，并验证和记录纠正措施的实施情况及有效性。

8.5　纠正措施

8.5.1　机构应采取措施，以消除不合格的原因，防止不合格的再发生。纠正措施应与所遇到不合格的影响程度相适应。

应编制形成文件的程序，规定以下方面的要求：

a）评审不合格（包括顾客投诉）；

b）确定不合格原因；

c）评价确保不合格不再发生的措施的需求；

d）确定和实施所需的措施；

e）记录所采取措施的结果；

f）评审所采取的纠正措施。

注1：管理体系或技术运作中的问题可以通过各种活动来进行识别，例如不合格工作的控制、内部审核或外部考核、管理评审、顾客的反馈或员工的观察。

注2：原因分析是纠正措施程序中最关键，有时也是最困难的部分。根本原因通常并不明显，因此需要仔细分析产生问题的所有潜在原因。潜在原因可包括：顾客的要求、样品、样品规格、方法和程序、员工的技能和培训、消耗品、设备及其校准。

8.5.2　当对不合格或偏离的鉴别导致对机构符合其政策和程序，或符合本规范产生怀疑时，机构应尽快依据8.4的规定对相关活动区域进行附加审核。

注：附加审核常在纠正措施实施后进行，以确定纠正措施的有效性。仅在证实了问题严重或对业务有危害时，才有必要进行附加审核。

8.6　预防措施

机构应确定措施，以消除潜在不合格的原因，防止不合格的发生。预防措施应与潜在的问题的影响程度相适应。

应编制形成文件的程序，以规定以下方面的要求：

a）确定潜在不合格及其原因；

b）评价防止不合格发生的措施的需求；

c）确定和实施所需的措施；

d）记录所采取措施的结果；

e）评审所采取的预防措施。

9　考核程序

9.1　考核申请

9.1.1　机构依据《法定计量检定机构监督管理办法》的规定向有关政府计量行政部门提出考核申请，提交"考核申请书"（格式见附录A）、"考核项目表"（格式见附录B）、"质量手册和程序文件目录"、"考核规范要求与管理体系文件对照检查表"（格式见附录C）和"证书报告签发人员考核表"（格式见附录D）等文件。

9.1.2　政府计量行政部门在收到申请考核机构的上述文件后应按有关规定组织考

核。

9.2 考核准备

9.2.1 组织考核的部门应指派考评员对申请文件进行初审。

9.2.2 初审人员应审核文件是否齐全,每一份文件是否清楚地反映了机构的有关情况,这些情况是否满足考核规范的要求。如果提供的文件不齐或文件中的信息不全,应由组织考核部门通知申请机构补充完整。如果在初审中发现申请机构存在有可能在近期内改正的缺陷,也应由组织考核部门通知申请机构进行改正。

9.2.3 经初审,表明申请机构的管理体系不符合考核规范的要求,不具备现场考核的条件,应由组织考核部门向申请机构指出,暂不安排考核,待问题解决后再重新申请。

9.2.4 经初审,文件齐全,内容清晰,要求改正的问题已经改正,表明申请机构已基本具备考核条件,即可由组织考核部门组织成立考核组,同时与申请机构协商安排现场考核时间。考核组成员视被考核机构规模由2人以上组成,至少包括考核组长1人,具备申请考核项目专业知识的专家或考评员数人。考核时间应视考核项目的数量和复杂程度合理安排。组织考核部门负责将考核组名单和现场考核时间以文件形式正式通知申请机构,并征求申请机构意见。

9.2.5 考核组组长负责制定现场考核计划,并形成文件经组织考核部门批准后实施。现场考核计划应包括:

——现场考核的目的和范围;

——列出被考核机构有重大直接责任的人员名单;

——考核依据的文件(如考核规范、申请机构的质量手册等);

——考核组成员分工,确定考核的程序和方法;

——考核工作的作息时间和主要考核活动日程表;

——与申请机构领导人举行首次会议、末次会议及其他会议的日程安排;

——保守机密的要求。

《考核规范要求与管理体系文件对照检查表》中带*号的条款为重点考核项目,考核组组长在制定计划时应予以重点安排。

考核计划应由组织考核部门通知申请机构和考核组成员。当申请机构对考核计划有异议时,应立即告知考核组组长,由组长与申请机构协商,并在考核开始前解决。

9.2.6 由考核组组长负责准备好现场考核的工作文件,包括软件组考核记录:考核规范要求与管理体系文件对照检查表;硬件组考核记录:考核项目表及软件(硬件)组考核证明材料登记表(格式见附录E)。

9.2.7 确定现场试验操作考核项目,准备用于现场试验的样品。考评员或专家应根据申请考核项目选择有代表性的,技术比较复杂的项目确定为现场试验操作考核项目。尽可能准备一部分由权威机构检定或校准过的被测样品,用于现场试验考核。确定为现场试验操作考核的项目应不少于申请考核项目总数的三分之一。

注:监督复查时确定为现场试验操作考核的项目应不少于授权项目总数的四分之一。

9.3 考核实施

9.3.1 首次会议

首次会议由考核组组长主持,考核组全体成员、申请机构负责人和有关人员参加会议。

首次会议的目的是:

——介绍考核组成员和被考核机构负责人及有关人员;

——明确现场考核的目的和范围,说明依据的文件;

——明确现场考核计划、考核的程序和考核的方法;

——确定考核组与被考核机构的联系方法;

——确认考核组开展工作的条件已具备;

——确认考核活动的时间安排;

——澄清考核计划中不明确的内容。

9.3.2　现场参观

首次会议后,考核组成员在被考核机构的负责人或联系人陪同下对整个机构进行一次现场参观。通过参观初步了解该机构管理体系的运行状况、环境条件和仪器设备的大致情况,为下一步分软件组和硬件组深入考核做好准备。

9.3.3　软件组考核内容和程序

9.3.3.1　软件组负责重点考核本规范"4 组织和管理"、"5 管理体系"、"7.1 检定、校准和检测实施的策划"、"7.2 与顾客有关的过程"、"7.4 服务和供应品的采购"和"8 管理体系改进",并做考核记录。

9.3.3.2　通过查看文件确认机构的法定地位是否符合本规范要求。通过查看有关记录以及与机构负责人面谈确认机构是否履行了法定义务,并具备了考核规范所规定的基本条件。

9.3.3.3　通过与质量负责人和其他有关人员面谈,检查体系文件和记录,考核管理体系是否已经按照5.1 和7.1 所规定的"过程方法"建立并满足要求,管理体系运行是否正常,运行结果是否有效。按照"考核规范要求与管理体系文件对照检查表"逐条考核,并做记录。如果发现有可能导致不合格的重要线索,即使不在"检查表"之列,也应予以记录并进行深入调查。对于面谈获得的信息还应通过实际观察、测量或记录等其他方式予以验证。

9.3.3.4　采用在申请机构工作流程的某一环节上随机选取一个或多个工作对象,跟踪调查其在整个工作流程中是否按照管理体系文件规定执行并满足本规范的要求,在考核其管理体系的所有要素的基础上,对机构管理体系的有效性进行评价。

9.3.3.5　机构是否建立和执行了内部审核和管理评审制度是机构管理体系能否持续运行,有无自我完善机制的关键。软件组应通过检查有关计划、记录、审核报告、不合格项的纠正情况对其进行考核。

9.3.3.6　对所有不符合和存在缺陷的问题收集客观证据,并填写"软件(硬件)组考核证明材料登记表"。

9.3.4　硬件组考核内容和程序

9.3.4.1　硬件组负责重点考核本规范"6 资源配置和管理"和"7 检定、校准和检测的实施"(除7.1、7.2 和7.4)。按照硬件组专家的专业分工分别考核所有申请考核项目,并做考核记录。

9.3.4.2 对照"考核项目表B1——检定项目"逐项检查如下内容:

a)计量标准项目是否按国家计量标准考核规范的要求经考核取得相应的证书,且均在有效期内,有完整的技术档案资料,包括测量不确定度评定的资料。对于已经变化的情况,如设备更新、准确度等级提高或降低,是否办理了变更手续。

b)检定人员数量是否足够,是否按规定具备了检定员或注册计量师资格。通过现场操作或现场提问,检查他们对检定规程的理解是否正确,执行是否认真。

c)设施和环境条件是否满足检定规程的要求,是否具备了必需的环境监控手段并有记录,是否对实验室进行了有效的管理。

d)使用的国家计量检定规程或部门、地方计量检定规程是否为现行有效版本,是否进行了受控管理。

e)主标准器和配套设备是否符合计量检定规程和国家计量检定系统对设备准确度和其他技术指标的要求,是否有状态标志,是否有有效期内的检定证书或校准证书,是否建立了完整的设备档案,是否处于良好的受控状态。

f)主标准器和配套设备是否能按国家计量检定系统溯源到国家基准,是否按机构制定的周期检定(校准)计划由上级社会公用计量标准实施周期检定(校准),是否按规定的程序制定了在相邻两次周期检定(校准)之间实行期间核查的计划并实施,是否有核查记录。

g)是否有对所有使用的标准物质的管理规定并认真执行,这些标准物质是否为有证标准物质,并能溯源到国家基准。

9.3.4.3 对照"考核项目表B2——校准项目"、"考核项目表B3——商品量检测项目"和"考核项目表B4——型式评价项目"逐项检查如下内容:

a)校准项目是否有相应的计量标准给予覆盖,这些计量标准是否满足本规范9.3.4.2 a)款要求。

b)校准和检测依据的方法文件的选择、判定及其确认是否符合本规范和有关商品量检测技术规范(或标准)的要求,校准和检测结果是否按规定的程序进行测量不确定度的评定。

c)通过现场操作或提问检查从事每个校准或检测项目的人员是否具备相应的能力。

d)每个校准和检测项目的实验设施和环境条件是否满足其方法文件规定的要求,是否实施了有效的监控。

e)每个校准和检测项目的仪器设备是否满足其方法文件的要求,是否有状态标志,是否有有效期内的检定证书或校准证书,是否建立了完整的设备档案,是否处于良好的受控状态。

f)每个校准(检测)项目的仪器设备是否能溯源到国家计量基准,是否按机构制定的周期检定(校准)计划由上级社会公用计量标准实施周期检定(校准),或按校准比对计划实施校准比对,是否按规定的程序制定了在相邻两次周期检定(校准)或校准比对之间实行期间核查的计划并实施,是否有核查记录。

g)是否有对所有使用的标准物质的管理规定并认真执行,这些标准物质是否为有证标准物质,并能溯源到国家基准。

9.3.4.4　对照“考核项目表”逐项检查原始记录,是否有固定格式,其格式是否满足检定规程或其他方法文件的要求,是否有足够的信息,是否满足本规范所有要求,是否妥善保存和管理。

9.3.4.5　对照“考核项目表”逐项检查检定证书、校准证书、检测报告是否满足本规范的要求。

9.3.4.6　对所有不符合和有缺陷的问题收集证据,并填写“考核项目表”。

9.3.5　证书报告签发人员的考核

考核组长应在硬件组的配合下,对照“D2 证书报告签发人员考核记录”,对所有负责签发检定证书、校准证书和检测报告的人员通过面谈和查阅相关记录等方式进行考核,了解每个人员的资格、质量意识、对签发证书报告职责的理解和做法,以及专业知识,确认其是否具有所承担的签发证书报告职责的能力,并填写“证书报告签发人员考核表”。

9.3.6　考核计划的调整

9.3.6.1　在现场考核过程中,为了确保现场考核取得最佳效果,必要时,考核组长可以在征得组织考核部门和申请考核机构的同意之后,调整考评员的工作任务和考核计划。

9.3.6.2　当发现考核目的不可能实现,现场考核无法进行下去时,考核组长应向组织考核部门和申请机构报告原因。

9.3.7　考核结果的确认

9.3.7.1　考核组在软件组和硬件组分别考核以后,依据考核记录和收集到的客观证据,对照本考核规范要求,通过讨论确定不合格项和(或)存在的缺陷。

9.3.7.2　考核组长应就讨论确定的不合格项和(或)存在的缺陷与机构负责人进行复审或交换意见,以使所有不符合和(或)有缺陷的问题受到申请机构负责人的认可。

9.3.8　末次会议

现场考核结束,考核组应与申请机构负责人及其所辖有关部门负责人举行评审末次会议。由考核组长向机构负责人和有关人员通报考核结果,并使他们能清楚地理解考核结果。考核组长应对机构的管理体系能否确保实现质量目标的有效性提出考核组的结论,并声明考核抽样的局限性和风险性。

9.4　考核报告

9.4.1　考核报告的编制

考核报告应由考核组长负责编制,考核组长对考核报告的准确性和完整性负责。

9.4.2　考核报告的内容

考核报告应按附录 F 的格式和内容编制。考核报告应如实反映考核的程序和内容,考核报告须标有日期和考核组长签名,其内容包括经确认的申请机构概况、考核结果汇总、整改要求和考核结论。

9.4.3　考核报告的提交

考核报告应在考核现场完成所有签字手续,并由考核组组长负责连同考核记录和证明材料提交组织考核部门。组织考核部门负责将考核报告副本一份提供给申请考核机构。组织考核部门应妥善保管考核报告和所有考核记录及证明材料,并负责保密。

9.4.4 考核文件的保存

考核申请文件、考核文件、纠正措施跟踪文件由组织考核部门负责保存。

9.5 纠正措施的验证

对于存在不符合项和(或)有缺陷项的机构,应采取纠正措施进行整改,并由考核组对其整改结果进行验证考核。验证考核视需要整改问题的性质采用现场复查或只评审整改报告及其附件的方法。整改及其验证考核应在3个月之内完成,具体完成时间由组织考核部门与被考核机构协商,并征求考核组意见后确定。考核组应在验证纠正措施之后的10个工作日之内编制并上报纠正措施验证报告(见附录G)。

9.6 考核结果评定

组织考核部门根据考核报告及纠正措施验证报告、对申请机构管理体系的评价和对申请考核项目的合格确认决定可否批准颁发计量授权证书和印章。对经批准的机构,其授权证书应附上经确认的检定项目表(见附录H)、经确认的校准项目表(见附录I)、经确认的商品量检测项目表(见附录J)和经确认的型式评价项目表(见附录K)。

10 证后监督

10.1 总则

取得计量授权证书的机构应接受政府计量行政部门的监督管理,包括监督检查、复查、对投诉或变更等情况的检查等。

10.2 监督检查

批准授权的部门应视机构执行考核规范情况,决定监督检查的频次和检查的范围。监督检查应由批准授权部门组织考核组进行现场检查,检查程序和要求与考核相同。批准授权部门将根据监督检查结论决定是否保留对机构的授权。

10.3 到期复查

计量授权证书有效期满前,机构应按规定向批准授权部门申请复查,复查的申请和考核程序与首次考核相同。

11 扩项考核

11.1 扩项

扩项是指机构在获得授权证书的有效期内,在超出原授权项目范围提出新的检定、校准或检测项目。

11.2 扩项程序

11.2.1 扩项申请

机构应向授权的政府计量行政部门提出扩项考核的申请,提交拟扩充项目的考核项目表(格式见附录B),以及相关的资料(如《计量标准考核证书》、《社会公用计量标准证书》、计量检定证书、校准证书和计量检定人员证书以及所依据的技术规范等复印件)。政府计量行政部门在收到机构的上述申请材料后应指派考评员对申请材料进行审核。

11.2.2 扩项考核

11.2.2.1 对于申请计量检定和校准项目扩项的,经材料审核,表明申请机构提供的书面材料齐全，并能证明其已具备所申请扩项的能力，考评员可以书面审核的方式确认其新增加的检定和校准项目符合本规范的要求。

11.2.2.2　对于申请检测项目扩项的，经材料审核，表明申请机构提供的材料齐全，即可由组织考核部门组织考核组，按本规范第 9 章的要求进行现场考核。考核的重点是新增加的检测项目的硬件部分以及相关的软件。现场扩项考核也可与监督复查一并进行。

11.3　扩项确认

组织考核部门根据考核报告及有关材料决定是否批准扩项申请。对经批准的扩项，应颁发相应的计量授权证书附件。

12　能力验证和其他比对

12.1　能力验证和其他比对的组织

组织考核部门可以自己组织能力验证或其他比对，也可以委托其他有能力的机构参与组织，组织考核部门应保存适当的能力验证方案和其他比对方案的清单。

12.2　能力验证和其他比对的参与

被考核的机构应建立能力验证和其他比对的制度和纠正措施，积极参加相关专业的能力验证和比对活动。凡政府计量行政部门指定的能力验证和比对，在授权项目范围内，机构必须参加。其结果作为政府计量行政部门对该机构授权的依据。